A grafologia no recrutamento e seleção de pessoal

Dados Internacionais de Catalogação na Publicação (CIP)
(Câmara Brasileira do Livro, SP, Brasil)

Camargo, Paulo Sergio de
A grafologia no recrutamento e seleção de pessoal / Paulo Sergio de Camargo. – São Paulo: Ágora, 1999.

Bibliografia.

1. Grafologia 2. Pessoal -- Recrutamento 3. Pessoal – Seleção e colocação I. Título.

| 99-2509 | CDD-658.311 |

Índices para catálogo sistemático:

1. Grafologia : Aplicação no recrutamento e seleção de pessoal : Administração de empresas 658.311
2. Recrutamento e seleção de pessoal : Aplicação da grafologia : Administração de empresas 658.311

Compre em lugar de fotocopiar.
Cada real que você dá por um livro recompensa seus autores
e os convida a produzir mais sobre o tema;
incentiva seus editores a encomendar, traduzir e publicar
outras obras sobre o assunto;
e paga aos livreiros por estocar e levar até você livros
para a sua informação e o seu entretenimento.
Cada real que você dá pela fotocópia não autorizada de um livro
financia o crime
e ajuda a matar a produção intelectual de seu país.

A grafologia no recrutamento e seleção de pessoal

Paulo Sergio de Camargo

EDITORA
ÁGORA

A GRAFOLOGIA NO RECRUTAMENTO E SELEÇÃO DE PESSOAL
Copyright © 1999 by Paulo Sergio de Camargo
Direitos desta tradução adquiridos por Summus Editorial

Capa: **Nelson Mielnik / Sylvia Mielnik**
Editoração eletrônica: **Acqua Estúdio Gráfico**

Editora Ágora
Departamento editorial
Rua Itapirucu, 613 – 7º andar
05006-000 – São Paulo – SP
Fone: (11) 3872-3322
Fax: (11) 3872-7476
http://www.editoraagora.com.br
e-mail: agora@editoraagora.com.br

Atendimento ao consumidor
Summus Editorial
Fone: (11) 3865-9890

Vendas por atacado
Fone: (11) 3873-8638
Fax: (11) 3873-7085
email: vendas@summus.com.br

Impresso no Brasil

Ao meu filho Rodrigo

AGRADECIMENTOS

Gabriela, pelas correções e sugestões, não só na grafologia como em "tudo" e mais algumas coisas.

Faissal, Interface, pelos grafismos cedidos, leal amizade e incentivo. Jane, SmithKline Beecham. Michelle, Schindler Elevadores, pelo apoio de sempre. Carla Scardini, pelos livros cedidos e pesquisados.

Tânia e Eduardo Torres, Psicólogos Associados.
William, RH Pesquisas.
Jorge, Helenita, Rose, Joelma, Nilzete, Wanda, Mariana, Lúcia, Danielle, Dra. Mariana, Virgínia, pelos grafismos cedidos, pelas sugestões e pelo profissionalismo.

Mônica, Márcio, Rita, Rosane, Adriana, pelos grafismos e sugestões.
Adriana (Fortaleza), pelo profissionalismo e amizade.
Profissionais de Recife que sempre me apoiaram: Nivaldo, pelos grafismos cedidos.

Kátia e Kerlinny. Wanda, Lúcia e Márcia — IPO — RJ. Franklin, como auxiliar e secretário.

Aos professores Mauricio Xandró, Augusto Vels e Odette Serpa Loevy.
E, mais uma vez, a todos os meus alunos.

SUMÁRIO

Apresentação 9
Prólogo 13
1. Resumo histórico da grafologia 15
2. Principais escolas e métodos 21
3. O grafólogo 35
4. Principais utilizações da grafologia 41
5. Método de análise grafológica 47
6. O laudo 57
7. Como recrutar por intermédio da grafologia 80
8. Avaliação de potencial por meio da escrita 101
9. Problema humano nas empresas 133
10. Lesões por esforços repetitivos (LER – LTC – DORT) 165
11. Grafologia avançada a serviço da empresa 172
12. Teste palográfico 227
13. Outros testes 261
Bibliografia Resumida 266

APRESENTAÇÃO

O livro que ora está em suas mãos é uma obra importante para os grafólogos, não apenas pelo tema que aborda, como também por seu autor, Paulo Sergio de Camargo, profissional competente e respeitado, um apaixonado pela grafologia. Possui a mais importante biblioteca grafológica hispano-americana, é autor de vários livros, alguns já publicados e outros em vias de serem editados e traduzidos para outros idiomas. É uma figura representativa entre os grafólogos universais e sempre me orgulhei de ser seu amigo. Esta obra trata da aplicação da grafologia nos processos seletivos.

Esta é apenas uma das aplicações de grafologia em âmbito profissional, e em colaboração com empresas e equipes de psicólogos no estudo das capacidades profissionais e éticas. É o único teste conhecido que detecta a probidade dos candidatos, o que faz da abordagem da grafologia no estudo do ser humano um processo insubstituível.

Logo de início, o grafólogo pode rejeitar "candidaturas" e tornar-se um valioso auxiliar em seleções preliminares, evitando estender o processo e simplificando a tarefa dos psicólogos. As três famosas categorias que os profissionais estabeleceram ao entrevistar os interessados são as seguintes:

- A primeira é constituída pelos que apresentam o melhor perfil, de acordo com a exigência do cargo.

- Aqueles que, por diversas razões, não reúnem as condições necessárias, quer por manifestada incompetência quer por conduta inadequada etc., encaixar-se-ão na terceira categoria.
- Entre a primeira e a terceira ficam os que deixam certas dúvidas, num trabalho rápido como este.

Depois, os psicólogos ou a empresa optarão por aqueles que apresentarem melhor formação e experiência para assumir o cargo e, finalmente, o grafólogo fornecerá de novo um amplo relatório, que será agregado aos demais julgamentos, estabelecidos conforme os resultados das demais provas.

Tudo o que foi exposto é a razão desta obra, realizada por um grafólogo com G maiúsculo, que reúne além de conhecimentos profundos, um elevado sentido de ética profissional. Isso é algo que, constantemente, venho repetindo aos meus alunos: a integridade do especialista em nossa ciência é levada em altíssima conta, principalmente porque lidamos com vidas humanas, aceitando umas e rejeitando outras. Lembro-me de haver comentado a este respeito com Matilde Ras, com meus escrúpulos de principiante, e sua resposta tranqüilizou-me muito.

"Quando o assunto é escolher uma pessoa para um cargo, não importa o número de candidatos que se apresentam, cinqüenta, trezentos, dois mil, a verdade é que apenas um será admitido pela empresa."

"Pelas vias normais, escolhe-se o mais simpático ou o mais capacitado. Os psicólogos e as empresas os submetem a testes e entrevistas e, finalmente, tomam sua decisão."

"Ao dar seu parecer e seu ponto de vista, que serão imparciais e objetivos, o grafólogo deve valer-se de todos os seus conhecimentos. Portanto, não é uma questão de escrúpulos, pois nossa obrigação, com os meios de que dispomos e com os quais lidamos, é escolher aquele que, segundo nosso critério, reputamos o melhor."

Atualmente, no Brasil, uma das figuras mais representativas da grafologia é o autor deste livro, Paulo Sergio de Camargo, estudioso contumaz, grafólogo de corpo e alma que, dentro de pouco tempo, espero, se tornará conhecido no mundo todo, pela qualidade de seu trabalho e pela firmeza em seus conhecimentos.

Neste livro, ele apresenta em detalhes o processo seletivo, que ajuda os principiantes a superarem suas dificuldades. Um texto de apoio e ajuda, um livro de um mestre da grafologia em sua importante aplicação: *A Seleção de Pessoal.*

Mauricio Xandró
Professor, especialista em
grafologia e escritor

PRÓLOGO

A grafologia vem se tornando o mais confiável instrumento de auxílio ao Recrutamento e Seleção de Recursos Humanos, na atualidade, em nosso país.

Centenas de empresas e consultorias possuem grafólogos em seus quadros.

Com a generalização da técnica e a falta de sistemática, muitas vezes, a utilização da grafologia chega às raias do bizarro.

Métodos condenáveis, como o de análises de pequenos sinais, interpretações esotéricas e dicionários de letras são utilizados por pessoas inescrupulosas e até mesmo de boa-fé.

Os resultados que deveriam ser excelentes passam a ser insuficientes e, com isso, a grafologia perde credibilidade; a inadequação, que é do praticante, torna-se da ciência.

Não somos contra a generalização do método. Ao contrário, o que se observa é uma busca de resultados rápidos por pessoas sem a mínima qualificação.

Este livro apresenta ao leitor todas as fases de utilização do processo de grafologia ligadas à empresa, bem como a melhor forma de otimizar a seleção de pessoal, reduzindo o tempo e economizando recursos financeiros e mão-de-obra.

Não procuramos fazer um simples manual de consulta, mas, sim, uma obra que obrigue o grafólogo a pensar em seus deveres e obrigações para com o ser humano. As técnicas ensinadas visam dinamizar a análise grafológica e, ao mesmo tempo, são mais um passo para a consolidação da grafologia no Brasil, meta que vem sendo conseguida por inúmeros profissionais em todo o país.

As noções básicas de grafologia e a nomenclatura são apresentadas em meu livro *A escrita revela sua personalidade*.

A grafologia deve ser encarada como uma ciência que necessita de pesquisa para sua evolução, pois trata-se de um método que visa auxiliar o aperfeiçoamento do ser humano.

Paulo Sergio de Camargo

RESUMO HISTÓRICO DA GRAFOLOGIA

A grafologia pode ser definida como a avaliação da personalidade e do caráter com base na escrita.

Aristóteles (384-322 a.c.), Demétrio de Faléreo (309 a.C.), Dionísio (100 a.c.) e o poeta Menandro, entre outros, relacionavam o caráter com a escrita de maneira puramente intuitiva, sem nenhum fundamento científico.

O primeiro livro sobre grafologia deveu-se ao médico italiano, professor da Universidade de Bolonha, Camillo Baldo (1555-1635), escrito em 1622.

Entre 1775 e 1778, Johann Gaspar Lavater (1710-1782) descreveu alguns rudimentos de grafologia em *Fragments physiognomoniques*.

O abade francês Jean-Hippolyte Michon (1806-1881), nascido em La Roche-Fressange, publicou no final do século passado o livro *Les mystères de l'écriture*.

É de autoria de Michon o termo grafologia.

Crépieux-Jamin (1858-1940) é considerado o verdadeiro pai da grafologia moderna. Com ele, o rigor científico chega a esta ciência e sua classificação é até hoje seguida por muitos grafólogos.

A principal obra de Jamin é *O ABC da grafologia*, que deve ser lida por todo aquele que deseja aprofundar-se em grafologia.

Hélène de Gobineau, em parceria com Roger Perron, pesquisaram a gênese da escrita, no Laboratório de Psicologia do Hospital

Henri Roussele, e criaram as bases da grafometria, ou seja, a quantificação da grafologia por meio de métodos estatísticos.

Entre os defensores da grafologia estavam o ganhador do Prêmio Nobel Henri Bergson e Charles Henry, então diretor do Laboratório de Fisiologia das Sensações, da Universidade de Sorbonne.

Saint-Morand, aliás, Elizabeth Koechlin, falecida em 1978, foi uma das mais brilhantes e produtivas grafólogas modernas. O "gesto tipo" é um termo de sua autoria, que serve para designar como certos traços devem ser interpretados em determinadas zonas. A Rosa-dos-Ventos e estudos sobre a vitalidade da escrita (supervital e sobrevital) devem-se a Saint-Morand.

Ania Teillard, discípula de Jung, com sua magnífica obra *Alma e escrita*, cria um sistema de grafologia junguiano; libido, intro-extroversão, pensamento, sentimento, intuição, sensação, complexos, histeria, *anima-animus* passam a ter sua expressão gráfica analisada.

Raymond Trillat, considerado o "pai da grafoterapia", criou um método bastante eficiente de grafologia (analisa quatro elementos, a letra, a palavra, a linha e a página). Robert Olivaux fundou a Associação dos Grafoterapeutas diplomados pela Sociedade Francesa de Grafologia. Seu livro *Pedagogie de l'écriture et graphotérapie* é uma obra essencial para os interessados no assunto.

A Itália e a França são consideradas o berço da grafologia, e sua rota de propagação passa pela Alemanha, Suíça, Espanha e, mais tarde, pelos Estados Unidos.

No início do século, por volta de 1900, o filósofo e caracterólogo alemão, o dr. Ludwig Klages (1872-1956), cria sua própria escola, baseada nos ensinamentos de Michon e Crépieux-Jamin, que teve suas obras traduzidas de forma brilhante para a língua alemã por Hans Busse.

Universidades da Alemanha que possuem grafologia em seus currículos — Kiel, Berlim, Mangucia, Freiburg etc.

O terceiro grande nome da grafologia, até a metade de nosso século, é o do psicólogo Max Pulver (1890-1953), considerado um dos maiores gênios da grafologia moderna. Deve-se a ele a introdução das teorias psicanalíticas nos estudos da grafologia. Sua principal obra é *O simbolismo da escrita* (publicada em 1931).

Na Itália, Girolamo Moretti criou a escola moretiana, que vem conseguindo adeptos em todo o mundo. Torbidoni e Zanin destacam-se pelo seu trabalho no Instituto Moretti. Existem cursos de grafologia na Universidade de Urbino.

A Espanha possui, também, grandes grafólogos, entre os quais se destacam: Matilde Ras, Mauricio Xandró, Augusto Vels e Isabel Sanchez Bernuy, uma das maiores grafoterapeutas da Europa.

Louise Rice foi a grande iniciadora da grafologia científica americana. Um pouco mais comercial é a escola criada por M. N. Bunker. A grafóloga alemã Erika Karohs, radicada nos Estados Unidos, destaca-se por estar trazendo para a língua inglesa toda a riqueza da escola alemã.

A Biblioteca do Congresso em Washington mudou a classificação dos livros de grafologia, que antes eram considerados de ocultismo, para a lista de psicologia no Dewey Decimal System. Trata-se de um claro sinal das autoridades daquele país de como a grafologia deve ser encarada.

A grafologia no Brasil está evoluindo a passos largos, principalmente em cidades como Rio de Janeiro, São Paulo, Recife, Curitiba, Porto Alegre, Belo Horizonte e Fortaleza.

A grafologia iniciou-se no Brasil no ano de 1900, por intermédio do livro *A grafologia em medicina legal*, do dr. A. Costa Pinto, tese aprovada com distinção na Faculdade de Medicina e Farmácia da Bahia. Para os interessados, a Biblioteca Nacional do Rio de Janeiro possui uma cópia do trabalho.

Alguns dos principais grafólogos do mundo:

Alemanha
Robert Heiss, diretor do Instituto de Psicologia da Universidade de Freiburg. Roda Wieser, doutora em ciência política, que trabalhou durante anos no Instituto de Criminologia de Viena. Wilhem Müller e Alice Ensakt, Hans Knobloch, Bernard Wittlich, Dettweiller, Phanne, Oskar Lockobandt, dr. Helmut Ploog, R. Porkornoy, Lutz Wagner.

França
Émille Caille, Jacques Salce, Duparchy-Jeannez, Maurice Delamain, Pierre Faideau, Marie Therese Prénat, W. Hegar, Suzanne Bresard, Jacqueline Peugeout, Roseline Crépy, H. Matthieu, Danièle Dumont, Fanchette Leféfure, Paul Carton, Robert Oliveaux, Monique Genty.

Inglaterra
Robert Saudek, Nigel Bradley, Renna Nezzos, Eric Singer, Margareth Gullan-Wur.

Itália
Girolamo Moretti, Lamberto Torbidoni, Zanin, Silvio Lena, Palaferri, Nicole Boille, Marco Marchesan, Bruno Vettorazo, A. Bidolli, Roberta Bisi, Elisabetta Settembrini, Astillero Raimondo, Marguerita Zerbi, Carlo Chinaglia, Edoardo Triscoli.

Espanha
Matilde Ras, Mauricio Xandró, Augusto Vels e Isabel Sanchez Bernuy, Javier Simón, dr. Carlos Ramos Gascón, Pemuy Castañón, Esteban Castro, Jaime Tutusaus, F. Lacuerva, Berta Andress.

Estados Unidos
Louise Rice, M. N. Bunker, Théa Lewinson, Paul de Sainte Colombe, Frank Victor, Klara G. Roman, George Staempfli, Andrea McNichol, Érika Karohs, Sheila Lowe, Frank Vitor, Werner Wolf, Daniel S. Anthony, Felix Klein, Gary Brow.

Brasil
Júlio de Gouveia, dr. A. Costa Pinto, Odette Serpa Loevy, Maria Lúcia Mandruzato, João Carlos Correia, Heloisa L. Motta, Ana Maria Moczanci, Agostinho Minicucci, Claudemir de Deos, prof. José Carlos, Maria Helena Macdonnel, Kátia Pavão Cury, Ceura Nolasco, dr. G. Ayres, Tânia Torres, Reinaldo Faissal, Eduardo Evangelista, Francisco Piragini, Cassilda Cubas Santos, Frederico Cosin, João Carlos, Rose Mehlich, Mônica Barciela,

Finkelstein, J. C. Obry, Bettina Katzenstein Schoenfeldt. Peritos em grafoscopia; Othon Pires, Eloah Bluvol, Ana Mussoi, Paulo Sergio Rodrigues e outros elevam a grafotecnia carioca entre as melhores do Brasil.

A grafologia no recrutamento e seleção de recursos humanos

O principal objetivo de um recrutamento bem-feito não é apenas colocar um candidato que vai render mais para a empresa. É muito mais do que isso. Trata-se de preencher uma vaga com o ser humano e toda a sua complexidade.

O candidato deve ajustar-se ao meio, respondendo a seus anseios, cuja simbiose vai resultar em produtividade e satisfação.

Taylor iniciou suas pesquisas na área de organização de tarefas. Aos seus trabalhos seguiram-se os de Fayol, que define a empresa como um corpo social que cumpre funções essenciais.

O grande salto nos testes para avaliação de pessoal ocorreu durante a Primeira Guerra Mundial, quando os Estados Unidos tiveram que recrutar mão-de-obra para suas forças armadas, em especial as do exército. Terminada a guerra, os métodos passaram a ser utilizados pelos civis.

Alfred Binet realizou minuciosos estudos em laboratórios.

No Brasil o grande salto na grafologia ocorreu na década de 50, quando inúmeras indústrias farmacêuticas chegaram ao país e passaram a contratar pessoal por intermédio da grafologia. No entanto, as análises eram realizadas na Europa.

Odette Serpa Loevy deu grande impulso à grafologia no Brasil, trabalhando para diversas empresas nacionais e multinacionais.

Atualmente, centenas de empresas utilizam a grafologia como principal instrumento de apoio em seus processos de seleção, recrutamento e promoção de pessoal.

Empresas que utilizam grafologia

Bank of America, Citibank, Departament of Defense, Coca-Cola, Ford Motor Company, FBI, General Eletric, IBM, Macy's, Merrill

Linch, Firestone, Dallas Morning News, Dow Chemical, Boing Co., CIA, Nestlé, Renault, Pegeout Motors, Time, Toyota, United State cout Systems, Xerox (LA Computer Division), St. Louis Police, NJ State Police, Pacific Bell, Olympus Camera etc.

Roche, SmithKline Beechan, Schindler Elevadores, Paes Mendonça, Unifor-Ceará, Sulacap, Schering Ploug, Banco Francês-Brasileiro, Banco Boa Vista, Banco Real, Banco Excel-Econômico etc.

PRINCIPAIS ESCOLAS E MÉTODOS

Existem inúmeras escolas de grafologia e suas derivadas. Algumas são brilhantes em toda a sua extensão; outras, beiram o reino do absurdo.

Algumas, apesar de sua seriedade, estão ligadas ao misticismo e ao esoterismo. Com todo o respeito que temos, o profissional de RH deve evitá-las, pois não possuem base científica sólida e estão sujeitas a grandes erros de interpretação.

Vejamos as principais escolas:

As principais abordagens de cunho científico e cuja validade tem sido constantemente avaliada em universidades, centros de pesquisas e empresas são as seguintes:

- Escola mímica.
- Escola simbólica — com base em conceitos de psicanálise.
- Conteúdo emocional.
- Movimentos inconscientes e conscientes.

Escola mímica

Teve como fundador o abade francês Jean-Hippolyte Michon (1806-1881). Segundo seus autores, o homem é um ser gesticulante, que dá força, relevo e cor ao que diz, juntamente com os gestos. A escrita, a expressão e a gesticulação formam um todo.

Solange Pellat faz um estudo das leis da escrita, adotada até os dias atuais por todos os grafólogos e peritos em criminalística do mundo.

Com base nos estudos de Michon, Crépieux-Jamin (1858-1940) ampliou os principais conceitos do abade e divergiu frontalmente de algumas de suas proposições.

A obra de Jamin é base para o nascimento de outras escolas, como a alemã. Hans Busse traduziu de maneira magnífica para a língua alemã a obra do mestre francês.

Jamin é considerado o verdadeiro pai da grafologia moderna. Com ele, o rigor científico chega a esta ciência. Sua classificação é, até hoje, seguida por muitos grafólogos. Sua visão mecanicista estava de acordo com o espírito científico da época. Ao classificar gêneros e espécies, ele criou um método que é válido até hoje, embora os fundamentos filosóficos de sua obras já tenham sido ultrapassados em muitos pontos pelo inexorável progresso das ciências humanas.

A mímica, segundo seus seguidores, significa o homem em movimento. A classificação dos gestos proposta por Jamin, e aceita universalmente, baseia-se nos seis gêneros gráficos:

- gestos que participam da distribuição da página — *ordem*;
- gestos de expansão na folha do papel — *tamanho* (ou dimensão);
- gestos de orientação espacial — *direção e inclinação*;
- gestos de união das letras — *ligação e continuidade*;
- gestos de rapidez na escrita — *velocidade*;
- gestos que moldam as letras — *forma*.

Os gêneros se subdividem em espécies, como por exemplo, *tamanho* — espécies pequena, grande, alta, sobressaltada, rebaixada etc. (ver quadro de Jamin).

Algumas espécies são chamadas de qualitativas, pois assinalam qualidades essenciais, fácil e necessariamente observadas: escrita rápida, lenta, pausada etc.

Na realidade, existem mais de 120 espécies descritas com grande precisão. Gille Maisani, um dos mais renomados autores contemporâneos, em seu livro *Psicologia da escrita* descobre novas e importantes espécies (arponada, ovóide, ondulada, enroscada, desenhada etc.).

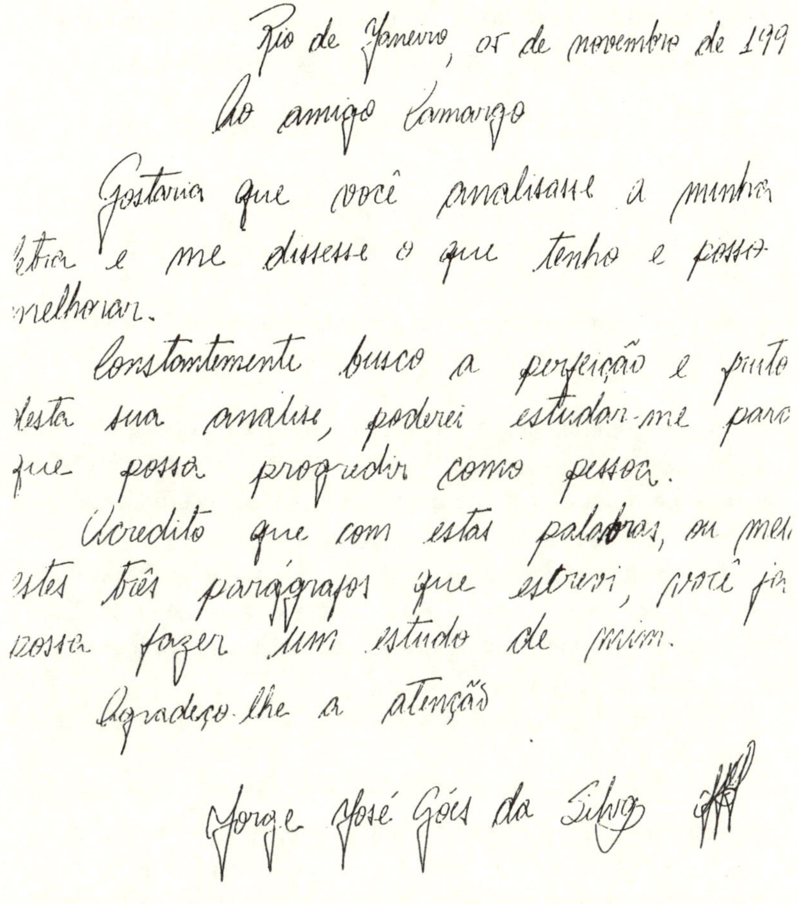

Rio de Janeiro, 05 de novembro de 199

Ao amigo Camargo

Gostaria que você analisasse a minha letra e me dissesse o que tenho e posso melhorar.

Constantemente busco a perfeição e partindo desta sua análise, poderei estudar-me para que possa progredir como pessoa.

Acredito que com estas palavras, ou melhor estes três parágrafos que escrevi, você já possa fazer um estudo de mim.

Agradeço-lhe a atenção

Jorge José Góes da Silva

Figura 1 — Antes de iniciar uma análise grafológica, devemos observar o texto como um todo e escolher, entre diversas teorias, aquela que será mais apropriada para o caso. Um texto não é uma infinidade de pontos e palavras interligadas sem nexo; trata-se de uma mensagem de conteúdos conscientes e inconscientes.

Novas e importantes espécies continuam sendo descobertas, e outras estão sendo "criadas", pois a escrita é um gesto dinâmico e cultural, que se modifica de acordo com o tempo, a cultura e as circunstâncias.

O grafólogo vai trabalhar com as espécies e suas infinitas combinações. Reunindo diversas espécies, formam-se as *síndromes*.

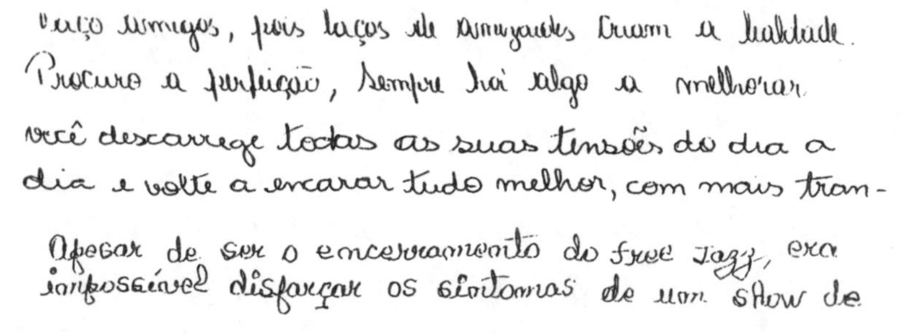

[handwritten text:]
"aço amigos, pois laços de amizades criam a lealdade.
Procuro a perfeição, sempre há algo a melhorar.
Você descarrega todas as suas tensões do dia a
dia e volte a encarar tudo melhor, com mais tran-
Apesar de ser o encerramento do Free Jazz, era
impossível disfarçar os sintomas de um show de

Figura 2 — A escrita caligráfica é um dos estágios da evolução do gesto gráfico. Quase sempre assinala falta de criatividade.

Na grafologia moderna, o agrupamento ou a combinação de certos gêneros determinam as síndromes. Quando esses gêneros são dominantes em uma escrita, podemos estudar mais profundamente as atitudes dentro das quais elas se manifestam.

H. Gobineau utilizou esse vocabulário em seu livro *Génétique de l'ecriture*; Gobineau propõe duas síndromes de base pela simplicidade, por serem constituídas de dois ou três elementos, que mostram comportamentos comuns.

Dessas duas síndromes-tipos derivam outras variantes, segundo o meio gráfico.

O termo síndrome provém do vocabulário médico e indica uma quantidade de sintomas que determinam uma doença. Na escrita, síndrome mostra os aspectos oriundos de uma mesma tendência psicológica. Existem vários tipos: a *tipologia* é observada a partir de síndromes.

Diversos autores criaram síndromes visando facilitar o laudo grafológico, como a Síndrome de Inadaptação, de Robert Olivaux (*L'analyse graphologique*, Masson).

A Síndrome de Inibição, que se manifesta pela soltura ou pela contração do gesto e permite observar inibições de ordem afetiva.

Tipos de síndromes:

- Afetiva — pressão e inclinação.
- Moral — observada pela forma e direção.
- Social — ordem e dimensão.
- Realização — velocidade e continuidade.

Um signo gráfico deve sempre ter como características a repetição e a intensidade para ser chamado de espécie.

Sinais isolados, uma barra do *t* faltando, um pingo no *i* etc., nas devidas proporções, deve ser ignorado. Relatar que a base vertical da letra *t* torcida é indicativo de suicídio é, no mínimo, ignorância ou miopia grafológica.

Uma barra do *t* ondulante pode ser apenas isto: "ondulante" e nada mais. O que vai determinar seu significado é o conjunto do texto.

Como cada sinal tem sua característica própria no espaço gráfico e num amplo conjunto, podemos considerar a escrita em quatro aspectos principais: espaço, movimento, forma e traço.

Espaço

Preexistente no grafismo, sua distribuição na página revela significados psicológicos de grande importância para o laudo final.

Para diversos grafólogos, o negro (escrito) representa a palavra, e o branco (espaço) o silêncio entre elas. O branco pode indicar uma dificuldade de expressão, uma tentativa frustrada de se expressar, ou um lapso de ligação em que o inconsciente se manifestou. Em termos psicanalíticos, o silêncio é interpretado como incapacidade de integração.

Os espaços reservados entre as letras e as palavras são aqueles que cedemos a terceiros, que estão a nossa volta.

Na vida cotidiana, esses espaços funcionam como um limite de nossos círculos, de acordo com os projetos acessíveis e imediatos; uma necessidade de contato que está ligada à realidade por um espírito concreto e sensorial (escrita concentrada).

Nos espaços grandes, entre as linhas e as palavras o escritor liga-se à realidade por meio plano mais imaginário, ou seja, muitas vezes fica difícil separar o real do imaginário.

Forma

É a característica mais facilmente observada. A primeira coisa que o falsário modifica em uma escrita é a forma.

A forma é o aspecto construtivo, delimitado, unificado e reunido de um traço em todos os seus níveis. Quando uma forma se repete de maneira constante temos a forma-tipo. A forma é o aspecto mais intencional da onda gráfica (Vels).

Predomínio da forma

Indica sentido de realidade em detrimento do prazer. Autocontrole de impulsos. Capacidade de aceitar regras e normas. Valores éticos e sociais. Conservador e conformismo. Nos casos em que a forma é por demais excessiva, mostra personalidade com pouca naturalidade, *persona* de Jung. Convencionalismo, em alguns casos, as tensões são guardadas dentro de si e jamais colocadas para fora. A forma indica pessoas perfeccionistas e atitudes previsíveis e metódicas.

Equilíbrio entre forma-movimento

Eficiência e eficácia. Dinamismo equilibrado. Capacidade de conduzir ações de acordo com normas e regras. Capacidade de adaptação. Qualidades para mudar e analisar os fatos em pleno movimento. Visão profunda, capaz de compreender o ser humano e a sociedade. Equilíbrio entre suas motivações e capacidade de realização. Domínio de si, precisão de ordens, inteligência, ponderação e clareza de espírito. Uniformidade de humor, julgamento firme, sólido e decisivo. Moral respaldada em critérios eticamente situados em contextos universais. Coesão interna, acima da ordem moral e jurídica existe uma ordem ontológica. Autenticidade e capacidade de liderança.

Movimento

Está intimamente ligado à forma, com a qual se desenvolve simultaneamente no espaço. Na realidade, em toda escrita existe movimento. Quando a aceleração do movimento é normal, a escrita se desenvolve corretamente; quando lenta, cria formas estereotipadas. Na criança a tendência é que a escrita seja lenta e o movimento só apareça com a maturidade gráfica.

O movimento está ligado às nossas motivações e ao temperamento. É o motor do grafismo que o faz avançar da esquerda para a direita (na escrita ocidental), para o alto e para baixo, em todas as direções do espaço gráfico.

A escrita em que existe o predomínio do movimento mostra pessoas com impulsividade, capacidade física, pragmatismo, atividade, dinamismo e ação com eficiência. Porém, se o movimento é confuso, o escritor estará revelando falta de domínio das suas emoções e instintos, reação a pequenas contrariedades, dificuldades de controle, ação sem intenção, pouco apego às convenções.

Existem cerca de dez tipos de movimento (acelerado, pausado, estático etc.).

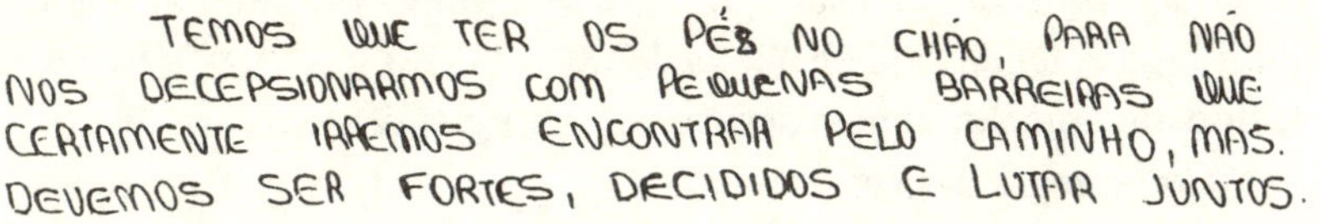

TEMOS QUE TER OS PÉS NO CHÃO, PARA NÃO NOS DECEPSIONARMOS COM PEQUENAS BARREIRAS QUE CERTAMENTE IREMOS ENCONTRAR PELO CAMINHO, MAS DEVEMOS SER FORTES, DECIDIDOS E LUTAR JUNTOS.

Figura 3 — A escrita tipográfica é muito comum nos processos de recrutamento da atualidade. O candidato revela uma necessidade de mostrar uma faceta impessoal de sua personalidade, e até mesmo dissimulação.

Traço

É a parte mais difícil de ser observada. Requer grande prática e habilidade do grafólogo. Trata-se de um elemento essencial para os peritos em criminalística que visam descobrir fraudes e falsificações. É o caminho da tinta colada ao papel.

Como o traço só pode ser observado nos grafismos originais, não podemos realizar uma análise grafológica com fotocópias, fotografias e fax.

Com essas bases, o método francês procura na escrita:

- sinais de superioridade e inferioridade;
- inteligência;
- vontade;
- senso estético;
- moral, caráter;
- patologias etc.

A idade e o sexo não são visíveis na escrita. Os conceitos de idades psicológica e cronológica não estavam bem definidos no início do século, fato que levou Jamin e Alfred Binet a empreender estudos de idade e sexo na escrita. O acerto de mais de 85% nos estudos foi considerado excepcional.

Atualmente, grafólogos em todo o mundo reconhecem dificuldades neste campo e não tentam "acertar" a idade por meio do grafismo, embora em alguns casos possam indicar a faixa etária do escritor.

Um dos desvios desta escola, fato combatido por Jamin, foi o do estudo dos sinais fixos como regra de interpretação.

Realizar análises com um dicionário de pequenos sinais e relatando a freqüência de cada um é um dos piores métodos de análise grafológica, tendo sido abandonado no início do século, porém é utilizado até hoje por alguns desavisados em grafologia.

Como regra básica:

Várias tendências podem se manifestar mediante um mesmo signo.
Vários signos podem ser a manifestação de uma única tendência.

A escola francesa continua sendo a mais importante da atualidade, quer pelo número de grafólogos, quer pela qualidade e quantidade de pesquisas.

Simbolistas

O suíço Max Pulver, considerado por muitos o mais brilhante grafólogo de todos os tempos, criou a escola dos simbolistas.

Suas bases estão nas teorias da Psicologia Analítica Profunda desenvolvida por Carl Gustav Jung.

O livro *O simbolismo da escrita*, de Pulver, é um grande marco desta escola, que tem sua definitiva consagração graças a uma discípula de Jung, Ania Teillard. Seu livro *A alma e a escrita* é uma pequena obra-prima de estudo obrigatório para quem deseja conhecer a grafologia a fundo. Podemos afirmar, em tom de polêmica, que sem conhecer Teillard, nenhum profissional pode desejar ser um grafólogo completo.

A escrita é um gesto gráfico fixado no papel, que traduz de forma simbólica a personalidade do autor de determinada escrita.

O simbolismo espacial é transmitido de geração a geração como uma necessidade de o homem se situar no universo e em seu próprio destino (*Feuillets de graphologie*, Marcelle Desurvire, Masson). A escrita é, ao mesmo tempo, o símbolo de manifestação de si mesmo, um caminho que conduz ao outro, uma manifestação interior de quem escreve.

O ponto de partida da escrita ocidental é o lado esquerdo, e a direção que se procura é o lado direito. Esse sentido de orientação espacial é uma herança da civilização grega.

Os estudos das teorias de Pulver levaram a brilhante grafóloga francesa Saint-Morand a criar a Rosa-dos-Ventos, um esquema espacial que simplifica as teorias do grafólogo suíço.

A direção na Rosa-dos-Ventos determina uma série de características psicológicas importantes:

Figura 4 — Rosa-dos-Ventos. O esquema simplifica a vida do grafólogo, para onde se dirige o traço indica a característica da personalidade de quem escreveu.

Nordeste — Orgulho, rebeldia, agressão, revolta, indisciplina, discussão, reivindicação, contradição, oposição, insubmissão, independência.

Sudeste — Materialismo, obstinação, interesses materiais, afirmação, resistência.

Sudoeste — Atitudes defensivas, egoístas, passividade instintiva.

Noroeste — Nostalgia, angústia, economia, contração, regressão, solidão, apreensão, defensividade, medo, especulação.

O gesto gráfico, quando se dirige para todas as direções, indica conflitos, indecisão, dúvidas etc.

A divisão tripartite da escrita, que possui íntima correspondência com a natureza do homem, é considerada pelos sábios como uma trindade de espírito, corpo e mente, e nos leva a outras interessantes conclusões:

1. *Zona Superior* — É a esfera das idéias, imaginação, razão, consciência, intelecto, aspirações individuais, idealismo, projetos utópicos e misticismo. Deus, anjos, impulsos divinos, céus. Elevar-se socialmente é estar por cima, no topo, alto.

2. *Zona Média* — Esfera da auto-estima, emotivo-sentimental, sentido comum, comportamento social e adaptação à realidade. Vida cotidiana. Ego.

3. *Zona Inferior* — Esfera física, sentido prático das coisas, necessidades materiais, vida instintiva e inconsciente, necessidades sexuais, luxúria e atividades corporais. Profundezas, abismo, demônios. Os tesouros ocultos encontram-se nas profundezas do mar. Estar embaixo possui uma conotação negativa em nossa sociedade.

Principais conclusões para um laudo:

1. *Equilíbrio entre zonas* — Uma personalidade equilibrada e em plena harmonia terá uma boa proporção entre as três zonas.

Uma escrita proporcional demonstra prudência, discrição, sobriedade, sensatez, ausência de esnobismos e excentricidade, além de grande domínio das paixões.

2. *Predominância da zona superior* — Quando esta zona é maior que as outras, a pessoa valoriza o lado espiritual e intelectual, além

Zona superior

Zona média

Zona inferior

Figura 5 — Divisão entre as zonas na escrita. O tamanho da zona média é chamado de altura grafológica.

dos valores já descritos anteriormente. Normalmente encontrada em escritores, religiosos e intelectuais.

O exagero mostra pessoas excêntricas e que vivem fora da realidade e com tendências a megalomania.

3. *Predominância da zona média* — Caracteriza pessoas realistas, é a letra típica de comerciantes e industriais. Exagerada é sinal de ego exacerbado. É a zona onde ocorrem os conflitos.

4. *Predominância da zona inferior* — Indica que o escritor possui grande energia física, materialismo, sexualidade, motricidade, impulsos e instintos.

5. *A análise da dinâmica zonal* — Não deve ser deixada de lado, isto é, como uma zona pode influir nas demais, a predominância de uma ou duas, a hipertrofia, o equilíbrio ou o desequilíbrio entre elas.

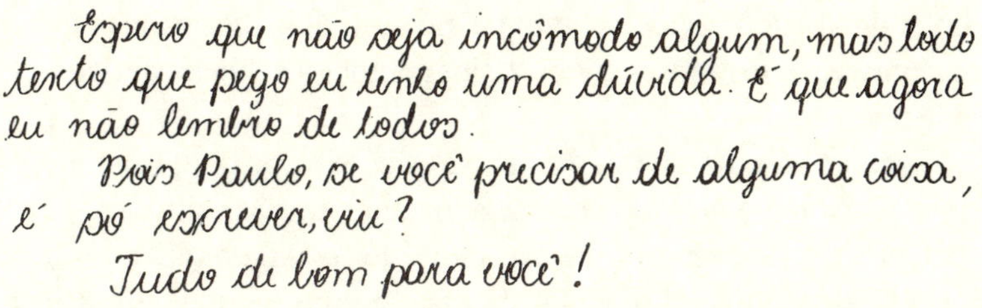

Figura 6 — Estudante de psicologia, 19 anos. Predomínio da zona média. A escrita é limpa e legível. Mostra boa adaptação social e vontade de ser compreendida.

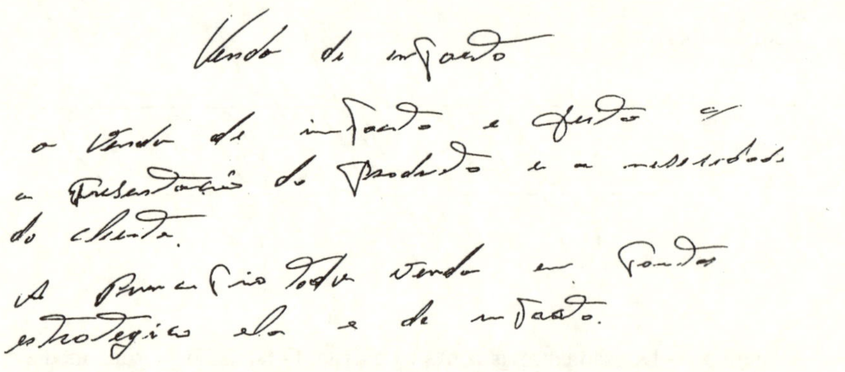

[manuscrito:]

Vendo de infarto

o Vendo de infarto e fundo e
a apresentação do produto e a necessidade
do cliente.

A Pensa [?] Pode vender e Fundo
estratégicos ela e de infarto.

Figura 6a — Vendedor, 48 anos — Exemplo de *palavras reflexas*. No momento de escrever a palavra enfeite, o indivíduo projeta sua problemática atual e escreve de maneira inconsciente "infarto". Nota-se que, meses antes, ele havia sofrido um ataque e ainda estava sob tratamento. As torções mostram sofrimento e estresse.

As teorias de Pulver se revelam, mesmo para os iniciantes, um instrumento prático e de grande utilidade para a execução do laudo grafológico.

Conteúdo emocional

Esta escola foi iniciada na Alemanha com os estudos de Rafael Schermann. Seu autor causou espanto aos meios científicos ao descrever, por meio da escrita, detalhes e fatos da vida das pessoas que analisava.

O dr. Askar Fischer, professor de neurologia e psiquiatria na Universidade de Praga, conclui que, no caso de Schermann, estavam presentes aspectos grafológicos, fisiognomônicos, hiperestéticos e telepáticos.

Embora esse tipo de análise fosse estudado por pesquisadores em Paris, Viena e Nova York, seu método caiu em descrédito.

Curt A. Honroth, um alemão radicado na Argentina, após a Segunda Guerra Mundial reorganizou essas teorias e, junto com Ribera, chamou-as de Grafologia Emocional. Seus principais livros são: *Grafologia, teoria e prática*, *Grafologia emocional* e *Escrita infantil*.

As conclusões de Schermann beiravam o sobrenatural e, embora pesquisadas, não foram objetos de uma conclusão definitiva. Já as teorias de Honroth e Zarza podem ser assimiladas com certa facilidade pelos grafólogos.

Honroth fala de *lapsus calami* da mesma maneira que Freud explicava *lapsus linguae*. Segundo ele, mostram problemas inconscientes que afetam e distorcem certas palavras, chamadas de *palavras reflexas*. Essas distorções, quando percebidas pelo analista, ampliam de maneira significativa o laudo e, mais do que isso, podem mudar a estrutura da interpretação final, já que o conteúdo emocional, a *palavra reflexa*, pode ser muito profundo e traz à luz dados que não são observados pelos outros métodos.

Movimentos inconscientes e conscientes

Tem seus estudos estruturados por Lages e Solange Pellat que afirmam que o ato de escrever está polarizado entre o movimento inconsciente formativo e o inconsciente deformador.

Quando o consciente é forte, é artificial, a escrita revela-se monótona e mecânica.

Ao entrar na escola a criança aprende a escrever segundo um modelo escolar, preestabelecido; trata-se de um movimento de imitação, voluntário e consciente; porém, não somos máquinas e ocorre entre nós uma verdadeira transformação individual, por um processo natural e involuntário; isso acontece desde a infância até a idade adulta. Esse fenômeno pode ser observado na escrita; é o que chamamos de grafogênese.

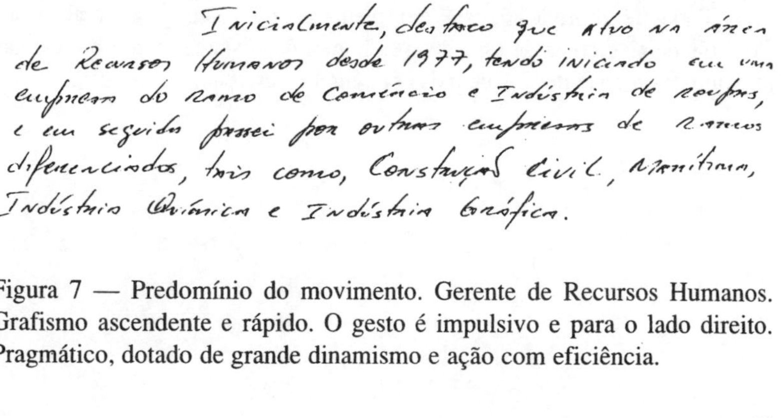

Figura 7 — Predomínio do movimento. Gerente de Recursos Humanos. Grafismo ascendente e rápido. O gesto é impulsivo e para o lado direito. Pragmático, dotado de grande dinamismo e ação com eficiência.

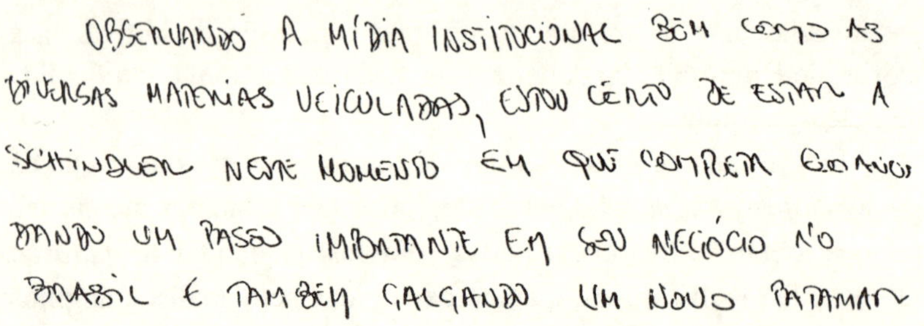

OBSERVANDO A MÍDIA INSTITUCIONAL BEM COMO AS DIVERSAS MATÉRIAS VEICULADAS, ESTOU CERTO DE ESTAR A SCHINDLER NESTE MOMENTO EM QUE COMPLETA 60 ANOS DANDO UM PASSO IMPORTANTE EM SEU NEGÓCIO NO BRASIL E TAMBÉM GALGANDO UM NOVO PATAMAR

Figura 8 — Predomínio da forma. Engenheiro, 38 anos. Escrita grande, ligeiramente ascendente e tipográfica. A pouca inclinação à esquerda mostra que é temeroso em seus primeiros contatos e os espaços entre as linhas indicam capacidade de planejar a longo prazo. O autor contém seus impulsos, sua necessidade de observar antes de agir.

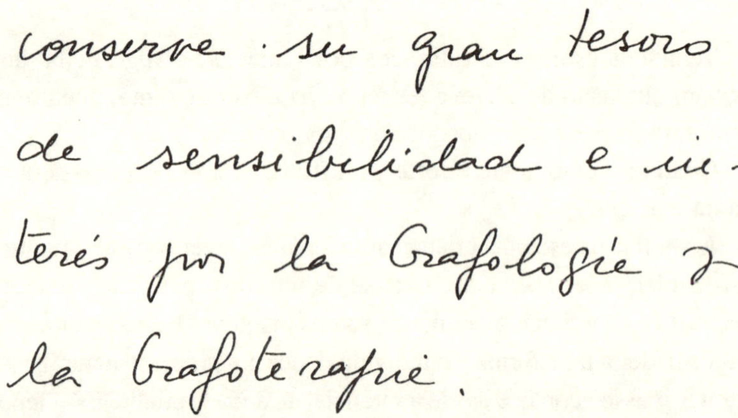

conserve su gran tesoro de sensibilidad e interés por la Grafología y la Grafoterapia.

Figura 9 — Equilíbrio entre forma e movimento. Grafóloga, 38 anos. Sua capacidade de motivação está em pleno acordo com a de realização. Controle de si, clareza de espírito. Seu humor é constante, capaz de realizar julgamentos a respeito dos demais com ética e correção.

O GRAFÓLOGO

O grafólogo é, sem dúvida, o grande centro de atenções da grafologia. Depende de sua formação a credibilidade que esta ciência terá junto às empresas e ao público em geral.

Antes de falarmos a respeito da formação do profissional no Brasil, é bom recordar que nosso país está muito atrasado em relação aos grandes centros como: França, Espanha, Alemanha e Estados Unidos. Nesses países, existem cursos de formação e diversas universidades ministram, em seus cursos de psicologia e psiquiatria, módulos de grafologia.

Instituições que se utilizam da grafologia:

Espanha — Universidade de Madri.

Alemanha — Universidades das cidades de: Berlim, Hamburgo, Kiel, Freiburg, Turbinga, Munique.

Argentina — Universidade Católica da Argentina, Instituto Superior de Humanidades.

Estados Unidos — Universidade da Califórnia, Instituto Neuropsiquiátrico de Langley Porter em São Francisco, Washington University Law Quarterly, Arizona State University, Harvard University (Leardership Sem.).

Itália — Universidade de Urbino.

Brasil — Cursos livres ou como matéria complementar em pós-graduação — ABEU — RJ, Universidade Gama Filho, Estácio de Sá, RJ.

Nosso problema, no momento, se atém ao Brasil, onde a grafologia não é reconhecida oficialmente. Não existe qualquer tipo de regulamentação a respeito de sua utilização e, portanto, qualquer pessoa pode se dizer grafóloga.

Os conselhos de psicologia, em todo o Brasil, não reconhecem a grafologia como teste projetivo, porém cometem o erro básico de incluir entre os testes privativos dos psicólogos o "Teste Palográfico" do prof. Scala, que nada mais é do que grafologia em sua base mais elementar. Esquecem que a maioria dos testes gráficos, como o Teste da Árvore, examinam o traço a partir dos conceitos dos mais renomados grafólogos do mundo.

Não obstante, o Teste Palográfico é utilizado por centenas de empresas em todo o país, principalmente por sua confiabilidade e, embora possa parecer um paradoxo, pela capacidade dos profissionais brasileiros neste ramo.

A profissão de grafólogo não é reconhecida oficialmente no Brasil e já existe jurisprudência, desde a década de 60, de que a grafologia não é privativa de psicólogos ou de qualquer outra classe profissional. Isso abre campo para inúmeras preocupações, sendo uma delas a falta de controle total do método.

Para *tornar-se* basta mandar fazer um cartão de visitas com o nome de grafólogo e sair distribuindo mundo afora; legalmente, não existe nada que o impeça. O pior acontece quando profissionais de outras áreas migram para a grafologia dizendo-se "sumidades". Os estragos são maiores. Algumas associações estão sendo formadas no Brasil, a mais antiga delas é a Sociedade Brasileira de Grafologia (Sobrag).

Centenas de psicólogos a utilizam de maneira correta e também de maneira totalmente incorreta; afinal o mercado é muito mais forte e certos interesses econômicos se sobrepõem à ética e à regulamentação.

O que um grafólogo deve saber para realizar análises grafológicas?

Esta é uma questão em aberto, mas alguns dados devem ser colocados como básicos. A pessoa deve ter, no mínimo, o segundo grau completo, noções de ética, filosofia, psiquiatria, psicologia, criminalística, direito, maturidade intelectual e moral, realizar cursos de grafologia e ter supervisão de grafólogos profissionais por, no mínimo, dois anos.

A estruturação dos cursos deve ser levada em consideração. Durante anos ministrando cursos e palestras por todo o território nacional, chegamos a uma carga horária que nos pareceu mais favorável, e com um resultado que pode ser comprovado pelo ótimo rendimento dos profissionais treinados.

Repetimos que a sugestão aqui apresentada não é uma fôrma de bolo, e, sim, uma sugestão baseada numa experiência que deu certo. Nossa experiência tem base nos currículos dos principais centros de grafologia do mundo.

Método e terminologia

A meta inicial do pretendente a grafólogo é escolher um método que possa seguir. Feito isto, ele deve estar atento à terminologia básica deste método.

Certa vez, uma aluna minha me disse: "Dentro de cinqüenta anos, sua netinha vai perguntar o que você está estudando e sua resposta deverá ser: 'Estou estudando terminologia grafológica, terminologia, minha cara netinha'".

Qual a importância disso?
Método — sistema organizado-direção-objetivo.
Terminologia — conjunto de termos utilizados.

Um criança de três anos de idade define passarinho como piu-piu; aos cinco, passarinho; em torno dos sete, pardal; ao chegar no vestibular, pássaro da família dos columbiformes.

Na grafologia ocorre o mesmo. Com letra feia ou bonita, nossos estudos nos levam à escrita pequena, estreita, fusiforme, com ritmo de base deficiente, ao movimento estático etc., que são termos grafológicos que dão precisão ao laudo.

A precisão, ou seja, como o grafólogo sabe reconhecer essas características, é que vai determinar o grau de acerto de seu laudo.

Porém, não basta determinar se a escrita é desta ou daquela maneira. É preciso um método para chegarmos ao laudo final.

Fazendo uma comparação: *grosso modo*, primeiro o mecânico aprende o nome das peças do carburador (terminologia), depois aprende a seqüência de desmontagem (método) e, finalmente, coloca-o em prática, com todas as infinitas nuances que possam existir. Cabe aqui relatar que uma boa dose de intuição pode ser fundamental.

Para ser um bom grafólogo, existe uma seqüência de estudos que, segundo nossa experiência, está segmentada em três fases:

1. *Curso Básico* — principais conceitos e terminologia.
2. *Curso Avançado* — teorias grafológicas, psicológicas e psicanalíticas.

Esses dois primeiros cursos são realizados simultaneamente. O futuro profissional aprende a realizar análises e, mais do que isto, a importância de prosseguir em sua formação.

Atualmente, visando ao mercado, diversas consultorias têm "grafólogos" em seus quadros com apenas 16 horas de um curso básico, que fazem laudos "esotéricos", como veremos a seguir.

3. *Cursos de formação* — estudos profundos e monografias.

O tempo de duração pode variar entre dois e cinco anos. Entretanto, tenho acompanhado excelentes profissionais há mais de oito anos, visando à troca de informações e de experiências.

Quando chegamos ao Rio de Janeiro, em 1992, tivemos a surpresa de ver cursos de grafologia ministrados por pessoas que pouco conheciam da matéria, mas, devido à sua requintada técnica de instrutor, posavam como *experts* no assunto. Pior ainda, ensinavam métodos que foram condenados no início do século, como, por exemplo, a análise feita com base em dicionário de letras.

Não é demais repetir esses avisos, tendo em vista que a mesma prática é utilizada até hoje no Brasil, e o presente livro, além de orientar de maneira precisa o profissional ou o futuro grafólogo, deseja combater uma prática que julgamos criminosa.

Conhecimentos básicos que um grafólogo profissional deve ter:

- Introdução à grafologia.
- Histórico, utilização, sistemas e evolução dos métodos de análise grafológicos.

- Metodologia e terminologia.
- Termos técnicos elementares. Principais características.
- Síntese de orientação. Dominantes.
- Simbolismo do espaço gráfico. Esquema da Rosa-dos-Ventos.
- Ambiente gráfico. Sentido positivo. Sentido negativo.
- Traço. Estudo. Hegar.
- Gêneros gráficos. Espécies. Síndromes gráficas.
- Ordem. Dimensão. Pressão. Forma. Ligação. Velocidade. Inclinação. Direção. Continuidade.
- Gestos-tipos. Ovais. Letras-testemunho. Assinaturas. Escritas tipográficas.
- Análise grafológica. Material analisado. Execução da análise. Etapas.
- Teorias grafológicas. Klages. Pulver. Saint–Morand etc. Noções.
- Estudos de grafismos ligados: à adolescência, ao álcool, à escrita infantil, a delinqüentes.
- Depressão e escrita. Conflitos. Insinceridade.
- Agressividade. Noções de distúrbios psiquiátricos ligados à escrita.
- Inteligência. Libido. Análise transacional e escrita.
- Grafologia junguiana, freudiana, tipos, estudos.
- Escola alemã. Escala de Pophal.
- Ritmo de Klages. Roda Wiser. Ritmo de Base.
- Caracterologia, Tipos de Le Senne. Tipologia hipocrática.
- Espécies de Gille-Maisani. Estudos de espaço. Forma e Movimento.
- Estudos das obras de Klages, Jamin- Pulver, Vels, Xandró, Maisani, Wiser e outros.
- Grafologia nas empresas, escolas, hospitais etc.
- Laudo, retrato grafológico, método de redação do laudo.

Este resumo mostra as principais teorias que um bom profissional deve conhecer para trabalhar com grafologia. Não é, como já dissemos, uma fôrma de bolo, mas mostra o grande campo de conhecimento que está à disposição do interessado em abraçar a profissão.

Temos de nos lembrar que existem algumas escolas que ignoram esses conhecimentos e conseguem resultados eficientes, como a grafoanálise do americano Bunker. Não podemos descartar ou condenar qualquer método antes de ele ter sido analisado e estudado a fundo.

Como vimos, a formação do grafólogo exige, além de tempo, técnica e estudo.

Em nossa opinião, o grafólogo deve saber, no mínimo, cerca de 70% das teorias aqui apresentadas.

Uma questão pode ser colocada:

"E por que uma vasta gama de conhecimentos?"

Na realidade, cada teoria funciona como uma sonda, que busca pesquisar a personalidade do ser humano. Em determinados momentos, as teorias de Klages são mais apropriadas a determinado caso do que as de Pulver; as de Jung no lugar de Freud ou vice-versa. O grafólogo deve ter em mente qual o recurso apropriado para determinado caso.

Como conclusão final:

O grafólogo deve ser livre de qualquer tipo de preconceitos, não deixar que problemas pessoais interfiram na análise, e sempre ter em mente que a grafologia tem como objetivo principal aperfeiçoar o ser humano.

"A atitude do grafólogo deve ser sempre positiva. As suas análises jamais devem ser de desencorajamento; depois de descobrir as fraquezas, os complexos e os conflitos, o grafólogo deve reunir todos os elementos úteis para dar uma nova orientação ao autor. A nossa tarefa não consiste em dizer a verdade nua e crua, conforme conseguimos observar no grafismo, mas sim em ajudá-lo a encontrar sua verdade, para que possa ser guiado para um novo caminho em sua existência." (Ania Teillard)

Existem excelentes profissionais no Brasil. A grafologia não é reconhecida oficialmente (ainda). Muito deve ser feito para que esta ciência seja corretamente utilizada no país.

PRINCIPAIS UTILIZAÇÕES DA GRAFOLOGIA

A grafologia possui inúmeros ramos de utilização. No Brasil, o mais comum é o de Recrutamento e Seleção de Pessoal, talvez pelo simples fato de trazer resultados mais imediatos. Utilizações mais comuns:

- recrutamento e seleção;
- treinamento;
- promoção, admissão etc.;
- pesquisas de roubos, furtos;
- falsificações.

1. DESENVOLVIMENTO DE PESSOAL

Usado principalmente em empresas nacionais e multinacionais.

A globalização da economia mundial traz como conseqüência uma onda de novos investimentos e criação de empregos em nosso país, obrigando as empresas a aperfeiçoarem técnicas de seleção que sejam mais confiáveis e capazes de enfrentar os desafios que estão surgindo. O recrutamento e seleção de pessoal é bastante facilitado por este método.

Nos próximos capítulos veremos em detalhes cada um desses itens.

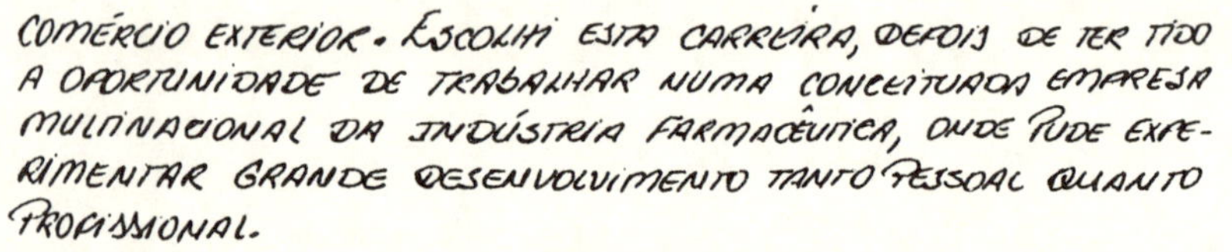

Comércio exterior. Escolhi esta carreira, depois de ter tido a oportunidade de trabalhar numa conceituada empresa multinacional da indústria farmacêutica, onde pude experimentar grande desenvolvimento tanto pessoal quanto profissional.

Figura 10 — Propagandista, 29 anos. Escrita tipográfica, vontade de preservar sua intimidade e apresentar-se de maneira atraente aos demais.

2. ORIENTAÇÃO PROFISSIONAL E EDUCACIONAL

Visa principalmente ao estudo de crianças e adolescentes. Trata-se de uma área pouco explorada no Brasil. Ainda não temos nenhum livro específico (em grafologia) a respeito do tema.

Com o laudo, o psicólogo ou o orientador vocacional poderá direcionar jovens para um melhor aproveitamento de suas aptidões.

Nas escolas, a grafologia ajuda os professores a traçarem um perfil de seus alunos e, sobretudo, resolver casos de disgrafias.

O teste alcança melhor resultado quando combinado com outros, mais específicos. O grafólogo não faz orientação profissional, exceto se tiver qualificação para tal.

3. DIAGNÓSTICOS MÉDICOS

A grafologia pode auxiliar o médico a definir com precisão casos de hipocondria, paranóia, esquizofrenia, embriaguez etc. A Faculdade de Medicina de Bragança Paulista (SP) possui estudos de grafopatologia.

A grafopatologia deve ser encarada com extrema cautela. O grafólogo não realiza diagnósticos, exceto se for qualificado, e, mesmo assim, deve recorrer a outros instrumentos para confirmar a patologia. Certos grafólogos dizem que são capazes de ver menstruação, dores de cabeça, gravidez com 15 dias. São mal-intencionados e devem ser evitados.

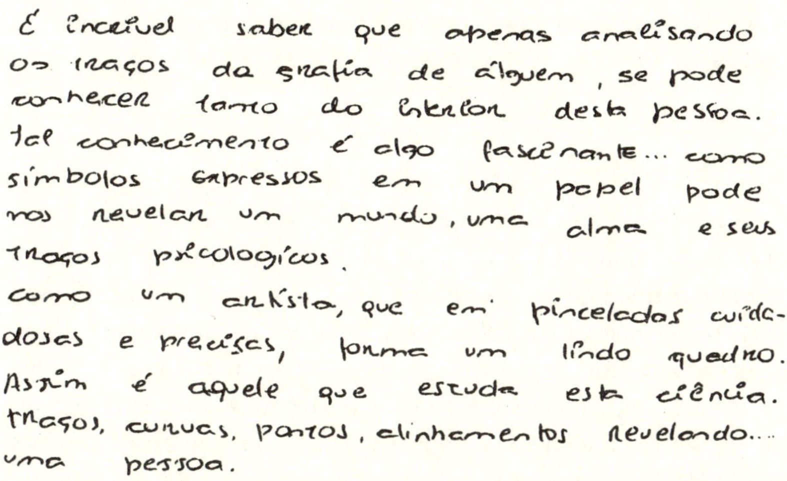

É incrível saber que apenas analisando os traços da grafia de alguém, se pode conhecer tanto do interior desta pessoa. Tal conhecimento é algo fascinante... como símbolos expressos em um papel pode nos revelar um mundo, uma alma e seus traços psicológicos.

Como um artista, que em pinceladas cuidadosas e precisas, forma um lindo quadro. Assim é aquele que estuda esta ciência. Traços, curvas, pontos, alinhamentos revelando... uma pessoa.

Figura 11 — Mulher, 28 anos. O grafismo, para o leigo, parece normal e muito bem estruturado. Entretanto, para o grafólogo experiente o ritmo é monótono, as "chaminés" (espaços verticais anormais) indicam ansiedade. Pingos nos *ii* em forma de círculo — insegurança. A letra *n* é anormal e a letra *g* (indicativo da libido) é interrompida, ou seja, a energia não flui de maneira normal. Mesmo para o profissional experiente, muitas vezes, o diagnóstico é difícil. Síndrome do pânico.

4. FALSIFICAÇÕES

Talvez seja a mais aceita e a mais comum utilização da grafologia em nosso país. A Polícia Civil, as Forças Armadas, os bancos e o Poder Judiciário possuem especialistas em grafotecnia em seus quadros. Caso uma pessoa tente falsificar ou dissimular sua letra, por melhor que o faça, o especialista definirá quem foi o autor do texto. A grafotecnia é o mais avançado ramo em nosso país.

Destacamos o trabalho desenvolvido pelo Instituto Carlos Éboli, do Rio de Janeiro; a despeito das dificuldades de ordem material, peritos como Othon, Eloá, Paulo Sergio e outros elevam a grafotecnia carioca entre as melhores do Brasil.

A Universidade de Campinas (Unicamp) possui um dos melhores laboratórios de grafoscopia do continente.

Atualmente, está em desenvolvimento uma técnica de grafologia que é utilizada como detetor de mentira, praticamente desconhecida no Brasil.

5. GRAFOTERAPIA

As origens da grafoterapia moderna ocorreram na França. Por ocasião do fim da Segunda Guerra Mundial, Trillat passou a utilizar-se deste método com crianças órfãs de guerra, internadas em hospitais. Atualmente existe a Sociedade Francesa de Grafoterapia, cujos principais membros são médicos, psiquiatras e terapeutas e têm por objetivo corrigir ou atenuar certas características da personalidade, ou auxiliar no tratamento de doenças tais como: depressão, timidez, ansiedade etc.

No Brasil existem poucos especialistas nesta área e talvez seja a parte de mercado menos explorada. O grafólogo não realiza grafoterapia; isto cabe ao médico, ao pedagogo ou ao psicólogo.

Outras utilizações:

- escrita infantil;
- ajuda matrimonial;
- estudo de personalidades históricas;
- autoconhecimento.

Possibilidade e limites da grafologia atual

Diversos autores e pesquisadores, inclusive grafólogos de renome mundial, criticam a grafologia por sua falta de método e de pesquisas sérias.

Existe uma certa verdade a esse respeito, mas o assunto está superado na medida em que as principais pesquisas são conclusivas; o que se quer atualmente é um aprofundamento.

Estatisticamente, os grafólogos levam quase que total vantagem em qualquer tipo de estudo por amostragem, principalmente quando são utilizados outros testes para validar a grafologia (MMPI, Wartegg, HTP, Zulliger, Rorschach etc.).

Alguns estudos sérios:

- Jamin analisado por Binet no início do século: 92% de acerto no nível intelectual, entre outros dados (*Les revelations de l'ecriture d'après un controle scientifique*, Alfred Binet).
- Allport e Vernon: Universidade de Harvard — *Estudos dos movimentos expressivos*.
- Frank Victor: Universidade de Harvard entre 1939 e 1941: O "*Grant Study*" é relatado em parte no livro *Handwriting: a personality projection*.
- Eysenck, embora tivesse grande prevenção contra as técnicas projetivas nos estudos de doentes mentais, conclui que o acerto (cerca de 68%) nos diagnósticos feitos por grafólogos era excepcional. (Graphological Analysis and Psiquiatry: *British Journal of Psychology*, 1945.)

Nossa lista poderia estender-se por várias páginas, mas, mesmo assim, no Brasil e no exterior, alguns profissionais de gabarito ainda contestam a grafologia sem qualquer base e conhecimento.

Alguns expoentes da grafologia mundial dizem em tom de brincadeira, mas com certo fundo de verdade: "Devemos proteger a grafologia de certos grafólogos". Nada mais certo, principalmente contra aqueles que se utilizam de métodos condenáveis, como o estudo de alfabetos grafológicos para o levantamento de laudos.

Os limites da grafologia estão na capacidade do grafólogo, no método, no código de conduta, na regulamentação da profissão, na utilização de uma terminologia universal, nas barreiras que serão facilmente transpostas por uma ciência jovem.

Acreditamos que, a médio prazo, o Brasil deverá ter algumas associações de grafologia com força para regulamentar a profissão e/ou ter leis específicas a respeito do assunto, como o Código Penal francês que, em seu artigo 378, diz: "o grafólogo deve manter segredo profissional"; ou, ainda, o Código Penal italiano, que fala a respeito dos peritos em grafologia.

A tendência de algumas empresas e universidades colocarem a grafologia como técnica de seleção alternativa, ao lado do tarô, do mapa astral, da numerologia é um erro que não deve ser levado em frente, ou seja, misturar misticismo com grafologia não leva a lugar nenhum.

Os perigos da má utilização da grafologia

No Brasil a grafologia tem sido utilizada com grande sucesso por empresas, médicos, psicólogos, administradores e outros interessados, mas ainda existem muitos problemas que merecem atenção.

Como a profissão não é regulamentada, qualquer um pode se dizer grafólogo, mas, sem preparo, realizam análises grafológicas com os mais variados fins.

Outros misturam a grafologia com esoterismo, complicando e confundindo mais ainda esta ciência. Neste ponto, cabe salientar que nada temos contra qualquer tipo de credo ou religião, mas ver futuro é coisa de Osmar Cardoso e não de grafólogo.

Alguns profissionais, no intuito de ganhar dinheiro fácil, acham que encontraram na grafologia um meio rápido, mas não percebem o estrago que fazem no mercado e na sua própria carreira.

Usar a grafologia como "arma" para eliminar candidatos é, na realidade, um crime.

Devemos ter em mente a limitação do candidato, evitando de todas as maneiras colocá-lo em uma posição de inferioridade. Em última instância, trata-se de alguém que deseja ser útil para a empresa. O fato de o indivíduo ser ambicioso ou não possuir ambições só nos interessa na medida em que ele possa produzir o necessário. Existem homens que desejam ser reis e outros, simples professores; estes últimos talvez produzam muito mais para a nação do que os primeiros.

A grafologia tem como objetivo principal o aperfeiçoamento do ser humano. Qualquer outra consideração deve levar em conta esse preceito.

MÉTODO DE ANÁLISE GRAFOLÓGICA

O que é uma avaliação ou análise grafológica?
A questão poderia ser respondida de várias maneiras, embora não seja tão simples. Afinal, este é um dos objetivos deste livro.
A avaliação é um tema que possui grande relevância em todas as empresas modernas. Tem início na contratação, prolonga-se durante toda a vida do funcionário e não termina quando ele se aposenta; ao contrário, depois disso, ela é feita para revalidar os processos e chegar à conclusão se deve ou não ser mantida.
Avaliar é um processo amplo e complexo, que exige uma série de técnicas. Não estamos falando somente de grafologia em si, mas da avaliação em toda a sua amplitude, que vai desde a coleta dos dados, dos fichários, das observações pessoais até a conclusão final.
A avaliação está ligada ao processo de tomada de decisões e é um meio de alcançar determinados fins, não um fim em si mesma.
A eficácia da avaliação grafológica está intimamente ligada à competência do avaliador e a sua capacidade em emitir laudos criteriosos, conferindo-lhe confiabilidade.
É necessário que o grafólogo perceba sua importância no processo seletivo e se prepare de maneira correta para avaliar os recursos humanos que serão colocados dentro da empresa.
Avaliar é um ato impessoal, e deve ser transformado em uma ação que se realiza:

- por testes;
- observação pessoal;
- situações simuladas;
- durante treinamentos;
- por meio de avaliações de desempenho;
- continuamente.

Os registros devem estar sempre atualizados e em arquivos de fácil manipulação, pois a qualquer hora a empresa que deseja promover, mudar de função e movimentar um funcionário tem de estar com esses dados à mão.

Podemos concluir que uma *avaliação grafológica* é a interpretação característica da personalidade da pessoa, tendo em vista determinado objetivo, que pode ser um cargo ou uma função.

Erros mais comuns na avaliação:

Características do próprio avaliador

É comum o grafólogo colocar certos traços de sua personalidade na avaliação. Certa vez, durante a supervisão de um processo de seleção para gerente de uma multinacional, perguntei a minha aluna, psicóloga e brilhante grafóloga, se ela estava com problemas de relacionamento. Com grande espanto, ela disse que sim, mas quis saber como eu sabia, uma vez que se tratava de algo pessoal e ela não havia contado a ninguém. Mostrei-lhe que, dos vinte laudos (muito bem executados), a maioria continha a palavra afetividade, ou seja, ela estava projetando de maneira inconsciente um problema seu. Este fato, até certo ponto, é comum, e o grafólogo deve ter consciência de que isso pode ocorrer sem que ele perceba.

Subjetivismo

Outra característica muito comum em laudos. Por má-fé ou por falta de conhecimentos, encontramos os chamados "laudos esotéricos", como por exemplo: "trata-se de uma pessoa que deseja subir na vida sem derrubar ninguém"; ora, isto serve para qualquer um.

A objetividade deve acompanhar o grafólogo por toda a vida.

Efeito halo

A partir de uma característica grafológica considerada forte, como por exemplo uma assinatura extravagante, passamos a avaliar o resto. Muitas vezes, um sinal que aparece de maneira constante pode "atrair" o grafólogo e este passa a avaliar o conjunto por aquele sinal.

Severidade

Os traços da escrita são analisados de maneira negativa, resultando em um laudo desfavorável ao candidato, em que pesem as suas qualidades.

Nem céu, nem terra. O grafólogo deve realizar a análise sem qualquer tipo de preconceito.

Benevolência

Trata-se do contrário do anterior.

A carta

Após analisarmos o problema da avaliação, temos de levar em conta a coleta de dados que, muitas vezes, tem importância capital, pois é dela que vai depender o resultado final da análise.

O que é necessário para realizarmos uma análise grafológica?

O material ideal seria aquele que não foi escrito com o objetivo de ser analisado. Grafismos anteriores para se comparar podem ser bastante úteis.

O ideal seria uma folha de papel em branco, sem pauta. Podemos entregar uma ou duas folhas de papel (sem pauta) ao candidato e pedir que ele escreva uma carta sem qualquer tema definido. Alguns temas podem ser sugeridos, como "Quem sou eu?", "Por que este cargo deve ser meu?". A cópia pura e simples deve ser evitada.

O aplicador deve deixar o candidato à vontade, e o tempo para escrever a carta deve ser livre; é lógico que não se admite que uma carta com cerca de 10 linhas seja escrita em uma hora.

O material escrito não deve ser passado a limpo e é considerado bom quando preenche os requisitos acima descritos. Muitas vezes, não encontramos todos os dados que julgamos necessários, mas isso não impede que a análise seja realizada. O critério de avaliação é do grafólogo.

A intenção da carta e o destinatário também devem ser observados; o conteúdo pode trazer grandes informações. Erros de ortografia graves são indicativos de que o candidato não está apto para o cargo de diretoria.

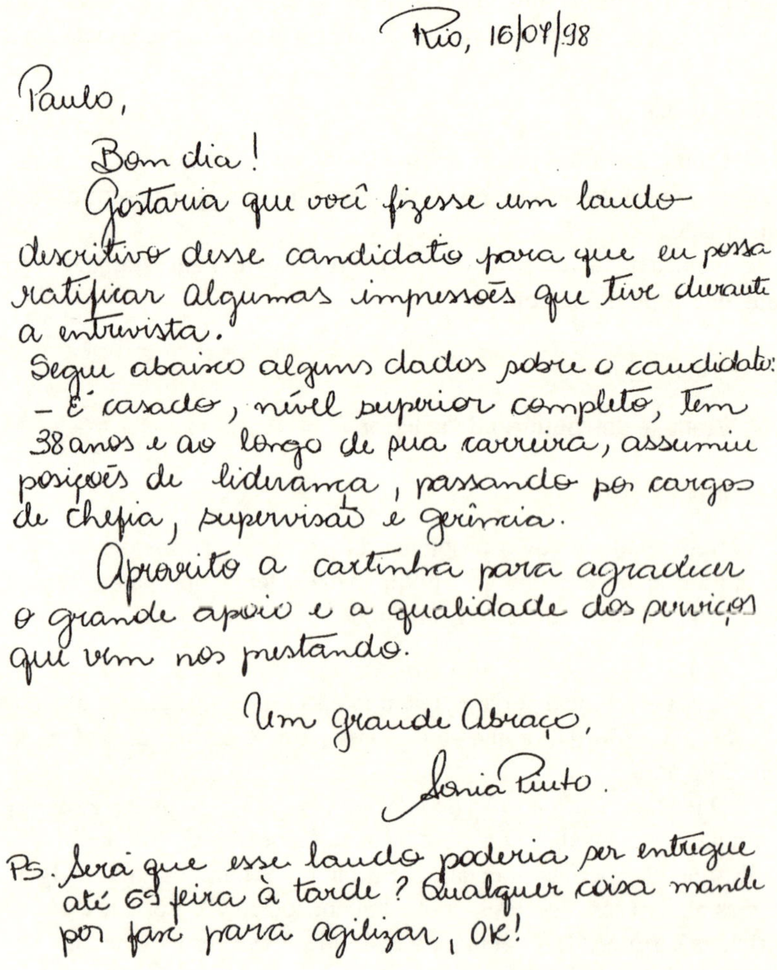

Rio, 16/04/98

Paulo,

Bom dia!

Gostaria que você fizesse um laudo descritivo desse candidato para que eu possa ratificar algumas impressões que tive durante a entrevista.

Segue abaixo alguns dados sobre o candidato:
— É casado, nível superior completo, tem 38 anos e ao longo de sua carreira, assumiu posições de liderança, passando por cargos de chefia, supervisão e gerência.

Aproveito a cartinha para agradecer o grande apoio e a qualidade dos serviços que vem nos prestando.

Um grande abraço,

Sonia Pinto.

PS. Será que esse laudo poderia ser entregue até 6ª feira à tarde? Qualquer coisa mande por fax para agilizar, OK!

Figura 12 — A página em branco representa o mundo por onde o indivíduo transita, como se coloca em relação à sociedade. O texto é indicativo do comportamento social e a assinatura, da intimidade. A comparação entre esses dois detalhes é de vital importância para o laudo final. O texto ideal, para ser analisado, deve ser em papel sem pauta e com cerca de 15 linhas. A decisão final, se a análise deve ou não ser realizada, é do grafólogo.

Quando escrevemos para pessoas íntimas nossa atitude é diferente daquela cujo destinatário é um estranho ou um superior hierárquico. A intenção traz ao grafismo algumas modificações. Uma carta de amor é diferente de uma carta comercial.

Diferentes documentos podem ser solicitados, ou até mesmo podemos pedir que sejam escritas mais de duas cartas.

E se candidato alegar que sua escrita é tipográfica?

Tranqüilamente, pedimos que ele escreva como está acostumado, sem qualquer tipo de alteração. A grafologia moderna tem técnicas para analisar uma escrita tipográfica.

Podemos, depois, solicitar uma carta com escrita cursiva.

Em casos de problemas físicos, como braço quebrado, ausência de falanges etc., o teste deve evitar qualquer tipo de constrangimento, e a empresa pode aplicar outros métodos que lhe parecerem mais adequados, visando preservar o ser humano.

Algumas pessoas perguntam se a situação em que o indivíduo se encontra no momento pode interferir na análise. A resposta é quase sempre sim. O grafólogo trabalha temperamento e caráter: um se modifica com o tempo; o outro é imutável.

Material utilizado na escrita

Antes de mais nada, temos que ter a perfeita noção de qual será o melhor material para realizarmos uma análise grafológica.

O mais comum seria uma caneta Bic, pois a maioria das pessoas está acostumada a escrever com ela, seu manuseio é fácil e pode ser encontrada em todo o país.

O lápis deve ser evitado, pelo simples fato de que, ao escrever, a ponta vai engrossando e, com isso, a espessura do traço aumenta, dificultando a interpretação. A pressão no papel também pode se alterar e, algumas vezes, a ponta se quebra. Além disso, dificilmente escrevemos uma carta a lápis.

Certos executivos possuem canetas-tinteiro, que podem ser usadas normalmente. Esferográficas com ponta sedosa ou de material mole não são convenientes.

A borracha para a correção não deve ser utilizada, primeiro porque utilizaremos uma caneta e, segundo, pelo fato de a grafologia ser um teste reativo, ou seja, detalhes de grande importância seriam perdidos.

O papel ideal é uma folha em branco, normalmente formato A4 ou ofício, que não seja sedosa ou com superfície muito lisa. A quantidade de folhas depende da técnica do especialista. O ideal são duas folhas: uma para servir de apoio e não como rascunho, e a outra para escrever.

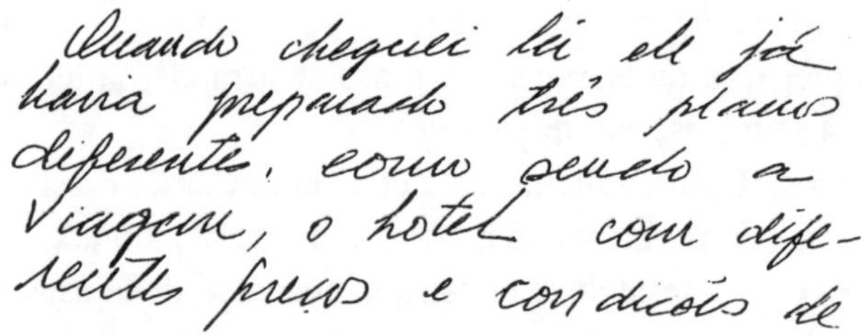

Figura 13 — Mulher, 54 anos. Escrita angulosa e inclinada. Os sinais de tensão são visíveis. A energia utilizada para controlar-se é maior do que a utilizada na tarefas do dia-a-dia.

E no caso de uma empresa que utiliza a grafologia e o grafólogo não está presente para a realização do teste?
Neste momento, podemos visualizar mais uma das grandes vantagens da grafologia. Ela não precisa de um técnico especializado para aplicar o teste; basta o responsável colocar o candidato na sala e seguir todos os passos descritos neste livro.

Para testes psicológicos, somente o psicólogo, por força de lei, pode aplicar um teste, o que não é o caso da grafologia.

Recentemente, observamos um banco de grande porte que simplesmente solicitava aos seus candidatos ao cargo de gerente uma carta para ser analisada ("Você é candidato a gerente. Na próxima segunda-feira, traga uma carta escrita para podermos enviá-la para São Paulo"). O candidato era aprovado ou reprovado somente com a grafologia, sem qualquer outro tipo de teste. Em caso de reprovação, o gerente era submetido a uma nova avaliação, depois de seis meses. Um verdadeiro fiasco, falta de método, falta de ética do grafólogo. A longo prazo, a empresa perde e o método é condenado.

Local para realizar o teste

Para o grafólogo o importante é saber as condições em que determinado documento foi escrito, mas muitas vezes isso é impossível.

Quando o candidato executa o teste, são necessárias todas as condições para um bom desempenho:

- boa iluminação (natural, se possível);
- cadeiras equilibradas;
- papel e canetas em condições;
- e todos os outros conselhos dados àqueles que realizam testes psicológicos.

O horário deve ser levado em conta. Algumas empresas chegam a dar o café da manhã para que o desempenho não prejudique os candidatos a uma vaga. Existem pessoas que passam o dia à procura de emprego, sem almoçar ou fazer qualquer tipo de lanche; isso fatalmente irá dificultar o resultado, não só do teste grafológico em si, como outros a serem realizados.

O papel social da empresa deve ser fortalecido com uma medida simples como esta, e os candidatos com potencial não vão ser desprezados.

Dados do autor

Normalmente, quem solicita um emprego fica em uma posição de inferioridade, principalmente se está desempregado.

Trata-se de uma questão ética, que tem consumido tempo, dinheiro e bastante estudo de vários pesquisadores.

O dr. Daryl Koehn, no *The Online Journal of Ethics*, condena o uso da grafologia e de outros testes na avaliação de candidatos. O autor estuda o direito de invadir a privacidade das pessoas e o respeito ao ser humano.

Não chegamos a ser tão críticos como o renomado autor, mas temos de criar mecanismos legais para a utilização da grafologia. O que se vê hoje, no Brasil, é bastante preocupante, pois qualquer pessoa pode se dizer grafólogo, mesmo que não tenha qualificações para tal.

Dentro de padrões éticos, podemos dizer que a empresa tem o direito de saber quem contrata, quais as suas qualidades e os seus defeitos.

Algumas vezes, quando realizamos uma análise, retornamos à empresa solicitando os dados da pessoa, o perfil visto na entrevista, o que o psicólogo observou na dinâmica de grupo etc.

"*Mas você não vai fazer a análise grafológica?*", pergunta o solicitante.

Análise grafológica não é adivinhação. Quanto mais se souber do analisado, melhor. Não estamos fazendo um jogo de "gato e rato". Se pudermos realizar uma entrevista com a pessoa antes da análise, o resultado fatalmente será melhor.

Em linhas gerais devemos ter em mãos os seguintes dados:

- nome completo;
- idade e sexo;
- estado civil;
- formação profissional;
- estado de saúde;
- currículo;
- descrição de cargos da empresa;
- outros que julgar necessários.

Nunca é demais dizer que esses dados devem ser confidenciais, e o laudo mais ainda; respeitar o ser humano é tarefa primordial para o grafólogo.

Podemos analisar qualquer pessoa que saiba escrever. As garatujas da escola revelam detalhes importantes da personalidade. O ideal é que o candidato tenha boa cultura gráfica, isto é, pratique o ato de escrever de maneira constante, não importando o seu grau de escolaridade. Quando existem dificuldades para escrever, deixamos a grafologia de lado e utilizamos o Teste Palográfico criado pelo grafólogo espanhol professor Scala.

Currículo

É fundamental que se estude o currículo do candidato. Ele vai fornecer informações fundamentais para a avaliação do candidato.

Muitas vezes, temos observado que certos currículos são montados para causar uma boa impressão ao avaliador e não estão de acordo com o que a análise grafológica diz.

Perfil do cargo

O grafólogo deve estar com as características do cargo a ser preenchido ao seu lado. Isto vai facilitar a elaboração do laudo final, visando concluir se o candidato possui os requisitos desejados. O esquema ideal:

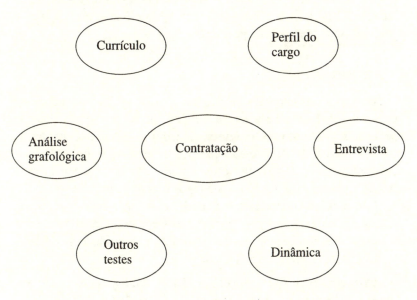

Certa vez, um candidato apresentou em seu currículo características de liderança, e a análise grafológica dizia exatamente o contrário. Numa verificação mais aprofundada, observou-se que, sutilmente, os cargos que exerceu tinham conotação de chefia, mas não eram de chefia propriamente dita.

A integração entre a entrevista e a dinâmica trazem resultados surpreendentes, como nos diz Mônica Barciela, psicóloga e grafóloga:

"Após a análise grafológica, entrevistamos os candidatos e fazemos a dinâmica de grupo, isto poupa tempo, já que a triagem inicial é feita pela grafologia e só os mais aptos entram efetivamente no processo de seleção. É interessante notar que o candidato vai literalmente falando de sua vida por meio da grafologia; quando resolve inventar ou mentir, já sabemos de antemão".

E acrescenta: "A grafologia não é o único teste usado na empresa. Quando temos dúvidas, usamos os Wartegg; aliás, eles podem ser considerados complementares".

"E em caso de o candidato ter baixo nível de escolaridade, com dificuldades para escrever?" Neste caso, recomendamos o Teste Palográfico que é descrito no Capítulo 12 deste livro. Trata-se de um meio eficiente, econômico e rápido de selecionar com a grafologia.

O candidato

Devemos nos lembrar que, nos dias atuais, o candidato não é um ser passivo, que vai até a empresa para ser selecionado; ele conhece as regras do jogo. Muitos já foram selecionadores e estão por "dentro do mercado", sabendo de antemão os tipos de testes e entrevistas a que serão submetidos. Alguns até se preparam de maneira adequada para realizar os testes, as entrevistas, os jogos e as dinâmicas de grupo.

Isso não invalida os testes, mas o profissional deve estar atento para não se deixar levar por "profissionais em ser recrutados".

A escrita, embora não revele o nível de escolaridade, pode mostrar alguns *indicativos* importantes.

Primeiro grau — Escrita caligráfica, lenta, regular, vertical, tendência a escrever na parte superior da folha, falta de acentuação, acentuação algumas vezes correta, a assinatura pode ser legível, poucas linhas, e erros gramaticais e de concordância.

Segundo grau — Mais aprimorada que a anterior, nota-se com certa facilidade melhor qualidade da escrita.

Nível superior — Escrita elaborada, menor quantidade de erros gramaticais, ligações mais elaboradas, golpes de látego e de sabre, escrita combinada etc. Sempre que encontramos mesóclises e próclises, trata-se de profissionais com grande experiência e bem situados.

Resumo

Quem deve decidir se o material e as condições são ideais é o grafólogo, baseado em técnica, ética e experiência pessoal.

Com todos os dados em mãos, o grafólogo vai realizar o laudo. É o que veremos no próximo capítulo.

6

O LAUDO

Alguns grafólogos chamam o laudo de retrato grafológico. É uma forma de dizer que redigir um laudo é uma arte, que deve ser aprimorada com o tempo.

Existem centenas de tipos de laudos e suas diversas variações; entretanto, algumas características devem ser observadas:

- qual o objetivo do laudo;
- quem vai ler o laudo;
- a personalidade do grafólogo.

Temos que ter em mente que o laudo é direcionado para um fim específico. Quando desejamos contratar um gerente de vendas, vamos observar os dados pertinentes à função. Não é o caso de saber se o candidato possui dotes artísticos ou se sua sexualidade é desta ou daquela maneira.

A capacidade de elaborar um bom laudo reside em duas premissas:

- Observação.
- Interpretação.

Observar os detalhes de maneira atenta e saber conjugar as diversas características para chegar a uma conclusão final é tarefa primordial. De maneira bem sucinta: em grafologia, um mais um quase sempre é diferente de dois.

Devemos centrar nossas observações em características que estão relacionadas ao cargo. Recentemente, lemos com espanto e preocupação uma reportagem na revista *Isto É*, na qual um grafólogo dizia que, embora não colocasse no laudo, telefonava para as empresas avisando quando o candidato era homossexual. Nada mais deprimente e antiético. Primeiro: o homossexualismo nada tem a ver com competência; e, depois, essas características são difíceis de observar em um grafismo, pois a homossexualidade pode ser latente e existem pessoas que não têm qualquer tipo de relação física, embora sejam homossexuais (padres, militares, chefes de família etc.). Casos como este não são inerentes à grafologia e sim à polícia, principalmente porque a pessoa se diz psicólogo.

O tamanho, a profundidade do laudo, a forma de apresentação devem ser da escolha exclusiva do profissional e muitas vezes podem estar de acordo com o que a empresa deseja observar. Dados fundamentais para uma empresa podem ser irrelevantes para outra.

Reveste-se de grande importância a pessoa que vai ler o laudo. A formação do gerente ou do diretor, muitas vezes, situa-se nas áreas de ciências exatas e os termos peculiares aos psicólogos podem confundir e complicar a situação.

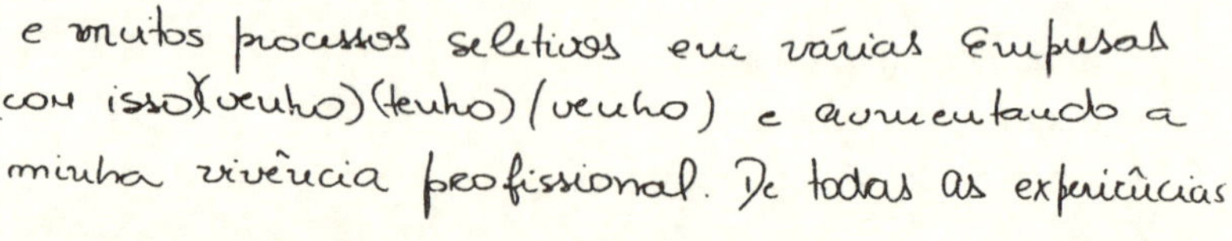

Figura 14 — Estudante universitária, 23 anos. Escrita simples e caligráfica. A personalidade está em franca evolução.

Os termos usados

Os termos usados não podem fugir de um padrão técnico e profissional, que devem ser compreendidos por quem vai ler. Por exemplo: "Libido em progressão".

A tendência para o leigo é achar que a palavra libido se refere a sexo, quando na realidade é muito mais do que isso, é produção, gestação, energia etc.

Outra palavra muito usada é extroversão. O sentido mais comum é que a pessoa gosta de conversar com as demais. Extroversão é a postura em relação ao objeto.

É comum recebermos observações a respeito de não contratar candidato introvertido, achando que esta não é uma boa característica; ao contrário, pode ser uma grande qualidade.

O vocabulário deve ser sóbrio, direto e facilmente compreensível pelo leigo em psicologia. Porém, devemos evitar termos ofensivos e palavras de baixo calão. Fazer brincadeiras ou usar termos herméticos é assinar atestado de incompetência.

Temos visto laudos em que os grafólogos aconselham a leitura de determinado livro (normalmente de auto-ajuda), mas é evidente que o grafólogo não é conselheiro.

Neste momento, o leitor pode estar questionando: "Isso acontece mesmo?". Sim, acontece, e com uma freqüência muito maior do que a desejada.

Eis alguns exemplos comentados, extraídos de laudos verdadeiros, para empresas de grande porte:

Exemplo 1

"Trata-se de uma pessoa que deseja subir na vida sem derrubar ninguém."

Comentário: Frase vaga, imprecisa e generalista. Quem não deseja subir na vida desta maneira? Esse tipo de parecer serve para todo mundo, desde o diretor até o ascensorista da empresa.

Justificativa do grafólogo: "Mas isto faz parte da personalidade do candidato".

Exemplo 2

"Candidato com grande energia, mas que pode apresentar pouca energia."

Comentário: Frase desconexa, contraditória e sem sentido.

Justificativa do grafólogo: "É que ele tem grandes quedas de energia".

Comentário: Outra fase imprecisa. Será que as grandes quedas são cachoeiras?

> "*Apto para funções que requeiram qualidades de generosidade, intelectualidade e altruísmo.*"
> Comentário: Frase generalista. Quais serão as funções? Padre? Autônomo? O recrutador deve saber de antemão a função.
> Justificativa do grafólogo: "Ele é muito bom nisto".

Exemplo 4

> "*A análise grafológica mostra que a escrita é pequena, regressiva, com* coup de fouet, *acerada decrescente, escala II de Rodolph Pophal.*"
> Comentário: Em termos específicos da grafologia, frase de pouco valor para o laudo.
> Justificativa do grafólogo: "Eu sempre fiz assim, acho bonito".

Os exemplos acima apenas confundem e deixam o laudo sem a precisão desejada.

Como conclusão: Escrevemos no laudo o que deve ser fundamental para a avaliação do candidato.

TIPOS DE LAUDO

Existem inúmeros modelos de laudos. O grafólogo escolhe aquele que melhor se ajuste a sua própria personalidade. Tendo em vista atender ao mercado, ele deve ter conhecimentos dos outros modelos, pois algumas empresas têm preferência específica.

Laudo descritivo

Trata-se do tipo mais comum. Nele o grafólogo descreve as características da personalidade do autor por meio de palavras.

Vantagens

Fácil compreensão

Texto de tamanho variável

Pode-se destacar ou minimizar

Desvantagens

Repetição de palavras

Textos ininteligíveis

Textos longos demais

Neste modelo, o padrão deve ser linear e as características devem ser concentradas em áreas como moral, inteligência, atitudes físicas.

Trata-se do modelo mais utilizado em nosso país, porém exige experiência, tato e conhecimentos profundos do grafólogo.

Pré-formatado

As características estão previamente colocadas no papel; o grafólogo vai analisar se elas existem ou não no grafismo.

Vantagens

Rapidez

Simplicidade

Eficiência para o cargo

Fácil leitura

Desvantagens

Limitado número de dados

Afeito a poucos cargos

Sujeito a erros básicos

Neste modelo ainda há a facilidade de se observar as características existentes ou não, e que não foram observadas na personalidade.

O grafólogo pode ter ao lado a característica grafológica do correspondente.

No exemplo a seguir as características são marcadas com um X, quando existentes.

TABELA II

1. Clareza de idéias	—	28. Sensualidade	—
2. Confusão de idéias	—	29. Espontaneidade	—
3. Reflexão	—	30. Sensibilidade	—
4. Vacilação	—	31. Frieza	—
5. Prudência	—	32. Bondade	—
6. Diplomacia	—	33. Maldade	—
7. Exagerado	—	34. Impaciência	—
8. Escrupuloso	—	35. Vivacidade	—
9. Detalhista	—	36. Excitabilidade	—
10. Versatilidade	—	37. Ressentimento	—
11. Amabilidade	—	38. Vaidade	—
12. Dignidade	—	39. Orgulho	—
13. Cultura	—	40. Ganância	—
14. Ostentação	—	41. Simplicidade	—
15. Decisão	—	42. Ambições nobres	—
16. Audácia	—	43. Ambições desmedidas	—
17. Flexibilidade	—	44. Ambições negativas	—
18. Oposição	—	45. Cansaço	—
19. Reserva	—	46. Impressionável	—
20. Desconfiança	—	47. Conservador	—
21. Sent. inferioridade	—	48. Entusiasmo	—
22. Sent. superioridade	—	49. Hesitação	—
23. Mentira	—	50. Influenciável	—
24. Egoísmo	—	51. Criatividade	—
25. Altruísmo	—	52. Agressividade positiva	—
26. Ciúmes	—	53. Agressividade negativa	—
27. Sexualidade	—	54. Misticismo	—

Figura 15 — Laudo pré-formatado — As características, que são marcadas com um X, podem ser mudadas de acordo com o cargo a ser preenchido e com o perfil da empresa. Além de marcar, pode-se fazer observações de todos os tipos em todo o laudo.

Características grafológicas do laudo-exemplo. O grafólogo deve sempre tê-las à mão.

1. CLAREZA DE IDÉIAS

Simplificada, pequena, clara, organizada, boa legibilidade, retilínea, assinatura legível. Bom espaçamento entre linhas e palavras.

2. CONFUSÃO DE IDÉIAS

Confusa, desordenada, desproporcional, complicada, precipitada, ilegível, margens irregulares, assinatura diferente do texto. Invasão entre as zonas do textos. Confusa. Desigualdades entre os espaços das linhas e das palavras.

3. REFLEXÃO

Primeira letra desligada, organizada, proporcional, retilínea, contida, barras dos *tt* e pingos nos *ii* à esquerda ou centralizados, pontuação cuidada. Equilíbrio espacial.

4. VACILAÇÃO

Oscilante, vacilante, progressiva-regressiva, sinuosa, filiforme, margens irregulares, estreita. Sobressaltada. Torções. Interrupções no traçado.

5. PRUDÊNCIA

Invertida ou vertical, pontuação cuidada e precisa, fechada, organizada, regular, pequena, assinatura igual ao texto com ponto final. Ovais fechadas, margem esquerda regular, poucas variações de longitudes.

6. DIPLOMACIA

Decrescente, filiforme ou arcadas, proporcional, organizada, assinatura em fios, pressão variável.

7. EXAGERADO

Extravagante, vulgar, desproporcional, variável, crescente, assinatura maior que o texto, sobressaltada.

8. ESCRUPULOSO

Inibida, empastada, pequena, pausada, letra *s* fechada na parte de baixo, pingos nos *ii* exatos, lenta, monótona. Lapsos de ligação.

9. DETALHISTA
Pingos nos *ii* precisos, organizada, clara, concentrada, acerada, pequena, margens pequenas e precisas, barras dos *tt* precisas, proporcional.

10. VERSATILIDADE
Oscilante, filiforme, sinuosa, barras dos *tt* onduladas, palavras ou letras decrescentes no final da linhas.

11. AMABILIDADE
Redonda, pressão leve, inclinada, lenta, pequenas desigualdades de tamanho e pressão, guirlandas e assinatura com curvas e laços.

12. DIGNIDADE
Retilínea, firme, clara, vertical, assinatura próxima do texto, sóbria, organizada, legível.

13. CULTURA
Letras gregas, dom e habilidades gráficas, simples, organizada, sóbria, agrupada ou combinada, original e tipográfica. Plena.

14. OSTENTAÇÃO
Ornada, grande, estreita, pastosa, assinatura sublinhada, desproporcional, crescente.

15. DECISÃO
Angulosa, *tt* executados com energia, marcada, massiva, vertical. Ascendente, progressiva. Lançada.

16. AUDÁCIA
Firme, pingos nos *ii* e barras dos *tt* à direita, rápida, golpe de sabre, traços iniciais curtos, seca, larga.

17. FLEXIBILIDADE
Ligação em guirlandas, redonda, pressão uniforme, oscilante, filiforme, decrescente.

18. OPOSIÇÃO
Golpe de sabre e triângulos, angulosa, ascendente, traços finais em diagonal e bruscos, massiva, pressão forte.

19. RESERVA
Estreita, pequena, arcadas, fechada, sóbria, regressiva, assinatura igual ao texto e sem floreios, simples.

20. DESCONFIANÇA
Estreita, ilegível, invertida, *tt* largos, apertada, assinatura envolvida por um traço, traços de cobertura inúteis. Estreita, traço do procurador.

21. SENTIMENTOS DE INFERIORIDADE
Pequena, estreita, frouxa, letras maiúsculas iguais às minúsculas, assinatura menor que o texto, letras maiúsculas no interior das palavras.

22. SENTIMENTOS DE SUPERIORIDADE
Firme, grande, barras dos *tt* largas, assinatura maior que o texto, massiva, traços finais longos, inflada, ornada.

23. MENTIRA
Arcada, assinatura ilegível, *bb* abertos embaixo, inacabada, *jointoyée*. Ver insinceridade.

24. EGOÍSMO
Invertida, assinatura maior que o texto, laços e espirais sinestrógiros, seca, dura, finais para baixo.

25. ALTRUÍSMO
Simplificada, clara, progressiva e assinatura legível, rítmica, nutrida, limpa.

26. CIÚMES
Vacilante, rebaixada, arpões e anzóis, inclinação variável, barras dos *tt* baixas, espirais.

27. SEXUALIDADE
Pastosa, lenta, à direita, letra *g* grande e redonda, inflada, grandes contrastes em claro/escuro do texto.

28. SENSUALIDADE
Letra *g* grande, em tamanho e profundidade, pastosa, ornada, margens com certa irregularidade, espirais na zona inferior.

29. ESPONTANEIDADE
Inclinada, movida, progressiva, margem direita pequena, grande, às vezes ornada.

30. SENSIBILIDADE
Oscilante, tênue, agrupada ou combinada, sinuosa, pequenas variações de tamanho, sobressaltada. Fina com sinais de desigualdade nas ligações e no tamanho.

31. FRIEZA
Acerada, angulosa, vertical, pausada, seca, dura, constante, monótona, regular.

32. BONDADE
Redonda, harmônica, margens regulares, alta, ligação em guirlanda, fina ou tênue.

33. MALDADE
Acerada, angulosa, marcada, *t* enérgico, dente de javali ou serpente. Regressiva, confusa, vertical ou invertida.

34. IMPACIÊNCIA
Lançada, inclinada, pingos nos *ii* e *tt* à direita e largos, margens desproporcionais, inacabada. Precipitada, desigual, filiforme. Falta de pontuação.

35. VIVACIDADE
Rápida, inclinada, ascendente, grande, baixa, crescente, firme, lançada.

36. EXCITABILIDADE
Inclinada, movida, progressiva, margem direita pequena, grande. Desproporcional.

37. RESSENTIMENTO
Regressiva, vacilante, sinestrógira, acerada, assinatura com traços voltados para a retaguarda. Margem direita estreitando-se de cima para baixo.

38. VAIDADE
Artificial, ornada, vulgar, grande, inflada, regressiva, espirais,

laços, lenta. Assinatura desproporcional, sobressaltada. Enriquecimentos ilícitos.

39. ORGULHO
Inflada, ornada, grande, desproporcional, alta, sobressaltada, vertical. Assinatura grande, primeira letra maior que as demais.

40. GANÂNCIA
Estreita, seca, arpões e anzóis, monótona, números grandes, unha-de-gato, margens ausentes.

41. SIMPLICIDADE
Simples, retilínea, sóbria, convencional, aberta, clara, assinatura igual ao texto.

42. AMBIÇÕES NOBRES
Ascendente, grande, rápida, finais à esquerda e assinatura ascendente e grande, sobressaltada e alta.

43. AMBIÇÕES DESMEDIDAS
As características de 42 em um ambiente exagerado.

44. AMBIÇÕES NEGATIVAS
As características de 42 em um ambiente extremamente negativo.

45. CANSAÇO
Frouxa, descendente, oscilante, pontuação descuidada, assinatura menor que o texto, barras dos *tt* fracas ou ausentes, variações de pressão, acentuação ausente ou abaixo da linha, margem esquerda aumentando, imbricada descendente.

46. IMPRESSIONÁVEL
Oscilante, frouxa, sem relevo, guirlanda, desproporcional, ovais abertas, sinuosa, desigual, margens irregulares, sobressaltada.

47. CONSERVADOR
Caligráfica, convencional, legível, pingos nos *ii*, margens escolares.

48. ENTUSIASMO
Ascendente, movida ou lançada, espaçada, margens abrindo-se, barras dos *tt* à direita e ascendente. Grande, pressão forte, em relevo, assinatura maior que o texto.

49. HESITAÇÃO
Oscilante, progressiva-regressiva, sinuosa, desigual, pressão variável, barras dos *tt* mal executadas.

50. INFLUENCIÁVEL
Inclinada, frouxa, barras dos *tt* abaixo e fracas, margens irregulares, sobressaltada, borrada.

51. CRIATIVIDADE
Clara, ligações originais. Dom gráfico, habilidade gráfica, combinada, agrupada ou desligada, margens levemente irregulares.

52. AGRESSIVIDADE POSITIVA
Ligação em ângulos, massiva, golpe de sabre e triângulos, firme, assinatura bem executada, bom nível de forma.

53. AGRESSIVIDADE NEGATIVA
As características de 52 em ambiente negativo e com baixo nível de forma.

54. MISTICISMO
Zona superior maior, tênue, sobressaltada, ligeira, laços e ligações na parte superior, compensada, assinatura com sinais estranhos ou figuras, aparecimento de certos parasitas.

Esse tipo de tabela pode ser aperfeiçoado de acordo com as necessidades da empresa, e é muito útil para determinados cargos. Com o tempo, o grafólogo pode montar um perfil grafológico do cargo com que está trabalhando.

Gráficos

A quantidade de tabelas com gráficos é muito extensa e pode ser de grande valia para o recrutamento e seleção de pessoal.
As origens da grafometria são do início de nosso século. Crépieux-Jamin já citava em seus livros o valor deste método, mas foi Hélène Gobineau quem estruturou as bases da grafometria moderna.
Não vamos aqui entrar em consideração ao método, mas mostrar, se necessário, que podemos construir tabelas comparativas.

Normalmente, as tabelas são realizadas depois do levantamento de dados da escrita.

Gráfico radar

O psicograma criado pela grafóloga Klara Roman foi um dos primeiros a utilizar este modelo. Porém, existem outros, como o do prof. Wittilich. O grafólogo pode facilmente desenvolver o seu. As ferramentas do programa Excel fazem isto de maneira muito simples; o mais importante é o levantamento de dados.

Para cada característica da personalidade existem inúmeros sinais na escrita; cada um desses sinais é valorizado de 1 a 5 ou de 0 a 10, de acordo com a intensidade e a importância no texto. Esses valores não são subjetivos, e sim baseados em um módulo previamente determinado (consideramos excelente o módulo apresentado pelo professor Vels, em seu livro *Escrita e personalidade*). Pela simples média aritmética podemos calcular o valor.

Por exemplo:

FLEXIBILIDADE

Característica	Valor	Observações
Ligação em guirlandas	4	
Redonda	5	
Pressão uniforme	5	
Filiforme	4	
Decrescente	4	
Média	4,4	

O valor 4,4 vai ser colocado no gráfico e indica uma posição e não uma nota da personalidade, uma tendência que pode variar tanto para baixo quanto para cima.

Desta maneira, são feitas as outras características da personalidade (como liderança, maturidade, contatos interpessoais etc.) e é montado um gráfico de acordo com o que o grafólogo deseja apresentar.

Os gráficos são de fácil leitura, e o profissional não habituado a certos termos psicológicos pode ler com mais facilidade.

Aptidão, Chefia e Liderança

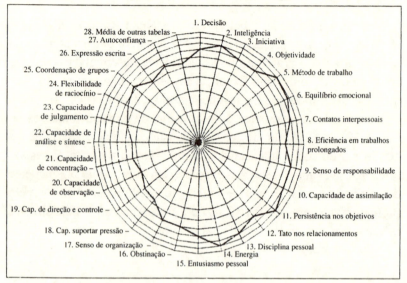

Figura 16 — Gráfico radar. Quanto mais para fora do centro, melhor a característica; neste exemplo nota-se a atrofia do lado esquerdo.

A devolução

Uma das mais importantes fases da análise grafológica. O grafólogo tem que revelar tato e habilidade ao relatar as qualidades e "defeitos" de um candidato. A palavra defeito está colocada entre aspas intencionalmente, pois o indivíduo pode ter as melhores características e não ser qualificado para determinado cargo. O que para algumas empresas é uma qualidade, para outras é um defeito muito grande.

Na devolução, normalmente começamos pelas características mais importantes e depois passamos àquelas em que o candidato tem maiores dificuldades. A devolução não é fôrma de bolo; cada profissional tem a sua maneira de mostrar o laudo ao cliente.

Não podemos fazer uma sessão de análise ou tentar ser conselheiros dos problemas da pessoa, pois este não é o papel do grafólogo.

"Em uma empresa o candidato pode ver sua avaliação?"
Não é tão fácil responder. Em princípio, devemos relatar como ele foi avaliado. Entretanto, na atualidade, os processos seletivos são

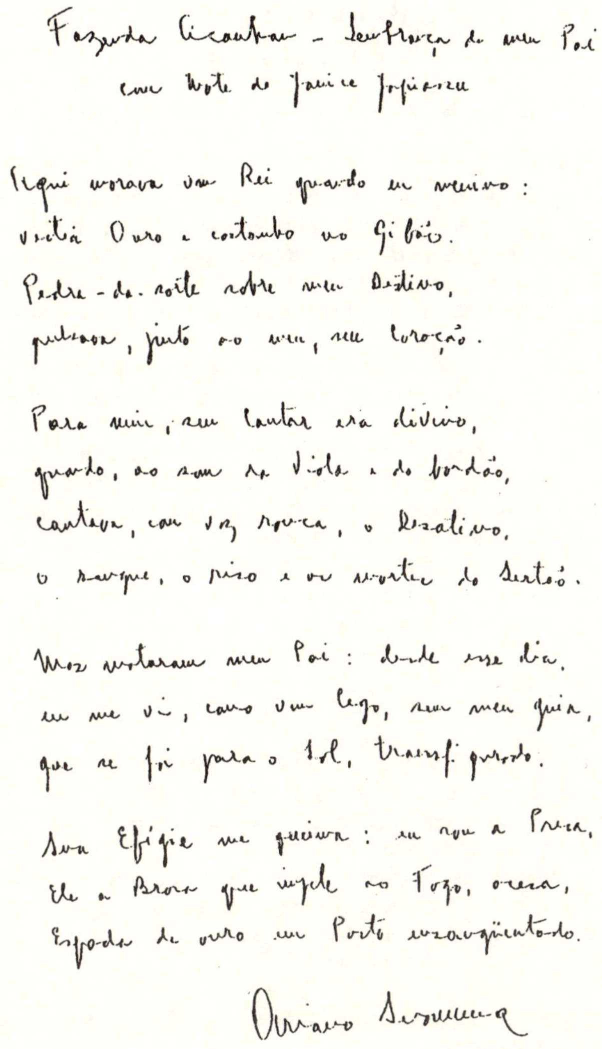

Figura 17 — Ariano Suassuna, poeta e escritor.

uma verdadeira montanha-russa, e nem sempre temos tempo, pessoal e material para fazer a devolução para todos os candidatos. Convém lembrar que em nossa Constituição existe o mecanismo do *habeas-data*, que dá o direito a todo brasileiro saber tudo o que está arquivado a respeito de sua pessoa.

LAUDO DESCRITIVO

Análise Grafológica

Nome: Ariano Suassuna — Poeta — Escritor, Orador

Laudo Grafológico:

A vivacidade e a originalidade das simplificações supõem que o escritor está acostumado a resumir, abreviar, captar e expor o essencial de cada questão, dos fatos ou dos acontecimentos.

Os traços finais assinalam características de quem deseja matizar, distorcer, acrescentar ou até mesmo transformar os fatos (naturais em um escritor).

Interpreta e analisa rapidamente o mundo ao seu redor, ou seja; fluidez de idéias, raciocínio rápido, pensamento iluminado por intuições originais.

A escrita combinada indica agilidade intelectual, lucidez de espírito e profunda capacidade de assimilação; reflete atividade criadora, facilidade de levantar hipóteses, iniciativa de pensamento, vivacidade de idéias, agilidade de memória e dedução.

Forte nível de energia espiritual. Capacidade de concentração.

Necessidade de reflexão, de atender, conhecer e observar previamente as pessoas, coisas e fatos antes de comprometer-se com qualquer tipo de juízo ou decisão; em outras palavras, objetividade e profundidade de pensamento.

Em termos filosóficos: inclinação ao "apolíneo" em oposição ao "dionisíaco".

Profundidade criadora e capacidade sugestiva.

Sensibilidade aguda para relatar o que para outros seria trivial; capacidade para dar cores, luzes e movimentos a fatos do cotidiano.

Pensamento evolucionista.

Habilidades para resolver problemas em pleno movimento, relacionar e combinar diversos fatos e acontecimentos de diferentes origens.

Gestos amáveis e habilidades sedutoras.

Originalidade, independência de juízo e riqueza de idéias. Inspiração.

Franqueza, simpatia e capacidade de reconhecer o valor dos outros e as habilidades alheias.

Escrita de pessoa evoluída mental e espiritualmente. Brilhantismo.

Laudo segundo a grafóloga Ania Teillard

Em seu livro *El alma y la escritura* (*Alma e escrita*), Ania Teillard apresenta um plano de trabalho em cinco etapas para realizar uma análise grafológica.

1. *Primeira visão do conjunto da escrita* — O grafólogo coloca-se em um estado de receptividade. Participação do consciente e do inconsciente. Percepção da intensidade da energia psíquica do escritor e do nível geral da escrita.
2. *A definição da escrita* — O grafólogo observa o conjunto e os detalhes do traçado. Neste momento, seu estado é ativo e consciente. Determina as dominantes da escrita, depois isola os sinais e os grupos de sinais e anota todos. Controla, de acordo com a lista geral das espécies, e observa todas. (Esta parte do método é definida no inventário de sinais — *A escrita revela sua personalidade* — Cepa.)
3. *Interpretação dos sinais* — O grafólogo observa cada sinal com a sua característica psicológica; os componentes psicológicos e suas relações entre eles (predominantes, confirmativos, complementares, compensadores e contraditórios).
4. *Segunda parte da interpretação* — Utilizar o questionário da autora. O escritor é classificado de acordo com a tipologia.
5. *Síntese* — Construção do retrato do escritor.

Para Teillard, a dificuldade da análise grafológica não é de ordem gráfica e, sim, da síntese psicológica e da apresentação do retrato. É muito fácil estabelecer o caráter em linhas gerais, e muito difícil fazer o retrato do conjunto.

Exemplo de retrato grafológico
(Baseado no livro: *El alma y la escritura*.)

Yvette Guilbert

I — *Primeira visão do conjunto da escrita*

Impressão geral: Bom nível. Libido forte. Impulso vital considerável, de acordo com a idade da escritora.

II — A definição da escrita

Sinais a considerar em primeiro lugar:

a) escrita organizada, ligeiramente desorganizada;
b) escrita desigual;
c) escrita rítmica (com alguns acidentes no ritmo).

Dominantes e outros sinais

1) Escrita dinamogenada (rápida, poderosa, progressiva, dilatada, ascendente).
2) Escrita grande.
3) Escrita precipitada.
4) Escrita inclinada.
5) Escrita lançada.
6) Barras do *t* lançadas para cima, letra *v* centrífuga.
7) Escrita em guirlandas.
8) Escrita em guirlandas angulosas.
9) Às vezes ligeiramente arqueada no início das palavras.
10) Escrita com pressão pastosa.
11) Escrita às vezes apoiada.
12) Escrita simplificada.
13) Escrita agrupada.
14) Às vezes justaposta.
15) Ampliação das maiúsculas.
16) Pequenos enrolamentos no princípio das palavras.
17) Algumas sobreelevações.
18) Assinatura centrípeta, com gancho.
19) Algumas curvas transformadas em ângulos.
20) Finais às vezes curvos.
21) Às vezes as curvas são abertas.
22) Às vezes ligeiramente aceradas.
23) Alguns retoques.
24) Espaços interlineares claros.
25) Escrita evolui em todas as zonas de uma maneira irregular.
26) Letras às vezes brisadas.

III — Interpretação da escrita

Grande intensidade de vida. Libido forte.

a) Nenhuma dificuldade no ato de escrever.
b) Grande emotividade. Impressionabilidade.
c) Profundidade de alma, originalidade. Temperamento vigoroso.

Interpretação dos sinais gráficos acima enumerados (1 a 26)

1) Libido forte, em progressão — impulso vital poderoso. Energia psíquica que se descarrega livremente. Atividade intensa, euforia, amor à vida. Boa saúde. Pensamento rápido, impaciência, persuasão, entusiasmo, natureza comunicativa. Generosidade.
2) Libido forte, em progressão. Extroversão. Tipo sentimento e sensação. Amor-próprio, orgulho, euforia, entusiasmo, atividade, imaginação, intuição.
3) Libido em progressão, extroversão, intuição. Espírito vivo, grande atividade, imprudência, impaciência, agitação, comportamento simples ou natural.
4) Extroversão, tipo sentimento, atividade. As tendências afetivas prevalecem sobre a razão. Ardor.
5) Impulsividade, espontaneidade, exuberância, exageros, espírito dominador, vontade.
6) Sentido místico, aspirações espirituais.
7) Extroversão, tipo sentimento, receptividade, constância. Contato com os demais.
8) Firmeza, tenacidade, teimosia.
9) Orgulho, sentido artístico.
10) Sensação. Sensualidade, artes plásticas, sentido artístico.
11) Energia, perseverança.
12) Inteligência superior, introversão, pensamento e intuição, cultura, atividade. A escritora vê o essencial.
13) Libido em progressão. Continuidade no pensamento e no esforço. Lógica, inteligência.
14) Teimosia em suas idéias. Tipo ciclotímico.
15) Intuição. Idéias associativas e irracionais.
16) Imaginação, ilusão, amor-próprio. Tendência ao exagero. Interesses variados de ordem intelectual e prática.

17) Um pouco diplomática, se oculta às vezes.
18) Complexo de inferioridade recompensado no orgulho.
19) Necessidades. Energia.
20) Tendência à dureza e a teimosia.
21) Desejos de seduzir.
22) Amabilidade.
23) Sentido crítico, agressividade.
24) Observação de si. Desejos de atuar bem.
25) Clareza de espírito e desejo de atuar bem.
26) Riqueza da personalidade, variedade de interesses, emotividade.
27) Interesses intelectuais e artísticos.
28) Fadiga. A idade se faz sentir, apesar da juventude extraordinária do caráter.

EVOLUÇÃO DA LIBIDO

Sua intensidade

1) Libido forte em progressão.
2) Libido forte em progressão.
3) Libido em progressão.
7) Libido forte.
8) Libido em progressão.
9) Libido em progressão.

Sua direção

2) Extroversão.
3) Extroversão.
6) Extroversão.
8) Introversão.

Relações entre as funções

2) Tipos sentimento e sensação.
4) Intuição.
5) Tipos sentimento e sensação.

6) Tipo sentimento.
7) Tipo sensação.
8) Tipo pensamento. Intuição.
10) Tipo intuição.

Neste ser extraordinário, todas as funções estão bem desenvolvidas. Sem dúvida, existe uma preponderância clara do sentimento. Isto está indicado por nossa interpretação dos sinais gráficos. A intuição é a função auxiliar. O pensamento é função menos desenvolvida, serve de freio, de contrapeso. O sentimento, função principal, está dirigido para o exterior; o pensamento, função menos desenvolvida, está dirigido para o interior.

IV — *Contestação ao questionário*

I

A vontade da escritora é firme, conscientemente dirigida para o objetivo. A sensualidade bem desenvolvida, sem atrair para ela toda a libido. Os elementos conscientes e inconscientes estão em harmonia e se unem no domínio da criação.
Independência, mas com grande inclinação sentimental.
Iniciativa.

II

Energia no ataque e resistência na duração.
Grande faculdade de trabalho, mas atenção desigual.
Tendência a dissipação, geralmente dominada.
Pouca ordem.
Espontaneidade.
Sentido social.
Bom contato com os demais.
Organização mediana.
Sentido prático desenvolvido.
Franqueza com matizes de diplomacia feminina.
Sinceridade e honestidade.

V — O retrato

A escrita chama a atenção por sua potência e impulso vital, a riqueza de seus mais variados elementos, seu extraordinário dinamismo.

A escritora é de natureza generosa, exuberante, arrebatada pela fuga irresistível de seu temperamento, com o que comunica aos demais seu entusiasmo e expande a vida ao seu redor.

Desbordante vitalidade e dotada, ao mesmo tempo, de um espírito com certos matizes. O coração, a intuição, a inteligência e seu sentido do real concordam em uma rara união. Mas é o coração quem domina. O intelecto vai a reboque do sentimento.

A escritora extrai das profundezas de sua alma com a liberdade de uma criança. Daí sua inspiração, a plasticidade de sua criação que é um sonho revivido.

Às vezes é agressiva, dura, impaciente, nervosa, mas jamais vulgar. É orgulhosa e ambiciosa, sem jamais ser farsante.

É uma força da natureza, uma fonte de vida, que aceita, sem dúvida, o controle do espírito.

* * *

Esse tipo de laudo, completo, é muito utilizado por grafólogos estudiosos de Jung e tem grande valor quando a empresa deseja conhecer melhor seus funcionários.

Conclusões:

- Existem centenas de modelos de laudos.
- A personalidade do grafólogo é decisiva na escolha do tipo.
- A empresa pode escolher o modelo.
- O grafólogo deve estar apto em diversos modelos.
- Não existe o modelo mais correto e, sim, o mais indicado.

E, para finalizar, cada grafólogo deve procurar um modelo seu, e ter flexibilidade para mudar, de acordo com as circunstâncias.

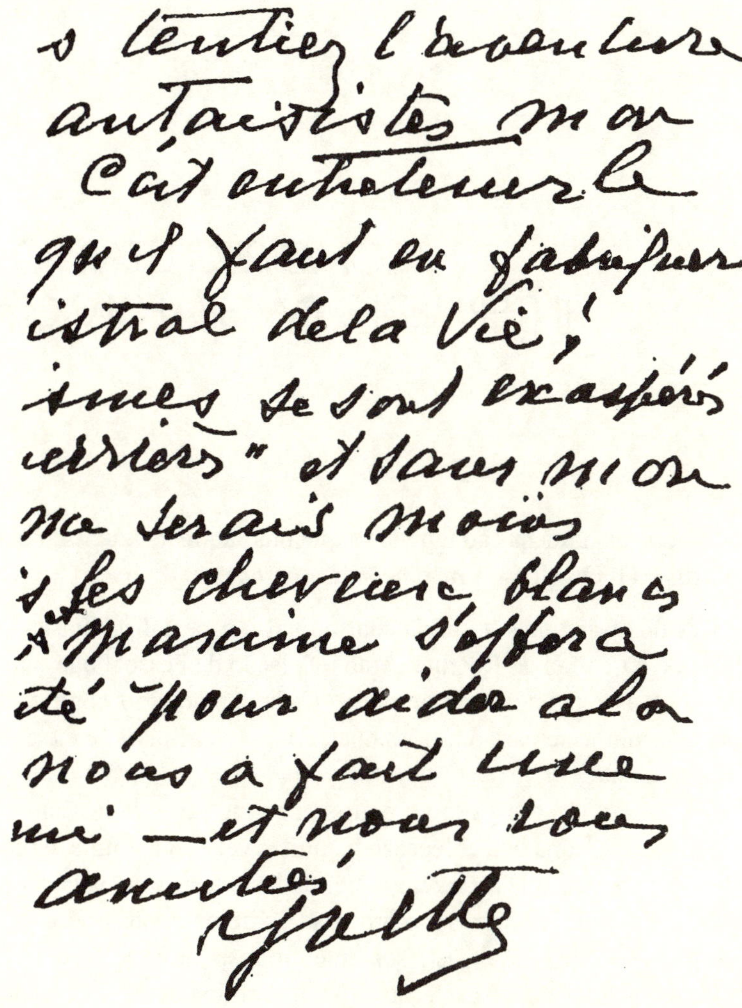

Figura 18 — Grafismo de Yvette Guilbert, do livro *El alma y la escritura*, de Ania Teillard.

7

COMO RECRUTAR POR INTERMÉDIO DA GRAFOLOGIA

"Todos os homens são iguais, só que uns são mais iguais do que os outros." G. Owell — *A revolução dos bichos*

Um dos principais desafios com o qual o especialista em RH se defronta é o de realizar Recrutamento e Seleção de Pessoal que satisfaça todas as exigências da empresa. Cada funcionário contratado passa a ser um teste para o profissional, como se definisse se ele é ou não competente.

O recrutador é obrigado a munir-se de uma série de instrumentos para realizar uma boa colocação e, muitas vezes, garantir seu próprio emprego; verdade absoluta, o recrutador é testado a cada cargo ocupado. Em muitas empresas o processo é diferente, pois todos participam da seleção e não existe somente um responsável.

Para realizar uma boa seleção existe a grafologia, além de centenas de testes, entrevistas e dinâmicas de grupo que, como já dissemos, não devem ser, em hipótese alguma, desprezadas em detrimento da grafologia.

A grafologia pode investigar o homem com possibilidades de chegar a um alcance bem maior do que qualquer outro tipo de teste psicológico existente na atualidade.

Jamais irá substituir certos testes específicos, que são mais simples e diretos, como os de raciocínio matemático e até mesmo uma simples entrevista entre o psicólogo e o seu cliente.

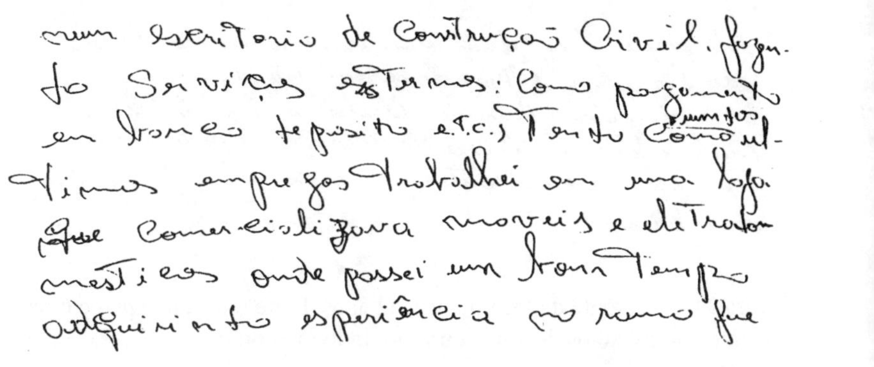

[manuscrito]

Figura 19 — Homem, 27 anos. A grafologia permite maior agilidade nos processos seletivos, eliminando logo de início os candidatos que não são aptos para o cargo. A escrita apresenta torções, sobressaltos e desproporções.

A utilização da grafologia como uma das principais fases do processo de seleção tem encontrado adeptos em todo o mundo, principalmente pelos seguintes motivos:

- diminuição acentuada de custo;
- rapidez no processo — diminuição do tempo;
- redução no *turn-over*;
- aumento de produtividade;
- satisfação de todos os envolvidos no processo.

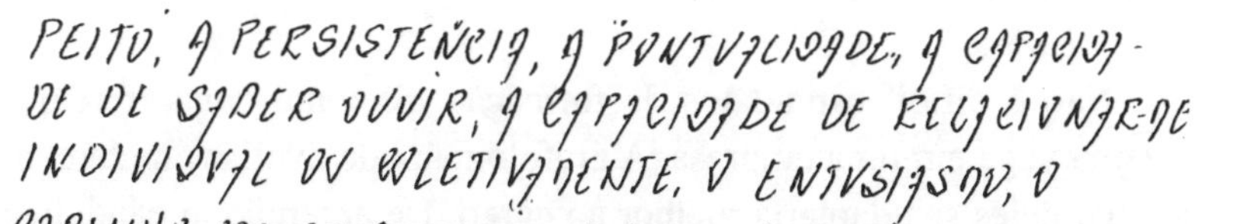

[manuscrito]

Figura 20 — Engenheiro, 42 anos. Os sinais de agressividade em uma escrita nem sempre podem ser vistos sob o ponto de vista negativo. As letras ovais angulosas — egoísmo. Os gestos são bruscos e decididos, a letra A em forma do número sete indica excessiva preocupação com números.

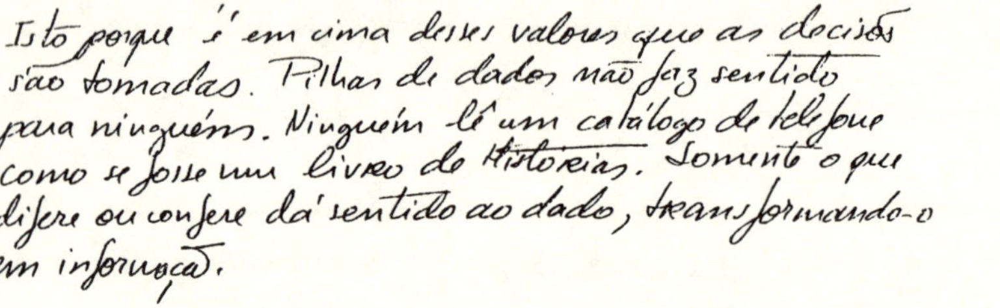

[manuscrito:] Isto porque é em cima desses valores que as decisões são tomadas. Pilhas de dados não faz sentido para ninguém. Ninguém lê um catálogo de telefone como se fosse um livro de Histórias. Somente o que difere ou confere dá sentido ao dado, transformando-o em informação.

Figura 21 — Gerente de Informática, 42 anos. Forte tônus, não perde o rendimento em trabalhos de longa duração. Indivíduo prático, que mescla a lógica com a intuição.

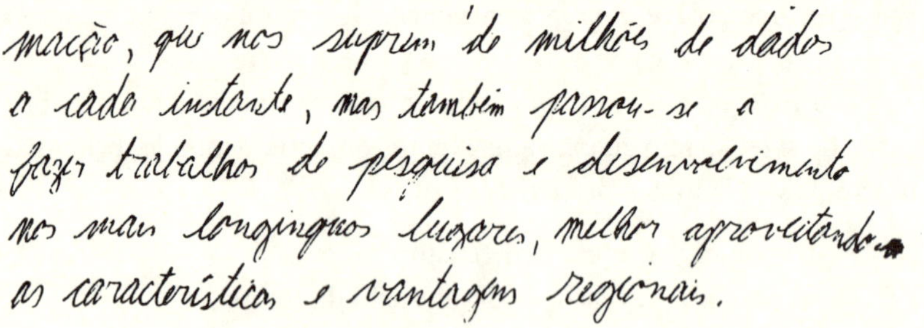

[manuscrito:] ...mação, que nos suprem de milhões de dados a cada instante, mas também passou-se a fazer trabalhos de pesquisa e desenvolvimento nos mais longínquos lugares, melhor aproveitando as características e vantagens regionais.

Figura 22 — Gerente de Marketing, 48 anos. Traços angulosos, alguns finais caídos e chaminés. Tensão e forte ansiedade, com perda repentina de rendimento. As tensões impedem o candidato de conseguir um rendimento satisfatório em sua atividade normal.

Não é difícil candidatos de formação diferente concorrerem à mesma vaga em uma empresa. A grafologia pode avaliar rapidamente qual deles se adaptaria melhor ao cargo. De antemão, o candidato da figura 22 deveria ser eliminado.

Quando uma empresa se utiliza da grafologia para admitir um funcionário, alguns fatores são analisados:

- o cargo a ser ocupado;
- o prazo para que a vaga seja preenchida;
- o tipo de seleção;
- recursos financeiros etc.

Não colocamos nesses itens os fatores extra-empresa, como as indicações do primo do amigo do vizinho do chefe. Muitos profissionais são obrigados a dar seu aval na contratação de pessoas sem a mínima qualificação. As pressões externas são muitas e, quando o funcionário não apresenta o rendimento desejado, a "culpa" passa a ser do pessoal que realizou a seleção. Trata-se de um dilema ético, que não é objeto de discussão em nosso livro.

Podemos resumir, conforme nossa experiência, que, entre a abertura da vaga e o preenchimento da mesma, a grafologia diminui em cerca de 40% o tempo do processo e, mais ainda, com um índice de eficiência de cerca de 80% maior.

Ser Humano deveria fazer uma limpeza "geral", ou seja, uma reciclagem voltada ao seu interior com o propósito de uma vida melhor e mais descongestha. Nada. Para um bom exemplo, seria um pouco parecida a comparação com aquela lata do lixo que jogamos todos os dias fora pois, neste caso, queremos.

Figura 23 — Vendedor, 26 anos. Escrita desligada, tipográfica, com traços regressivos e com ausência total de margens. Os espaços entre as letras e as palavras não são totalmente definidos. Falta de fluência verbal, não mantém uma seqüência de raciocínio. Tensão e nervosismo.

Por que recrutar com a grafologia? Qual a sua vantagem sobre os outros testes?

A grafologia tem inúmeras vantagens em relação aos outros testes:

1. Pode ser aplicada a vivos e mortos; o tempo não altera o que foi escrito. A assinatura de Napoleão poderá ser analisada daqui a cem anos, com detalhes psicológicos do momento em que foi escrita. Evidentemente, este não é o caso para o recrutador. Por este motivo, a grafologia tem prestado grandes serviços na pesquisa e no esclarecimento de fatos e acontecimentos históricos.

2. Não requer a presença do interessado. Sem entrarmos no terreno da ética, essa é uma facilidade para a empresa, pois um candidato em Manaus pode ter sua escrita analisada em São Paulo. Neste ponto, podemos visualizar a facilidade com que uma empresa

pode trabalhar com a grafologia. Muitas empresas concentram seu departamento de recrutamento em um Estado e fazem seleção a distância, utilizando a grafologia como principal suporte.

3. Pode-se estudar, além do momento atual, várias épocas da vida do indivíduo; um psiquiatra teria um histórico da vida de seu cliente, como realmente aconteceu, e como alguém da família ou o paciente relatou.

4. O material não precisa ser preparado com antecedência (uma folha de papel e caneta), é muito fácil de ser encontrado e os custos são baixos.

5. A pessoa não sabe que está sendo analisada, o que praticamente elimina o medo de realizar um teste psicotécnico, e isto se faz de uma maneira até simples. Pede-se ao candidato que escreva uma carta descrevendo suas qualificações e solicitando o cargo. O estresse da realização de uma prova ou teste, muitas vezes, compromete o desempenho do candidato, e a grafologia consegue que isto praticamente desapareça.

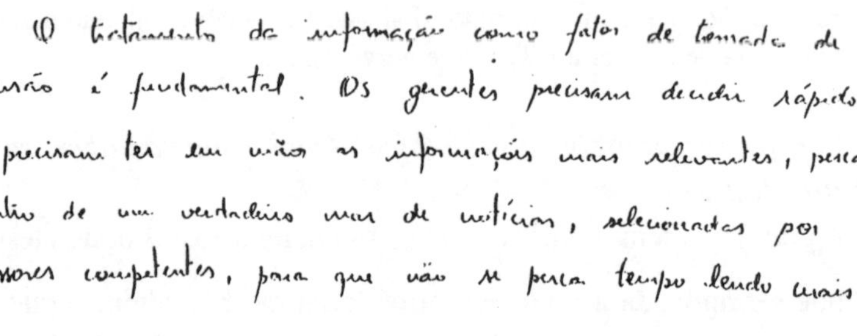

Figura 24 — Analista de informática, 28 anos. Escrita pequena e espaçada. Concentração de esforços em prol de um objetivo. Os espaços entre as letras e as palavras mostram capacidade de planejamento estratégico. A simplificação das formas assinala inteligência pragmática.

E se o candidato souber que está sendo submetido a uma análise grafológica?
Melhor ainda, pede-se que escreva da maneira mais natural possível, e que isto irá ajudá-lo no processo de seleção. O fato de ter al-

guns conhecimentos de grafologia não significa que o teste esteja comprometido. Pela nossa experiência, cerca de 3% dos candidatos têm alguma noção do assunto, e mais ou menos 10% já ouviram falar do tema. Pulver dizia que o consciente escreve e o inconsciente dita. No início de uma carta começamos a escrever controlando os impulsos, e depois passamos a escrever como realmente somos.

Até aqui só falamos dos pontos fortes da grafologia no recrutamento e seleção de pessoal.

E os pontos fracos?
Claro que existem! A grafologia possui um pequeno tendão de Aquiles. Dizemos "pequeno" por simples prevenção, mas trata-se do ponto crucial em nosso país, a preparação e o treinamento do grafólogo.

Um bom grafólogo deve ter, no mínimo, dois anos de experiência. Se for psicólogo, esse tempo pode diminuir. Qualquer pessoa pode "se declarar grafólogo". Não existe legislação para tal, e qualquer um pode emitir laudos, o que, convenhamos, piora muito a situação.

Pessoas sem a mínima qualificação se dizem grafólogos, e como são mestres na arte de dissimular, posam como especialistas no assunto.

Alguns especialistas tentam levar a grafologia para o lado da psicologia, "acham" que só os psicólogos devem "mexer" com a grafologia e emitir laudos baseados nela; entretanto, na hora de venderem seus livros, colocam na contracapa que ele é dirigido a todos os tipos de profissionais e seus cursos são abertos até para pessoas que só têm o primeiro grau; basta pagar.

O grafólogo, em nossa modesta opinião, deve ter consciência de sua profissão, e um de nossos objetivos é transformar a grafologia em profissão liberal (ainda chegaremos lá!).

A empresa ou o profissional investem muito pouco na formação de um grafólogo, cerca de dois salários de um psicólogo (Cursos Básico — Avançado — Formação).

O preço acima citado pode dar retorno à empresa no primeiro processo de seleção. Por exemplo:

- A seleção de candidatos de outros Estados.

Utilizando a grafologia, o processo de seleção inicia-se de modo mais prático:
Neste exemplo, a central de seleção fica na cidade do Rio de Janeiro e a filial está localizada em Curitiba.

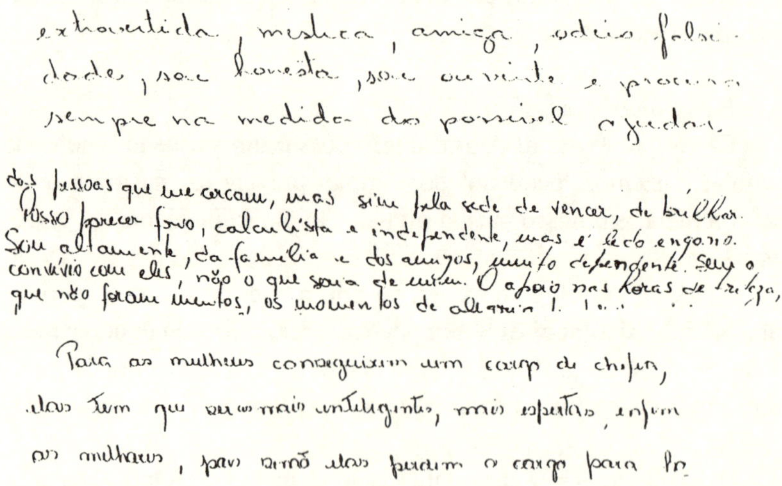

[manuscrito]

Figura 25a, b, c — A comparação entre os grafismos se reveste de grande importância para a seleção de candidatos. A pressão, o tamanho, a velocidade e outros indicadores gráficos são avaliados para a decisão final do grafólogo.

Vejamos os passos:

1. O anúncio é feito, pelo jornal, em Curitiba. Solicitam-se os currículos e uma carta manuscrita de próprio punho.
2. Recebemos o material e os currículos no Rio de Janeiro, fazemos a triagem inicial, que deve ter em torno de 5 a 15 candidatos, dependendo do cargo.
3. Caso o recrutador tenha que ir a Curitiba, realizará o processo com poucos candidatos; isso implica economia de tempo e de dinheiro.

Convém citar o exemplo de uma empresa multinacional, que

fazia seu recrutamento sem a grafologia. A empresa anunciava nos jornais de Salvador o cargo de vendedor, deslocava dois psicólogos do Rio de Janeiro para a cidade, alugava salas do hotel, fazia triagem de centenas de pessoas.

Alguns testes e entrevistas eram feitos rapidamente, e em cerca de uma semana o processo estava quase completo. Os profissionais estavam exaustos. As despesas de hotel, passagens, avião etc. eram grandes. Utilizando a grafologia, o processo passou a ser um pouco mais sensato; com apenas um psicólogo, e em dois dias, tudo estava resolvido.

Vamos observar os principais procedimentos e as etapas para a realização de um processo de seleção baseado em grafologia. As etapas descritas a seguir parecem ser simples e na realidade o são, mas muitos grafólogos desconhecem quase que por completo o sistema.

1. ANÚNCIO NO JORNAL

A empresa coloca o anúncio de maneira habitual e, no fim do texto, coloca:

... envie-nos seu currículo, com carta manuscrita de próprio punho e assinada...

Algumas questões são colocadas:
"E se a pessoa enviar carta datilografada?"
O melhor caminho é reprovar. Você vai contratar uma pessoa que, na hora de atender ao primeiro pedido da empresa, o faz de maneira errada? (Cada caso é um caso. O candidato pode informar que está com o braço quebrado.)

"E se for em letra de fôrma?"
Atualmente, esse tipo de letra passou a ser muito comum em determinados profissionais ou em pessoas que conhecem grafologia e acham que podem dissimular sua personalidade com esta grafia. Isto é absolutamente falso. Existem centros de pesquisas na Europa, nos Estados Unidos e no Brasil, e o bom grafólogo sabe captar os deta-

lhes mais importantes; outros testes e a entrevista final podem decidir com segurança.

E se o candidato mandar alguém escrever no lugar dele?

Ao recebermos a carta realizamos uma pré-seleção. Quando o candidato for chamado para outros testes e entrevistas, uma nova carta manuscrita deverá ser solicitada, com o objetivo de dirimir dúvidas pendentes.

2. RECEBIDOS OS CURRÍCULOS

A primeira fase é separar os que não possuem as qualificações exigidas pela empresa (idade, experiência, idiomas etc.). Segundo nossos dados, cerca de 40 a 60% não preenchem essas condições.

Analisar currículos é uma arte e relacioná-los com a análise grafológica é de suma importância para o resultado final de um processo seletivo bem executado.

3. REALIZAR UMA ANÁLISE SUCINTA

A grafologia possui instrumentos que facilitam uma triagem prévia. Alguns são descritos no livro *A escrita revela sua personalidade* (1997) e outros, aqui, mais adiante.

Mas como fazer isso?
a. separar inicialmente as escritas segundo o ambiente gráfico, positivo ou negativo;
b. com as escritas de sentido positivo, escolher as de melhor nível de forma. Podemos usar outras sínteses de orientação como harmonia/desarmonia; escala de Pophal, ritmo etc.
c. escolher por meio da caracterologia ou da tipologia as que se ajustam ao cargo. Neste livro descrevemos a escola de Le Senne.

Na maioria das vezes, somente as letras A e B são suficientes para escolhermos entre 10 e 15 candidatos que realizarão a entrevista; grafólogos com experiência escolhem cinco.

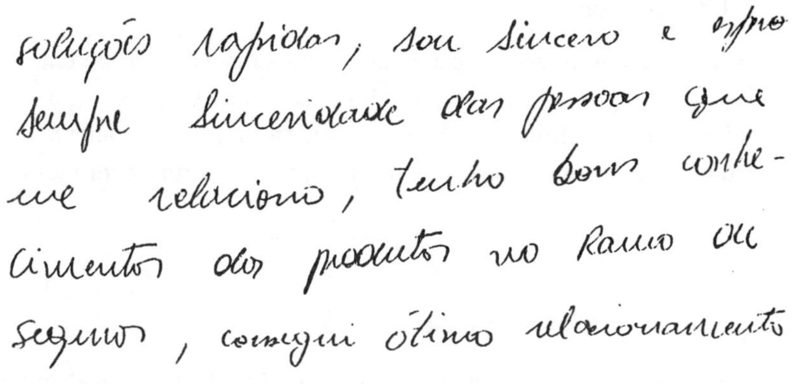

[manuscrito]

Figura 26 — Gerente de vendas, 32 anos. Grafismo de dimensão grande, com linhas ascendentes. Aqui não se trata de um candidato, e sim de uma avaliação que a empresa estava fazendo visando aperfeiçoar seu corpo de funcionários. Notam-se sinais de ansiedade (muito comuns nesse tipo de avaliação), pois as pessoas muitas vezes não têm a noção exata do processo. Neste caso específico, como em quase todos os funcionários, uma das conclusões foi o treinamento de gerenciamento de tempo.

4. REALIZAR OS PROCESSOS NORMAIS DA EMPRESA

Separar dois ou três finalistas, realizar os testes técnicos necessários e, após uma análise grafológica completa, levá-los ao chefe para a decisão final. A decisão não deve caber única e exclusivamente ao grafólogo. O objetivo primordial do grafólogo é dar ao seu chefe um instrumento confiável para que ele decida quem vai contratar.

Quando uma empresa confia na grafologia como único instrumento de avaliação, você pode ter a certeza de que o processo está totalmente errado.

O recrutador, em tempos de extinção de cargos, mudanças no perfil da empresa e desemprego, tem a árdua tarefa de escolher pessoas. Já tivemos oportunidade de encontrar dois excelentes candidatos e apenas uma vaga. O candidato que não foi contratado tinha lágrimas nos olhos. O senso profissional deve prevalecer, sem contudo nos esquecermos do ser humano.

Uma certeza:

> Quando temos trezentos candidatos para uma vaga de gerente, 299 serão reprovados. A responsabilidade é imensa, pois o recrutador, além de influir nos destinos da empresa, em sua eficiência, estará lidando com pessoas e famílias inteiras, enfim, com vidas humanas.

COMO ESCOLHER OS CANDIDATOS

Atualmente as grandes empresas possuem em seus quadros as mais diversas especializações, e muitas qualificações e procedimentos são criados do dia para a noite.

Certos processos tardam a chegar ao recrutador e, às vezes, quando chegam, não se tem a noção exata de como se deve encarar a nova função, qual será a descrição do cargo, sua extensão e reflexos na empresa; detalhes são adaptados da matriz (às vezes do exterior) ou de outras empresas e não vão corresponder à exata realidade do que se deseja.

O recrutador, inúmeras vezes, selecionará por parâmetros gerais e não específicos e a responsabilidade será apenas sua.

Grandes empresas possuem elevados padrões, e o dito acima não se aplica a elas, porém existem aquelas que nem descrições de cargo possuem (por uma série de motivos).

Outro detalhe é o da pequena empresa que, muitas vezes, deseja contratar um "faz-tudo" para suprir dois ou três cargos. Nas grandes empresas a especialização predomina.

A migração de um trabalhador de uma empresa para outra pode custar muito caro; no caso de um porteiro, ele poderá facilmente ser substituído, sua tecnologia não deve preocupar a empresa; no caso de um engenheiro eletrônico, por exemplo, ou de um recrutador altamente qualificado, pode ser muito difícil.

No mundo das *flex-tech* (tecnologias flexíveis) torna-se cada dia mais difícil ter e manter um bom profissional à mão. Neste ponto, aconselhamos a leitura de *O choque do futuro* e *Guerra e antiguerra*, de Alvin Tofler, Biblioteca do Exército, 1995.

Poderíamos resumir em três categorias, e suas quase infinitas especializações, os principais grupos profissionais:

- administrativos
- técnicos
- comerciais

Vamos observar alguns cargos e suas características. O ideal seria o recrutador realizar um fichário, com os diversos cargos e suas características grafológicas, ao longo do tempo, pois os resultados são gratificantes e aceleram o processo de seleção, e vamos procurar na escrita o traço gráfico que nos interessa.

Neste ponto, a grafologia em geral está muito atrasada em nosso país. As características são analisadas, principalmente, segundo as esferas social, moral e intelectual.

Existe uma letra típica para determinada profissão?

Não. O que existe são certos comportamentos peculiares a determinadas profissões, e alguns deles são representados nos grafismos. Nas escritas de militares é muito comum encontrarmos golpes de sabre, látego, pressão firme e traços de agressividade. Contudo, esses traços são comuns à escrita de empreendedores, médicos, esportistas etc. A escrita dos arquitetos também possui características parecidas, mas daí a afirmar que podemos identificar a profissão pela escrita é um passo muito grande.

Maurice Delamain, antigo presidente de Sociedade Francesa de Grafologia, chegava a citar a escrita de grafólogos como uma categoria especial, mas era apenas uma fase romântica da grafologia.

Entretanto, com razoável precisão, podemos encontrar detalhes nos grafismos que indicam que a pessoa está apta para determinado cargo.

1. CARGOS DE DIRETORIA

Liderança, profissionalismo e capacidade técnica.
Principais qualidades:
Bom nível de inteligência, julgamento objetivo, reflexão, vontade, libido forte em progressão, energia física e mental, iniciativa, combatividade, realismo, método, amplitude do campo de consciência, autori-

dade, perseverança, habilidade política, tato, prudência, clareza de idéias, equilíbrio emocional, intuição, senso de responsabilidade, justiça, franqueza, *feeling*, decisão, diplomacia, firmeza de intenções etc.

Escrita — Proporcional, zona média bem estruturada, progressiva, firme, agrupada, combinada, finais controlados, em relevo, organizada, semi-angulosa, bom nível de forma.

Nem sempre o candidato que possui a maioria das qualidades deve ser contratado. Devemos observar as que o cargo requer, sua intensidade e/ou predomínio sobre as outras. Cargos de diretoria, que requerem engenheiros, são diferentes dos que requerem administradores.

2. DIRETOR COMERCIAL

Estar em sintonia com o mundo, atualizado e informado. Em nosso país deve sempre estar pensando à frente do governo.

Iniciativa, habilidade política, impulsividade, oratória, tato, clareza de idéias, intuição, senso de responsabilidade, *feeling*, decisão, diplomacia, habilidade para negociar, dinamismo, combatividade, reserva, frieza etc.

Escrita — Grande, firme, lançada, progressiva, margem direita aumentada de cima para baixo, crescente, espaçada, ascendente, finais largos, extensa.

3. DIRETOR FINANCEIRO

Trata das relações financeiras da empresa com bancos, instituições e empresas.

Habilidade numérica, capacidade de síntese, precisão, observação de detalhes, controle, autonomia, senso moral, certa rigidez de conduta, capacidade de análise e síntese, dinamismo, organização e método, capacidade de julgamento e objetividade.

Escrita — Pequena ou média, angulosa, bem estruturada, legível, pernas bem executadas, rápida ou pausada, progressiva, ligada, margens padronizadas, limpa, assinatura de acordo com o texto, pressão constante.

4. SECRETÁRIA E AUXILIARES

Devem cumprir ordens, ser pontuais e eficientes.

Clareza de idéias, iniciativa, organização, vivacidade, amabilidade, reserva (bastante), dinamismo, entusiasmo.

Escrita — Organizada, limpa, legível, margens bem estruturadas, caligráfica, assinatura legível, tamanho médio ou pequeno.

5. SECRETÁRIA SÊNIOR

Cargo de grande importância e de extrema confiança, pois a funcionária irá trabalhar com dados confidenciais da empresa e pessoais de seu chefe.

Além do cargo de secretária normal deverá apresentar sinais de maturidade, integridade, reserva, energia, amabilidade, calma, senso prático, sociabilidade, disciplina, discrição, flexibilidade, objetividade.

Escrita — Organizada, limpa, combinada, clara, página bem estruturada, margens equilibradas, ligação em guirlandas, zona média constante, ovais bem estruturadas e algumas quase sempre fechadas.

6. RELAÇÕES-PÚBLICAS

Cargo que exige contatos humanos e habilidade política.

Imaginação, tato, vivacidade de espírito, capacidade de relacionamentos, autonomia, intuição, resistência ao estresse, organização pessoal.

Escrita — Movimentada, inclinada à direita, combinada, traços elásticos, guirlandas, alguns ornamentos, assinatura do mesmo tamanho ou maior que o texto, rápida, algumas ovais abertas.

7. VENDEDOR

O bom vendedor não vende nada; "dá satisfação ao cliente". Muitas vezes, o grafólogo irá encontrar na escrita de vendedores alguns sinais de insinceridade; isto deve-se a sua habilidade em dissimular com o cliente; em alguns casos, são produtos de uma característica que visa criar situações para tirar proveito em prol de si mesmo. Os desonestos devem ser eliminados do processo. O sangüíneo é sempre um bom vendedor.

Fluência verbal, boa aparência, reserva, paciência, tenacidade, tolerância, amabilidade, vivacidade, entusiasmo, diplomacia, flexibilidade etc.

Escrita — Grande, progressiva, ascendente, ovais abertas em cima, barras dos *tt* largas, finais largos, margem com algumas desigualdades, rápida, ângulos e curvas misturados, assinatura situada à direita, margem esquerda crescente e direita ausente, inclinada à direita, lançada, algumas curvas e floreios.

8. ANALISTAS DE SISTEMAS

O analista deve transformar o complicado em simples. Usamos aqui o inesquecível dito de Dario, o Dadá Maravilha: "Não me venha com problemática; meu negócio é a solucionática".

Inteligência abstrata, capacidade de crítica, *feeling*, metódico, capacidade para simplificar, criatividade, cultura, flexibilidade, paciência, raciocínio mental analítico, capacidade de produzir *"insights"*.

Escrita — Organizada, margens regulares, tendência a média ou pequena, margens tipo justificado, vertical ou invertida, velocidade pausada, bom espaçamento entre as linhas.

9. ENGENHEIROS DE MANUTENÇÃO

A especialização e o conhecimento técnico são obrigatórios.

Inteligência concreta, raciocínio matemático, vontade, capacidade de observação, vivacidade, detalhista, liderança, organização, capacidade de observação, lógica.

Escrita — Firme, média, em relevo, profunda, margens bem organizadas, ligada, retilínea ou ligeiramente ascendente, pingos nos *ii* e barras nos *tt* bem executadas.

10. MARKETING

Nota-se a capacidade para lançar no mercado novos produtos e introduzir novos conceitos.

Iniciativa, multiabilidades, versatilidade, intuição, dinamismo, extroversão, liderança, tato, senso de oportunidade, capacidade de avaliação, flexibilidade, agressividade (positiva), reserva.

Escrita — Pressão média, curvas, laços, guirlandas, sobressaltada, tendência a desligada ou agrupada, linhas sinuosas, assinatura com floreios, ligações originais.

11. CONTADOR

Al Capone deixou de ser o que era quando seu contador foi descoberto. Trata-se de um cargo em que a honestidade deve ser bem avaliada.

Organização, método, reserva, escrúpulos, lógico, raciocínio matemático, adaptabilidade, honestidade, paciência, diplomacia, tato, disciplina, constância.

Escrita — Pequena ou média, margens organizadas, distâncias entre as linhas e palavras constantes, pontuação precisa, limpa, assinatura igual ao texto.

12. TÉCNICO DE QUALIDADE

Necessita conhecer as rotinas de manutenção da empresa. Deve ser um observador nato.

Capacidade de observação, organização, percepção bastante apurada, iniciativa, dinâmica, energia mental.

Escrita — Caligráfica, pontuação precisa, equilíbrio entre as zonas, média, limpa, espaços pequenos entre as linhas, pressão constante.

13. PSICÓLOGO

Atualmente, o psicólogo ocupa dentro das empresas inúmeras funções, entre as quais a de seleção, recrutamento e treinamento.

Paciência, habilidade, tato, sensibilidade, clareza, senso crítico, objetividade, amabilidade etc.

Escrita — Bom nível de forma, curvas, guirlandas, redonda, limpa, organizada, combinada, pressão média, em relevo.

14. MÉDICOS

Existem grandes variações devido à gama de especialidades. A chamada letra de médico é uma espécie de mito. Alguns autores dizem que, antigamente, os médicos mandavam as fórmulas escritas para os farmacêuticos e existia a pressa em copiar na faculdade. Atualmente, os conselhos de medicina obrigam que as receitas, além de serem legíveis, devem ser lidas pelo paciente. É comum encontrarmos traços de agressividade na escrita de cirurgiões.

15. PROPAGANDISTA VENDEDOR (indústria farmacêutica)

Mantém contatos com os mais diversos tipos de profissionais e colabora no lançamento de novos produtos.

Boa postura, fluência verbal, persuasão, dinamismo, assimilação de novos conceitos, extroversão, persistência, flexibilidade, resistência a esforços de longa duração.

Escrita — Grande, ascendente, pequenas desigualdades de margem, crescente, limpa, organizada, ligação em guirlandas, em relevo, assinatura um pouco maior que o texto.

16. JUÍZES

Cargo que se reveste de grande importância nos dias atuais. Um juiz vai influir na vida das pessoas e na sociedade.

Decisão, energia, princípios morais e éticos bem definidos, iniciativa, liderança, comunicação, integridade, flexibilidade de raciocínio, fluência verbal etc.

Escrita — Bem estruturada, grande, ligações em ângulos, traços ascendentes, limpa, assinatura maior que o texto, organizada, firme, profunda e em relevo.

Das escritas que temos estudado, a dos juízes é a que sofre maior grau de alteração quando comparada antes da magistratura, principalmente no gênero dimensão, pois aumenta visivelmente em certos casos.

17. ANALISTA DE RECURSOS HUMANOS

Atua tanto na área de seleção e recrutamento de pessoal quanto na de treinamento.

Criatividade, iniciativa, dinamismo, flexibilidade, organização, planejamento a curto, médio e longo prazos, flexibilidade, capacidade de decisão, relacionamento pessoal.

Escrita — Tamanho médio, clara, organizada, limpa, ascendente ou retilínea, agrupada, pontuação bem estruturada.

18. GRAFÓLOGOS

Trata-se de um cargo que, na maioria das vezes, estará ligado a outro. Existem poucos grafólogos que trabalham apenas com grafologia.

Perspicácia, clareza de idéias, iniciativa, flexibilidade, tato, habilidade, raciocínio ágil, percepção, criatividade, assertividade, intuição, humanista.

Escrita — Agrupada, desligada, limpa, clara, organizada, combinada, ligeiramente ascendente, pequenas variações de inclinação, formas e ligações originais.

Encerramos aqui esta pequena amostra de cargos. Cabe ao grafólogo realizar a sua. Para cada cargo acima descrito podem ser atribuídas algumas características a mais.

Você pode, em sua empresa, observar o manual de descrição de cargos e as características desejadas, depois é só relacioná-las com os diversos sinais grafológicos, montando desta maneira a síndrome gráfica do cargo desejado.

Três características ligadas aos diversos cargos:
Visão estratégica — escrita com grande espaçamento entre as linhas, progressiva, ascendente.

Visão tática — pequeno espaçamento entre as linhas, concentrada, pequena.

Ambição — ou necessidade de crescimento pessoal — Quando uma empresa contrata um funcionário para determinado posto e vai mantê-lo ali, por muito tempo, pode estar cometendo um "crime"; o ser humano necessita evoluir, este é o nosso destino, evoluir...

Escrita ascendente, crescente, zona superior um pouco maior, finais ascendentes, assinatura grande etc.

Como vimos, a responsabilidade do grafólogo pode ser fator decisivo, e muitas vezes o é, para o sucesso de uma empresa.

A função do grafólogo não é a de decidir se o candidato está apto ou não, e, sim, participar do processo. Neste caso, por meio da análise grafológica, cabe-lhe dar ao diretor ou o gerente as informações necessárias para que a decisão seja o mais correta possível.

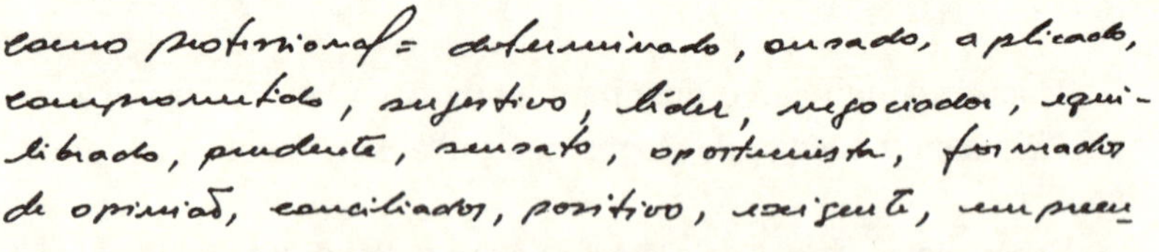
como profissional = determinado, ousado, aplicado, comprometido, sugestivo, líder, negociador, equilibrado, prudente, sensato, oportunista, formador de opinião, conciliador, positivo, exigente, empreen-

Figura 27 — Gerente de Produtos, 35 anos. Escrita com forte relevo, pequena e inclinada. Trata-se de uma pessoa que deseja ser ouvida. Suas opiniões são firmes e bem colocadas. A inclinação mostra que deseja contatos com as pessoas que estão ao seu redor.

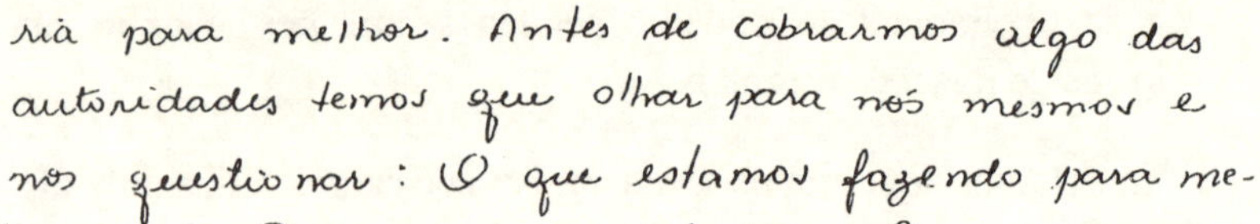
rá para melhor. Antes de cobrarmos algo das autoridades temos que olhar para nós mesmos e nos questionar: O que estamos fazendo para melhorar? Devemos nos reeducar. A esperança está aí. A esperança está em nós mesmos. O mundo está como está, infelizmente porque nós

Figura 28 — Secretária, 24 anos. Grafismo caligráfico, limpo e pausado. Certos cargos não exigem criatividade e habilidades gerenciais do candidato. A estrutura social desta moça é bem adaptada ao cargo. Capacidade de clareza em suas relações interpessoais e vontade de ser compreendida. A assinatura é diferente do texto, o que mostra que, embora intimamente tenha opiniões e decisões próprias, ajusta-se ao cargo.

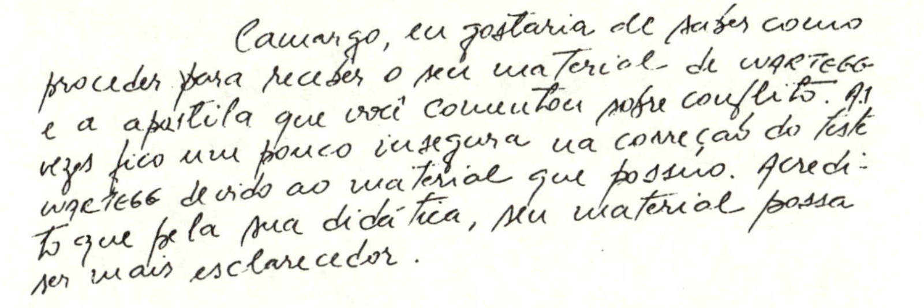

[manuscrito:] Camargo, eu gostaria de saber como proceder para receber o seu material de Wartegg e a apostila que você comentou sobre conflitos. Às vezes fico um pouco insegura na correção do teste Wartegg devido ao material que possuo. Acredito que pela sua didática, seu material possa ser mais esclarecedor.

Figura 29 — Psicóloga, grafóloga, 39 anos. O grafismo é desligado, ascendente e rápido. A presença de uma forte intuição a capacita a melhor compreender o ser humano. Vontade de realizar e bom potencial de liderança pode ser visto nas barras da letra *t* e nos finais ascendentes das letras. Gosta de ser franca e direta em suas relações.

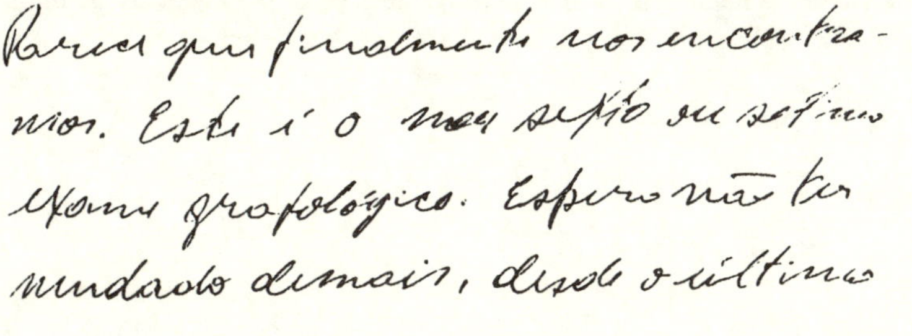

[manuscrito:] Parece que finalmente nos encontramos. Este é o meu sétimo ou sétimo exame grafológico. Espero não ter mudado demais, desde o último.

Figura 30 — Gerente de Recursos Humanos, 38 anos. Grafismo com caneta de ponta porosa. Rapidez de decisões, inteligência e agilidade mental. A escrita mescla traços filiformes, habilidade e tensão. Possui confiança em seus atos e decisões.

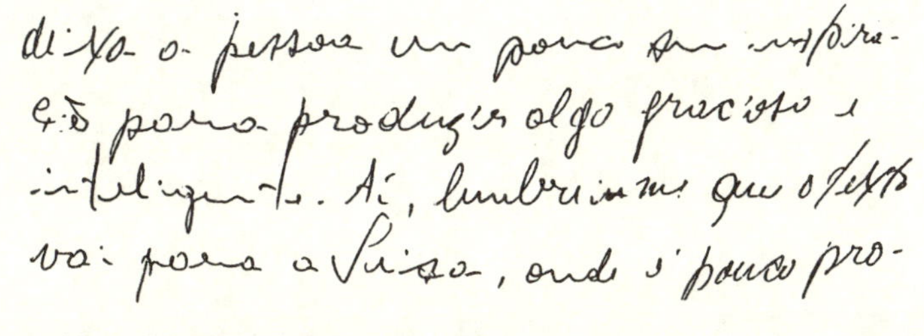

[manuscrito:] deixa a pessoa um pouco sem inspiração para produzir algo precioso e inteligente. Aí, lembrei-me que o texto vai para a Visão, onde é pouco pro-

Figura 31 — Médico, 49 anos. Candidato a um cargo na indústria farmacêutica. Os traços são precipitados e filiformes. A palavra inteligente é escrita de maneira diferente do texto, como se o autor desejasse mostrar um pouco de humildade nesta característica de sua personalidade. Na realidade, orgulha-se de ser assim.

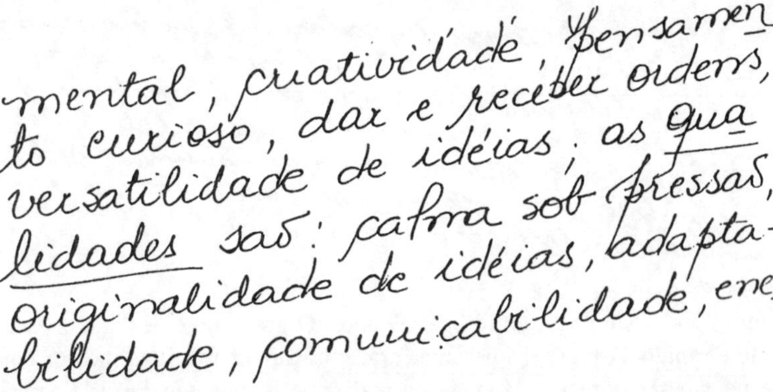

mental, criatividade, pensamento curioso, dar e receber ordens, versatilidade de idéias; as qualidades são: calma sob pressão, originalidade de idéias, adaptabilidade, comunicabilidade, ener-

Figura 32 — Diretor de Vendas, 35 anos. Escrita firme, grande e ascendente. Trata-se de um caso clássico da escrita de vendedor. Ardor, energia e capacidade de levar seus projetos em frente. Orgulho e necessidade imperiosa de impor sua vontade aos demais. Liderança e otimismo.

8
AVALIAÇÃO DE POTENCIAL POR MEIO DA ESCRITA

Toda empresa deseja contratar o funcionário ideal, aquele que até na hora de ser demitido vai agradecer a "Deus" por ganhar tanto e ter de ir embora.

A realidade é muito diferente. O recrutador procura sempre as mais diversas técnicas para escolher o candidato ideal ou aquele que merece ser promovido e será útil para a instituição.

A grafologia é mostrada, por muitos grafólogos, como o mais eficiente instrumento para o recrutamento e ponto final... Ponto final coisa nenhuma!

Figura 33 — O grafólogo analisa o candidato e realiza seu perfil. O grafólogo não deve sentir-se superior aos demais e projetar no laudo problemas pessoais. Uma análise deve ser isenta de qualquer tipo preconceito: cor, raça, religião, preferência sexual etc.

A grafologia, é sem sombra de dúvidas, o melhor e mais eficiente teste projetivo, mas possui algumas limitações e problemas que muitos grafólogos omitem, por desconhecimento ou má-fé.

Vamos estudar mais alguns aspectos que devem ser observados antes de entrarmos na avaliação de potencial propriamente dita.

- *A grafologia possui um nível de acerto em torno de quase 100% ou de mais ou menos 98%?*

Isso é totalmente errado. O acerto da grafologia é superior a qualquer tipo de teste, porém depende de vários fatores:

- conhecimento do grafólogo;
- técnica ou método utilizados;
- qualidade do material a ser analisado etc.

O grafólogo deve dizer ao seu cliente que a grafologia pode comportar uma porcentagem de erro que, muitas vezes, não depende do profissional e, mesmo com experiência, podem ocorrer certos desvios.

Um acerto em torno de 85%, em média, deve ser considerado mais do que excelente.

Um grafólogo que realiza em um ano trezentas análises grafológicas e diz que acerta todas é pura falácia; encontramos a "máquina perfeita"; o computador grafológico.

Convém lembrar Roger Caillois:[1] "Ciência infalível, ciência suspeita".

Determinadas características podem ser observadas na escrita, outras mais ou menos, algumas dificilmente, e outras nunca. Na realidade, em uma análise grafológica vemos o que queremos ver e o que nosso conhecimento permite, ou seja, se desejamos observar *potencial*, vamos procurar essas características no grafismo; se não temos esse conhecimento, jamais vamos "ver" potencial na escrita.

Não podemos prever o futuro com a grafologia, mas já encontramos pessoas que dizem fazer previsões por meio da escrita. Trata-se de mais um absurdo. Ficamos chocados quando certos "grafólogos" participam de programas de televisão do tipo "adivinha quem sou

---

1. Citado por H. Mathieu: *Le graphologue, son art et son client*. Paris, Masson, 1993.

eu". Certas doenças podem ser detectadas somente quando o paciente apresenta sintomas graves, em estado bastante avançado.

Na medicina é difícil definir algumas doenças ou até mesmo localizar corretamente os sintomas. Para o grafólogo é primordial lembrar-se de que a grafopatologia necessita de mais pesquisas e que jamais devemos realizar diagnósticos afeitos à área médica.

• *Gravidez? Qual seria a síndrome da gravidez?*
Trata-se de um dado difícil de se observar. Uma adolescente de rua grávida, uma mulher casada que deseja um filho e uma garota solteira na universidade? As três possuem uma problemática diferente. Os detalhes exteriores vão refletir na escrita, o que torna o diagnóstico muito difícil.

• *Menstruação?*
Outro dado difícil, principalmente se lembrarmos da TPM e das diferentes condições da mulher brasileira no quadro organizacional das empresas.

Grafologia é uma ciência que vai além da simples prática. "Ser" grafólogo transcende o significado da palavra; nos tornamos grafólogos para ajudar o próximo, entender o ser humano, compreender a complexidade das relações interpessoais. Somos grafólogos para crescer interiormente e darmos nossa pequena parcela de ajuda ao desenvolvimento da humanidade.

• *Então, podemos observar potencial na escrita?*
Sim e não, como veremos mais adiante!

Vejamos alguns conceitos que serão úteis para o desenvolvimento do assunto:

Assertividade[2]

Este conceito é definido por vários autores:

"Comportamento que habilita uma pessoa a agir em seu próprio interesse, ser responsável por si mesma sem sentir ansiedade inade-

---
2. Boletim Set. 95 Cepa — Ligia Santa Maria Ayres — Maria Cristina Ferreira.

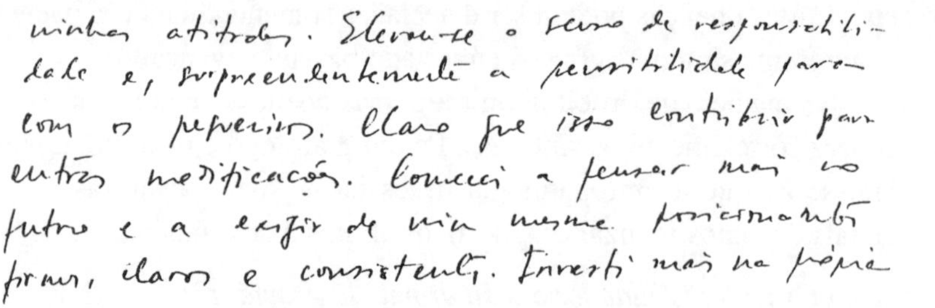

[manuscrito]

Figura 34 — Diretora de Recrutamento e Seleção, grafóloga, psicóloga, 34 anos. Inteligência e dinamismo. Ritmo constante e agilidade mental. A assertividade pode ser constatada pelas margens bem estruturadas, espaçamento entre linhas e elasticidade no grafismo. O jogo entre pressão e tensão revela adaptação.

quada, expressar seus honestos sentimentos confortavelmente e exercer seus direitos sem magoar os demais." (Alberti e Emmons)

"O comportamento assertivo consiste na expressão honesta e aberta de seus sentimentos." (Wolpe e Lazarus)

"Habilidade multivariada, que se manifesta em situações de interação pessoal, caracterizando-se por comportamentos que expressam a capacidade de um indivíduo de:

- Discordar de outrem conseguindo dizer Não.
- Pedir e/ou fazer exigências sem constrangimentos.
- Expressar livremente qualquer sentimento, seja positivo ou negativo."

Existem diversos detalhes grafológicos que podem ajudar a deduzir assertividade na escrita; eles nos mostram uma direção, uma tendência.

Escrita equilibrada, ligações em guirlandas, bem estruturadas, bom ritmo, Grau III de Pophal, elasticidade, margens constantes, pressão igual, proporcional, limpa, ovais bem estruturadas, assinatura igual ao texto, legível, em relevo, matizada etc.

Tendência

Geralmente é designada como um comportamento motivado. Existem vários tipos de tendências, como por exemplo: orgânicas, pessoais, sociais etc.

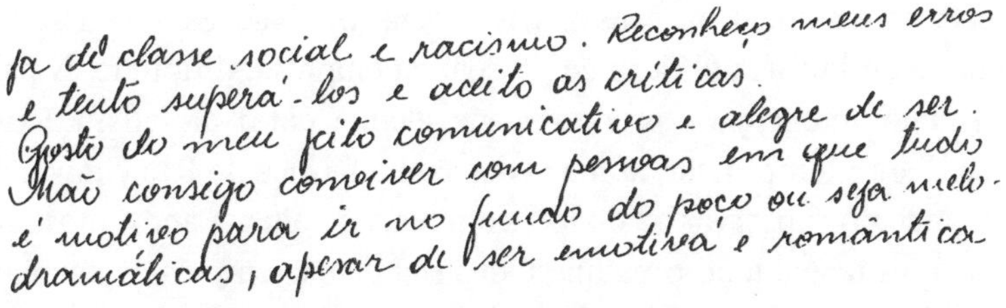

[manuscrito]

Figura 35 — Supervisora comercial, 30 anos. A motivação é expressa pelo grafismo ascendente, pressão firme, profunda e barras do *t* altas. Não gosta de acontecimentos imprevisíveis. Sua energia é canalizada para objetivos práticos.

Motivação

A motivação é uma importante palavra no vocabulário das empresas na atualidade. Envolve uma série de noções como: necessidades, tendências, aspirações etc.

Na motivação existe uma força que provoca e orienta o comportamento, ao mesmo tempo que se torna uma fonte de finalidade-justificação.

Nem sempre a motivação pode ser encarada de forma positiva, como por exemplo, uma fonte de vingança.

Existem as motivações de origem inconsciente e condicionadas para nossa inserção na sociedade, grupos de amigos e profissionais, escolha da profissão etc.

Na verdade, a insatisfação pode levar o profissional a uma grande evolução pessoal, e observar esse detalhe é de suma importância para o grafólogo.

"A pior coisa que pode acontecer a um homem inteligente é um bom emprego público", disse certo presidente americano.

Entender a dinâmica da motivação, suas teorias e seus conceitos é de suma importância para o profissional de RH.

É necessário conhecer as crenças, as necessidades e as expectativas do grupo se realmente desejarmos motivá-lo. Nos regulamentos militares de liderança e motivação escreve-se: "Conhecer bem seus homens".

Este conceito deve ser aplicado às empresas; o gerente deve conhecer os funcionários, seus anseios e suas motivações, pois isso vai ajudar a definir as políticas de pessoal da empresa, dirigindo-as para uma maior integração e produtividade, além, é claro, da satisfação interna. Para exemplificar, numa visita a uma fábrica do Rio Grande do Sul, pudemos observar o "dono", com mais de oitenta anos, mostrando aos visitantes todo o parque industrial de sua empresa e chamando cada funcionário pelo nome. Nesta empresa existem inúmeras famílias trabalhando: avó, pai e filho. Não é preciso dizer que trata-se de líder no mercado em seu segmento.

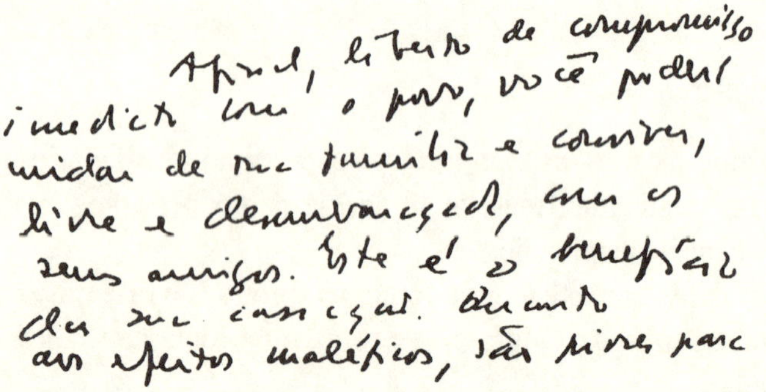

Figura 36 — Carlos Lacerda, político. Vontade, dinamismo e impulsos desenfreados. Capacidade de oratória e necessidade de criar conflitos. A barra da letra *t* ligada à letra seguinte é sinal de praticidade e inteligência, capacidade de criar atalhos em seus procedimentos.

HIERARQUIA DAS NECESSIDADES

Foi desenvolvida pelo americano A. H. Maslow. Segundo o autor as pessoas são motivadas por cinco tipos de necessidades:

- Fisiológica
- Segurança

- Afeto
- Estima
- Auto-realização

Em um nível mais baixo, elas monopolizam o comportamento consciente da pessoa e têm predomínio sobre a motivação. São necessidades primárias.

Assim como as outras, quando satisfeitas, perdem seu poder de motivação. Uma dor de barriga é mais urgente do que qualquer outra necessidade. Essas duas primeiras são ponto de partida para as demais.

A teoria de Maslow coloca em xeque práticas de dar prêmios aos funcionários; a empresa deve, pelas suas tarefas institucionais, fazer com que cada um alcance suas necessidades não-realizadas.

Vamos estudar um pequeno resumo de cada uma dessas necessidades e suas correspondências com a grafologia.

Fisiológicas

Fome, frio e sede são determinantes na produção de uma empresa. Temos visto inúmeros exemplos de aumento de produtividade apenas com a melhoria do café da manhã dos funcionários.

Escrita com traços grandes na zona inferior. Desproporções e sobressaltos. Fusiforme.

Segurança

Vencida a primeira etapa, o trabalhador deseja para si e para seus dependentes: seguros de saúde, carteira assinada, estabilidade, indenizações, promoções etc.

Os benefícios podem ser uma arma bastante poderosa na escolha de um emprego. O trabalhador, já empregado, não vê isso como salário. A falta deles desmotiva o funcionário.

A segurança pode trazer consigo o conformismo. A pessoa não se lança em um projeto visando preservar sua estabilidade. A falta de força ou de energia para conduzir seus projetos se revela por um traçado frouxo, sem grande relevo.

A procura da estabilidade, muitas vezes, assinala uma racionalização de tudo o que ocorre ao seu redor, e ele tenta manter distância dos demais; a verticalidade e um certo espaçamento entre linhas mostram esse tipo de contato. A necessidade de preservar seu espaço diante do mundo leva à insegurança, que afeta seu comportamento, podendo até mesmo mostrar diversos conflitos.

A zona média revela com uma certa precisão esse tipo de comportamento: ovais abertas ou fechadas, desigualdades e desproporções, ligações mistas e desiguais.

Escrita com sinais de infantilidade (ver *Análise transacional e grafologia*), torções nas pernas e hastes. A tendência do grafismo à esquerda é muito comum. O medo de ir em frente, para o futuro, é mostrado por sinais de lentidão, formas estáticas, enrolamentos. Escrita convencional e/ou caligráfica, artificialismos, escrita baixa e gestos na horizontal.

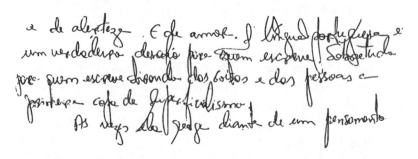

Figura 37 — Engenheiro, 29 anos. Escrita desproporcional, inflada na zona inferior. Gestos expansivos, largos. Interesses práticos, materiais. Gosto pelo grandioso, heróico. Necessita tocar, pegar, observar de perto os acontecimentos.

Sinais de insegurança

Espaços arrítmicos, discordâncias, linhas sinuosas e/ou descendentes, imprecisão de certas letras, Graus 4a, 4b e 5 da escala de Pophal, ângulos, tremores, sacudidas, sobressaltos, pressão excessiva (profundidade e relevo), apoiada ou fusiforme, ligações soldadas, letras *m* e *n* em formas de arcadas e com uma certa desestruturação; escrita pequena etc.

Afeto

Existe uma necessidade do desenvolvimento de relações afetivas entre os vários elementos de um grupo. O "espírito de corpo" é um parâmetro a ser atingido.

A escrita é convencional, sem grande pressão. Os traços são equilibrados juntamente com o conjunto branco/escuro do texto. O escritor adapta-se sem grandes traumas às normas e aos regulamentos sociais, pois suas necessidades de contato fazem com que ceda terreno para sentir-se bem.

A proporção entre as zonas (média, superior e inferior) é boa, assim como o tamanho das hastes e pernas, sendo que ambas dificilmente sofrem variações bruscas de pressão. Grau II e, em certos casos, III de Pophal, formas progressivas, regulares; traçado elástico.

A adaptação é controlada, equilíbrio, compreensão dos fatos que não pode mudar, paciência e moderação. Escrita sóbria, fina e algumas vezes desligada. Pode revelar falta de espontaneidade e conformismo.

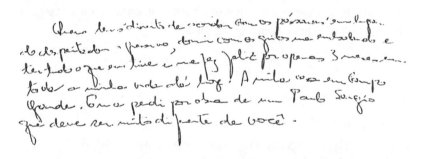

Figura 38 — Mulher, 46 anos. O movimento é frouxo e a direção das linhas variável. Sinais de insegurança e instabilidade. As torções mostram sofrimento e a adaptação ao meio em que vive é defeituosa. A percepção defeituosa do EU pode ser notada pela variação das letras ovais. Baixa auto-estima e necessidade de afeto.

Estima

Satisfeitos os contatos, o ser humano deseja ter seu trabalho reconhecido pelos demais. Elevar o orgulho, o sentimento de realição e a dignidade do ser humano é fundamental para motivar as pessoas.

A escrita apresenta: ordem, proporção, claridade, simplificação e equilíbrio.

A *confiança em si* é outro fato que deve ser analisado: ligações equilibradas, boa pressão, elasticidade no traçado, zona média com boa estrutura e de acordo com as demais zonas, a inclinação vertical/inclinada é constante. A limpeza no traçado e a ocupação espacial do texto devem estar em equilíbrio com o conjunto. Pressão firme, profunda e em relevo; os sinais secundários: barras do *t* ascendentes/retilíneas e fortes, *m* e *g* bem estruturados etc.

A assinatura maior que o texto indica necessidade de mostrar-se independente, orgulhoso, gestos voltados para o espetacular. Menor, economia, defensividade, sentimento de inferioridade.

Diferente do texto: ambição, exigência, autoridade, prazer em ser diferente.

O amor-próprio revela-se pelos traços iniciais eloqüentes (maiores), sobressaltos no início, gestos iniciais longos, tendência a valorização dos traços superiores, que mostram a procura de uma imagem ideal que nem sempre pode ser alcançada.

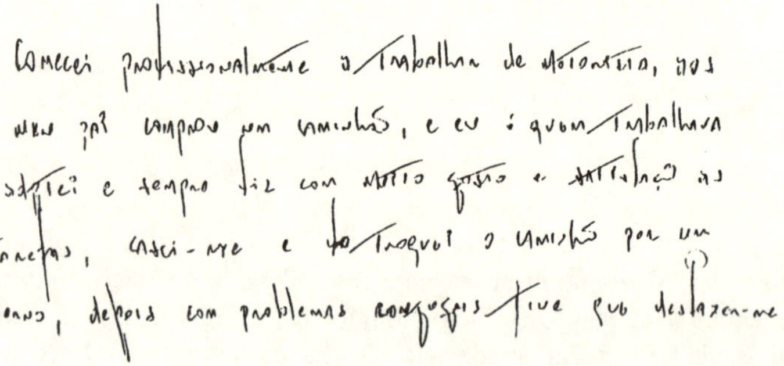

Figura 39 — Chefe de oficina mecânica, 39 anos. Escrita com sobressalto e gesto-tipo facilmente visível na letra. Aspirações elevadas e algumas vezes desproporcionais às reais possibilidades. Vontade de mandar, chefia, grupos.

Henriette Mathieu[3] faz um interessante estudo da confiança em mesmo:

1. CONFIANÇA NATURALMENTE FORTE

Sentimento de força, coragem, independência e imprudência, sinceridade, direto e sem rodeios. Segurança de si.

Escrita de tamanho pequeno a médio e constante. Pressão média, pernas bem executadas, linhas retilíneas, ritmo, aberta, firme etc.

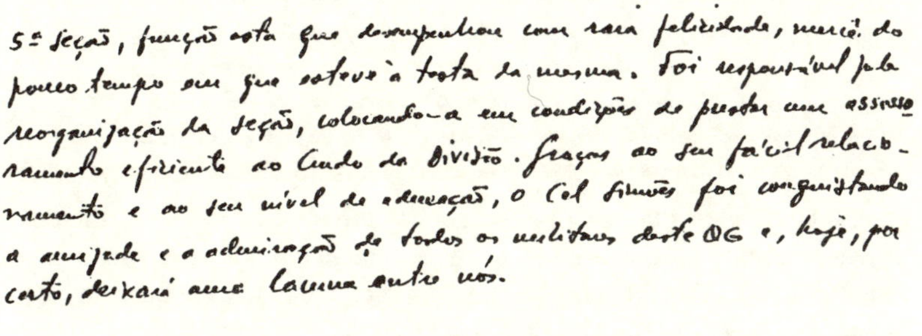

[manuscrito]

Figura 40 — Homem, 48 anos. Escrita pequena, constante e margens estruturadas. Forte domínio de suas emoções. Capacidade de controle e consciência de seu próprio valor. Liderança pragmática. Os sinais de inteligência podem ser observados na agilidade das ligações executadas nas letras *t* e *d*. O ritmo é constante e metódico. Capacidade de impor sua vontade sobre os demais.

2. CONFIANÇA NATURALMENTE FRACA

Insegurança, inquietude, sentimento de impotência, timidez, escrúpulos, desconfiança. Necessidade de ocultar. Inibição.

Escrita oscilante, pressão fraca, pernas desiguais. Linhas ondulantes. Desligada, retocada etc.

3. EXIGÊNCIA CONSCIENTE FORTE

Necessidade de estima, senso de honra. Perfeccionismo. Ambição, vontade de brigar pelos primeiros lugares. Consciência de seus valores.

---

3. *Le graphologue son art et son client*, op. cit.

Vaidade, orgulho, insolência, presunção e arrogância. Inoportuno. Sistematização. Procura de seu espaço. Investigação e exageros.

Iniciais e finais acentuados. Tamanho maior que o médio. Crescimentos repentinos. Pressão forte. Fusiforme. Pernas exageradas. Assinatura grande. Escrita deformada.

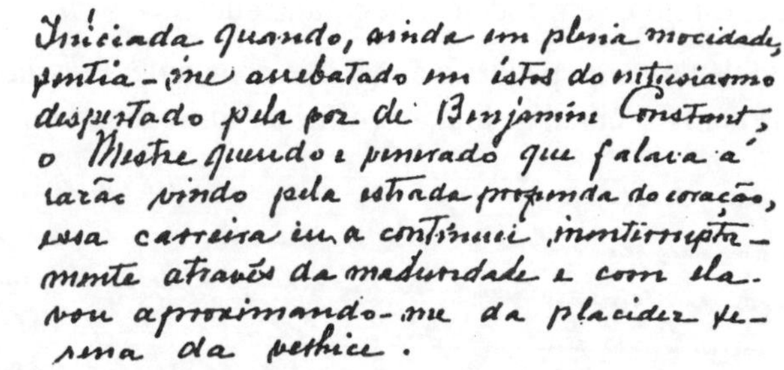

Figura 41 — Marechal Rondon. Barras dos *tt* fortes, ligações em ângulos e traçado em relevo. Adaptação combativa ao meio em que vive. Move-se em contínua tensão. A dupla barra da letra *t* indica vontade férrea, capaz de enfrentar e vencer adversidades de grande monta.

4. EXIGÊNCIA CONSCIENTE FRACA

Ausência de pretensão, discrição, humildade e reserva. Submissão, dependência. Delicadeza, tato e virtude. Modéstia, simplicidade, fineza e graciosidade. Moderação e distinção.

Traços iniciais e finais sem acentuação. Formas simples e um pouco escolares. Tamanho pequeno a médio. Preferencialmente baixa. Assinatura com a mesma gênese do texto.

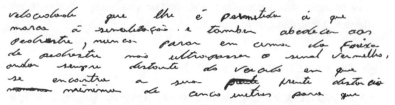

Figura 42 — Motorista, 22 anos. Grafismo no tamanho idêntico ao original. O traçado é frouxo, a margem direita é desigual. Simplicidade e humildade. Incapacidade de fazer prevalecer suas opiniões.

Auto-realização

Este estado jamais se extingue. A pessoa vive o seu pleno potencial de ser realista, gosta de viver e executar de acordo com suas possibilidades.

Neste ponto reside a maior dificuldade para motivar o funcionário, já que os anseios e desejos não podem ser facilmente determinados. Pode ser difícil conseguir isto em trabalhos burocráticos ou de mão-de-obra não qualificada (faxineiro, porteiro etc.).

O espaço gráfico possui uma boa organização, as margens (superior/inferior — esquerda/direita) estão bem estruturadas e parecem ocupar totalmente seus sítios. O escritor tem consciência de seus valores e até aonde pode ir, sem que isto cause traumas a terceiros ou a si mesmo. O jogo entre claro/escuro do texto mostra equilíbrio, ponderação e reflexão com que o indivíduo encara seus problemas.

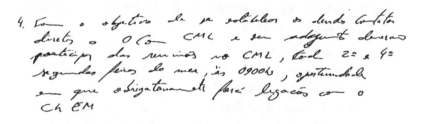

Figura 43 — Homem, 44 anos. Escrita rápida com traçado filiforme. Agilidade de movimentos, pressa, necessidade de agir pensando ou vice-versa. Intensa necessidade de realização.

Quase sempre existe uma certa dominância do *movimento*. O traçado é dinâmico e impulsivo, as ligações entre as letras são originais, a escrita é extensa, o traçado é firme com alguns gestos de exaltação.

A riqueza das combinações matiza de forma única o grafismo. As letras maiúsculas podem ser grandes e a assinatura possui finais firmes, sobressaltos e ligações na zona superior; algumas arcadas podem aparecer. As formas dificilmente são iguais, filiformes, inacabadas. Algumas variações de pressão são notadas. As ligações sofrem variações.

Quando existe a predominância da forma, o escritor deseja construir uma imagem significativa de si. Esse tipo de personalização leva à escrita simplificada, de ligações combinadas e com formas variadas que não afetam a estrutura do grafismo.

A individuação aparece de acordo com a teoria da zona única (ver Vels); neste caso existe uma grande transcendência na personalidade do escritor. De nossa parte, temos notado que não é impossível, porém existe alguma dificuldade em encontrarmos candidatos neste estágio para vagas em certos cargos, já que durante toda a vida esse tipo de escritor, devido ao seu relacionamento eu/mundo, já foi "descoberto" por outras empresas que fazem questão de mantê-lo.

O equilíbrio no grafismo é o padrão que deve ser procurado por todo grafólogo.

A criatividade atinge quase todo gesto gráfico; nota-se capacidade de improvisação e intuição.

O livro (*Motivation e personality*) de Maslow cita as características de pessoas realizadas:

- Extremamente éticas.
- Originais e inventivas.
- Comportamento natural.
- Sérias e pouco espontâneas.
- Percebem a realidade e sentem-se à vontade diante dela.
- Concentram-se nos problemas ao seu redor.
- Gostam da privacidade.
- São imperfeitas, como as demais.

A seguir veremos como podemos identificar certas características das teorias de Maslow aplicadas à grafologia.

1. ZONA INFERIOR — O INFERNO

Necessidades básicas ou primárias. Atividade física. Alimentação, atividades sexuais e fisiológicas. Não existe facilidade em adaptar-se aos problemas do cotidiano. O inconsciente age primeiro, as pulsões instintivas são fortes. Necessidade de ocupação territorial. Premonições e agonia. Egoísmo. Materialismo.

Zonas de motivação

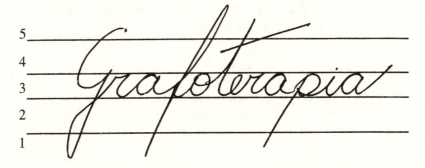

Figura 44 — Zonas de motivação.

2. ZONA INFERIOR MÉDIA ATÉ A LINHA DE CENSURA

Necessidade de contatos físicos com os demais. Ambição e desejos de segurança física e financeira. Proteção. Instintos desenvolvidos e impulsividade. Materialismo. Com guirlandas. Mostra amabilidade calculada.

3. ZONA MÉDIA — A TERRA

Necessidade de contatos sociais com os que o rodeiam, família, amigos, grupos de trabalhos etc. Narcisismo e egocentrismo. Tentativa de ajuste emocional que, em certos casos, é defeituosa. Capacidade de viver o dia-a-dia. Realista; detesta aqueles que sonham. Necessidade de prestígio social, de ser estimado pelos amigos e por todos com quem mantém contatos.

4. ZONA SUPERIOR

Necessidade de *status*, independência e orgulho. Pretensões exageradas. Exaltação e exibicionismo. Sensibilidade e irritabilidade. "Individuação" junguiana. Valorização demasiada do "eu". Criatividade, necessidade de sonhar com os olhos abertos. Falta de realismo. Individualização, concretização de seus potenciais.

5. ZONA SUPERIOR — O CÉU

Idealismo e imaginação fértil. Necessidade de ter aspirações elevadas. Misticismo. Religiosidade que pode levar ao fanatismo. Necessidade de encontrar-se. Falta de realismo, complexo de inferioridade.

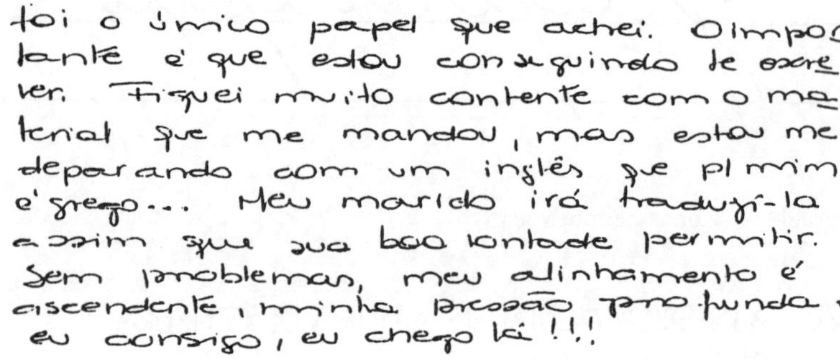
Foi o único papel que achei. O importante é que estou conseguindo escrever. Fiquei muito contente com o material que me mandou, mas estou me deparando com um inglês que p/ mim é grego... Meu marido irá traduzi-la assim que sua boa vontade permitir. Sem problemas, meu alinhamento é ascendente, minha pressão profunda.. eu consigo, eu chego lá!!!

Figura 45 — Grafóloga, 35 anos. Predomínio da zona média, margens estruturadas. Escrita limpa e constante. Personalidade centrada, equilíbrio emocional e social. Visão correta de sua posição diante do mundo.

Um bom equilíbrio de personalidade apresenta pequenas variações no tamanho (estruturas) das zonas. A rigidez sempre deve ser considerada um mau sinal grafológico. As pequenas variações tendem a matizar a escrita e enriquecer as possibilidades de vermos as mais diversas características multifacetadas do escritor.

Outras teorias

As teorias de Maslow já foram reavaliadas e outras novas surgiram:

- Motivação/higiene — Frederick Herzberg — que se ajustam às de Maslow.
- Hierarquia de Porter.
- Hierarquia de Adelder — Crescimento-relacionamento-existência.
- Necessidades secundárias — David McClelland — poder, realização, afiliação.

A teoria da expectativa explica fatos que as anteriores tentaram.

> Necessidades *versus* expectativas = motivação

É necessário existir uma seqüência de eventos interligados para que o objetivo final se concretize.

Observados os parâmetros gerais da teoria da motivação, vamos estudar outros aspectos, que devem ser analisados para avaliarmos o potencial por meio da escrita.

Alguns itens que devem ser analisados para a conclusão final:

Liderança

Centenas de livros estudam os tipos de liderança e suas aplicações na empresa. Durante todo o processo de avaliação de potencial estamos analisando as características que fazem parte da liderança, que devem ser observadas com grande afinco pelo grafólogo.

Liderança — Firme, profunda, golpes de sabre e golpes de látego, barras dos *tt* altas e grandes, margem direita aumentando, finais massivos ou acerados, lançada, crescente, ascendente.

Criatividade

Diversos autores[4] estudaram este aspecto e suas relações com a escrita. A conclusão principal é que nem sempre poderemos elaborar uma síndrome gráfica com bastante precisão. A criatividade pode expressar-se em "lampejos" temporários e uma só vez na vida.

Escrita combinada, ligações originais, ocupação espacial desigual, exageros, profundidade, relevo, matizada, espontaneidade gráfica. Elasticidade, curvas, aberturas que permitem contatos com o mundo exterior (trocas), os traços caminham em várias direções. Traçado rápido e instintivo.

Podem acontecer gestos de moderação e equilíbrio, porém quase sempre matizados; ligações na zona superior com formas únicas e

---

4. Gille, Vels, Xandró, Witkowski, Rivère etc.

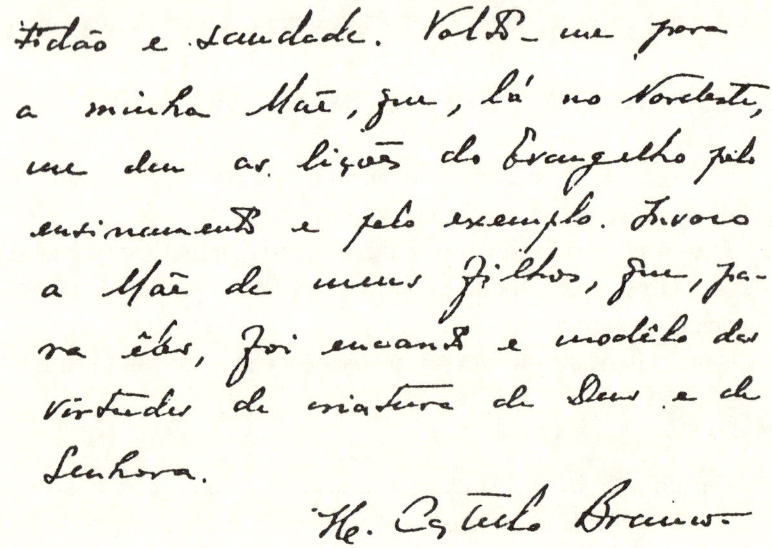
tidão e saudade. Volto-me para
a minha Mãe, que, lá no Nordeste,
me deu as lições do Evangelho pelo
ensinamento e pelo exemplo. Invoco
a Mãe de meus filhos, que, para
êles, foi encanto e modêlo das
virtudes da criatura de Deus e de
Senhora.
H. Castello Branco.

Figura 46 — Castelo Branco. Escrita inclinada com pressão profunda e em relevo. As barras dos *tt* duplas, altas e firmes revelam liderança e capacidade de impor sua vontade a despeito das contrariedades que possa enfrentar. Assinatura legível — direto, franco e sem rodeios.

originais. Letras que quando terminam já servem de base para a estrutura de outras, um traço (ou dois) podem representar duas letras e suas ligações, espaços em branco (ou pontos-traços) que representam (intuitivamente) outras letras.

Movimento integrado a formas originais e autênticas (Heiss).

Vontade

A vontade e o tônus muscular podem ser avaliados no conjunto do texto para determinarmos se o escritor possui potencial a ser explorado.

Crépieux-Jamin estudou este aspecto em seus livros no início do século. Ania Teillard considera a vontade como a libido em uma direção.

Escrita ligada, Grau III de Pophal. Pernas grandes e firmes. Letra *t* com barra e traço vertical bem executados. Dupla barra, ascenden-

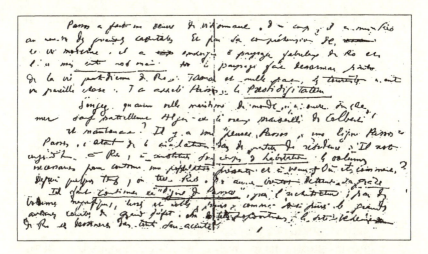

Figura 47 — Le Corbusier, arquiteto. Escrita combinada. A mesma barra do *t* corta duas letras. Os borrões são decorrentes do envelhecimento do papel. À primeira vista, o grafismo parece ser extremamente negativo, porém observando as ligações e a originalidade das formas chega-se à conclusão de que há criatividade e inteligência superior; mais do que isto, de brilhantismo.

te, em golpe de sabre ou látego, em forma de cruz etc. Constância. Formas simples, ordenadas, constantes, firmes, linhas retilíneas e ligeiramente ascendentes. Traçado harmônico e progressivo. Continuidade entre as ligações e com poucas variações entre as mesmas. Bom ritmo e elasticidade. Espaços entre as letras, linhas e palavras constantes. Unidade de forma. Margens regulares. Temperamento bilioso, existência de ângulos, ascendente, grande etc.

A vontade pode comportar vários matizes, como moderado ou excessivo. Madeline Blanquefort d'Anglards[5] cita a vontade voluntariosa e seus aspectos gráficos:

> Escrita grande, movimentada (*pathos* da vontade de Klages), surpervital (Saint Morand), traço à direita; rápida, apoiada, limpa (Hegar). Grau IV de Pophal, movimentos contidos, regressivos, pressão acentuada, finais fortes. Ângulo ético (H. Mathieu), capa-

---

5. Blanquefort d'Anglards. *Motivations et compensations*. Paris, Masson, 1994.

cidade de resistência, retidão, vontade consciente, princípios definidos.

No mesmo livro, a brilhante autora cita os dados referentes à falta de *tensão-motivação*[6]:

- hipotensão, atonia e Grau I de Pophal;
- espaços desorganizados;
- formas frouxas, falta de estrutura, polimorfismo gráfico, filiforme, dupla curva, serpentina, convencional;
- pressão frouxa, fina, flutuante, traço grosso (robusto) sem tensão;
- pequena, baixa etc.;
- linhas de base desiguais;
- movimento flutuante, incerto, hesitante, monótono ou desarmônico (Gille);
- lenta, contida;
- ligações indecisas, inclinada sem firmeza, continuidade automática, fragmentada ou interrompida, decrescente;
- margem esquerda grande, pontuação omissa ou defeituosa;
- assinatura menor que o texto, fina e à esquerda;
- falta de ritmo etc

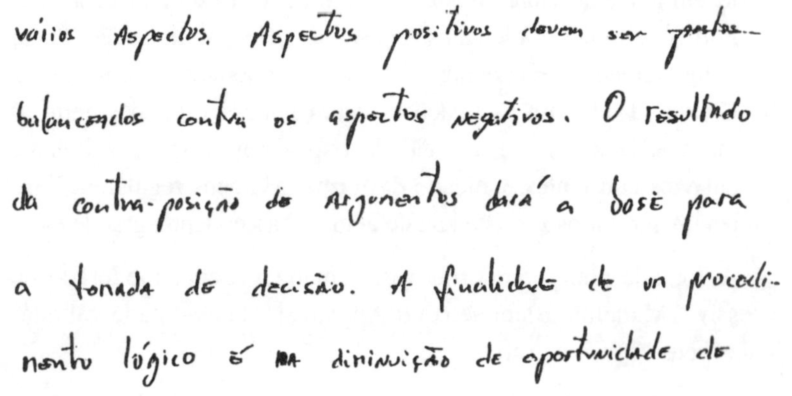

Vários Aspectos. Aspectos positivos devem ser postos balanceados contra os aspectos negativos. O resultado da contra-posição de argumentos dará a base para a tomada de decisão. A finalidade de um procedimento lógico é na diminuição de oportunidade de

Figura 48 — Engenheiro, 29 anos. Escrita pequena, desligada, barras dos *tt* altas. O espaçamento entre as linhas mostra uma visão estratégica. Necessidade de entrar em contato consigo mesmo. Sinais de inteligência e potencial a ser trabalhado.

---

6. Blanquefort d'Anglards, *op. cit.*, pp. 172-3.

Realizado o estudo individual de cada um dos assuntos acima mencionados, podemos analisá-los em conjunto visando à conclusão a respeito do *potencial* de determinado candidato.

Na realidade, existem centenas de considerações que podem ser feitas a respeito do potencial, como liderança, inteligência etc. Em nosso resumo temos que ter em mente que todos esses aspectos já foram analisados no decorrer da análise grafológica propriamente dita e o que desejamos neste momento é focalizar o estudo em um tema específico.

Relacionamos:
Assertividade
Motivação
Vontade
Criatividade
outros

Com esses dados tentamos montar uma espécie de síndrome que nos apresentará os detalhes para o laudo final, lembrando que nem sempre temos a precisão desejada e que determinado candidato que possui excelente potencial (comprovado) pode revelar-se uma verdadeira frustração, por diversos motivos alheios à sua vontade (doenças, amor, filhos, drogas, transferência de cidade etc.), ou seja, fatos externos e culturais que podem interferir no desempenho do trabalhador:

Em 1998, um gerente foi contratado por uma empresa do Rio de Janeiro devido ao seu excelente potencial para o cargo, confirmado pela análise grafológica, por outros testes e análise curricular. Seis meses após sua transferência de São Paulo, seu desempenho era considerado regular ou medíocre. Teria a análise grafológica falhado? Não, a família não se adaptou ao Rio e a esposa deu um ultimato: ou voltamos ou você fica aqui sozinho. Este é um dos muitos casos em que o recrutador, por melhor que seja, não conseguirá avaliar.

Outras vezes, temos um gerente ou um chefe que possui capacidade para motivar e obter o melhor desempenho de seus subordinados.

Sem dúvida, vamos eliminar o erro, mas temos que ter consciência de que ele pode ocorrer.

Há certos detalhes que podem comprometer o potencial de determinado candidato: análise de sinais gráficos de distúrbios, sentido positivo, sínteses de orientação, libido, caracterologia, tipologia, ritmo, forma/movimento constituem, por si só, um fator que deve ser levado em conta no estudo da potencialidade.

Características que podem auxiliar no laudo final:

1. POTENCIAL DE AÇÃO

Tendência espontânea em realizar e agir de maneira correta.

Potencial de ação forte

Escrita firme, ligada, dinâmica, progressiva, boa estrutura. Dinamismo, segurança, capacidade de realizar, vivacidade, empreendedor, vontade de agir sem necessidade de estímulos de seus superiores.

Potencial de ação fraco

Fragmentada, frouxa, desligada, fina, flutuante, rigidez etc.

Pouca vitalidade, lentidão, limitação, timidez, falta de vitalidade, insegurança pessoal.

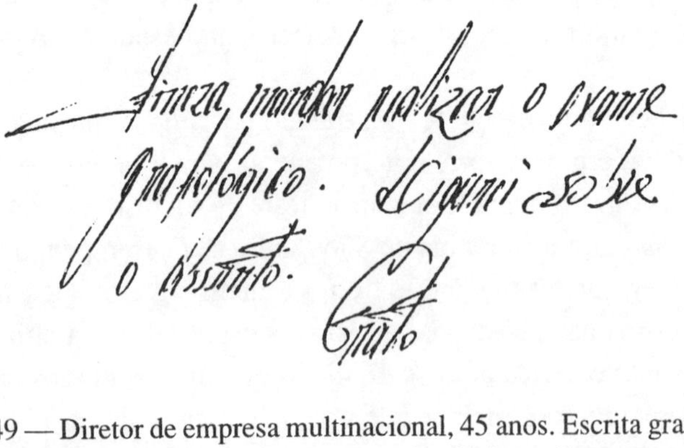

Figura 49 — Diretor de empresa multinacional, 45 anos. Escrita grande, com traçado anguloso. Letra *m* quadrada. Energia, decisões firmes e sem vacilação. Atua em área de conflitos da empresa. Rigidez de princípios. Quando adota uma posição, pode tornar-se inflexível; filosoficamente, quebra-se, mas não se curva.

2. CONTROLE DAS REAÇÕES

Reações de excitação e inibição nervosa.

Impulsivo

Equilíbrio entre excitação e inibição, impulsividade, forte emotividade, necessidade de mudanças, comportamento variável, indisciplina, reação imediata às contrariedades, exteriorização, mudanças bruscas, produtividade variável, naturalidade, primário (LeSenne).

Movimento gráfico dinâmico, escrita aberta, inclinada, irregularidades e desigualdades no campo gráfico, formas inacabadas, dextrogiras, certa confusão no traçado, variações de pressão.

Contido

Controle da vontade com um freio em seus sentimentos e desejos. Atividade motriz pequena porém contínua. Seriedade, pensamento disciplinado, forte tensão psíquica, ordem, escrúpulos, regularidade. Constância e estabilidade. Ritmo igual. Bloqueios de natureza afetiva. Não demonstra seus sentimentos.

Escrita pequena, retilínea, firme, regular, proporcional, invertida, pressão forte, predomínio da forma. Ritmo constante. Caligráfica, lenta, pingos nos *ii* e barras dos *tt* exatas.

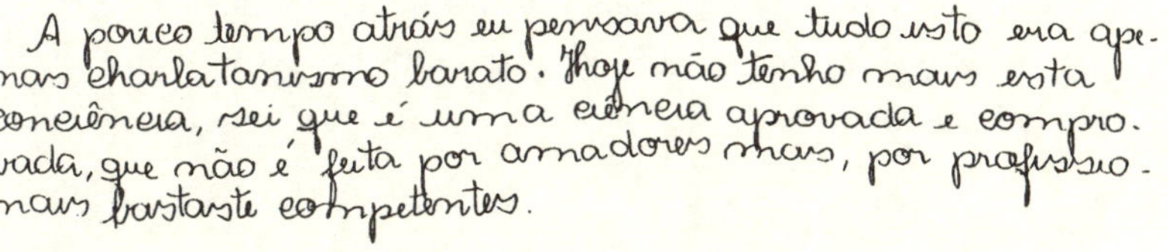

Figura 50 — Estudante, 18 anos. Gestos caligráficos, pausados. Adaptação, falta de criatividade e pouco potencial para agir com autonomia. Devemos, entretanto, levar em consideração a idade do candidato.

3. SOCIABILIDADE

Capacidade de entrar em contato e criar relações amistosas com o mundo circundante.

Necessidade de contatos sociais com os seus semelhantes. Adaptação ao meio social, natureza de fácil comunicação. Vontade de manter contatos, influenciar e ser influenciado por aqueles que o rodeiam.

Dextrogira, concentrada, ligada ou hiperligada, aberta, dinâmica, rigidez insuficiente, ligação em guirlandas, traços iniciais em curva.

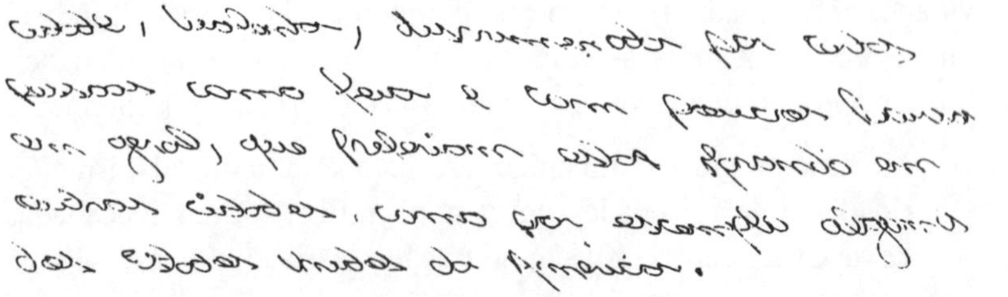

Figura 51 — Candidato a *trainnee*, 22 anos. Escrita regressiva, desproporcional, com direção descendente. Falta de energia e vontade para posicionar-se em relação ao mundo. Prefere ceder a enfrentar os obstáculos.

Falta de sociabilidade

Incapacidade ou retração no ato de criar contatos com outras pessoas. Reserva, circunspecção, isolamento, interiorização (introversão), pouca atividade social, desconfiança dos demais. Relacionamentos por obrigação profissional.

Escrita sinistrogira, fragmentada, desligada, bloqueios de movimentos, rigidez demasiada, espaçamentos excessivos, alta legibilidade, firme.

4. EQUILÍBRIO PESSOAL

Necessidade de aceitar e valorizar as normas internas, pessoais e sociais de acordo com padrões éticos e morais. Estabelece contatos com o meio sem traumas e aceita os ajustamentos que são necessários para se integrar. Humor otimista e extroversão. Resistência a adversidades sem comprometer os que estão ao seu redor. O indivíduo é emocionalmente bem adaptado a situações que são traumatizantes para outros.

5. SINAIS DE INTELIGÊNCIA

São poucos os grafólogos que deixam de observar o aspecto inteligência quando realizam uma análise. Na realidade, não podemos observar a "quantidade" de inteligência no grafismo, mas, sim, fortes indicativos desta estrutura.

Existem vários tipos de inteligência:

- Conceitual, abstrata e especulativa.
- Prática.
- Social.

A *inteligência social* envolve uma série de características: altruísmo, flexibilidade, segurança, tato, controle de si, capacidade de entender as motivações dos demais, sensibilidade para captar as mudanças afetivas etc. Toma duas formas principais: a de diplomata e a de líder.

Dimensões da inteligência segundo Thorndike:
- *Velocidade* — se rápida ou lenta
- *Profundidade* — capacidade para resolver problemas difíceis em relação à maioria das pessoas
- *Extensão* — capacidade para resolver uma gama maior de problemas possíveis.

O Processo Intelectual — Estágios.
Compreensão — Causa e efeito.
Raciocínio — Avaliação e julgamento — conclusão certa.
Imaginação — Combinar e criar.

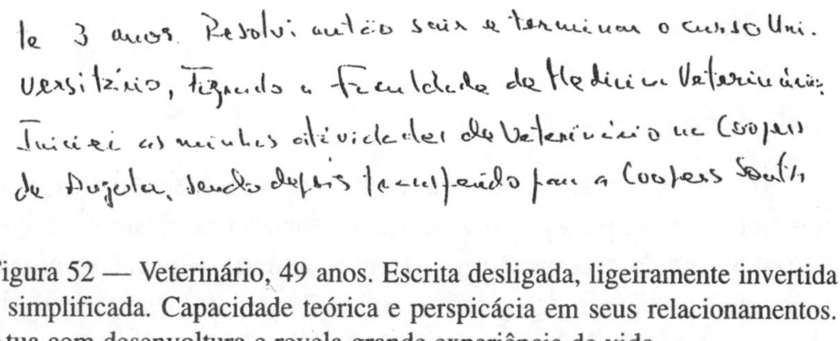

Figura 52 — Veterinário, 49 anos. Escrita desligada, ligeiramente invertida e simplificada. Capacidade teórica e perspicácia em seus relacionamentos. Atua com desenvoltura e revela grande experiência de vida.

Um dos principais sinais para avaliarmos a inteligência de quem escreve é a velocidade. A escrita lenta ou pausada não quer dizer sinônimo de falta de inteligência.

Detalhes que podem ser observados no grafismo e que, em seu conjunto, demonstram inteligência:

• *Formas abreviadas* — visando ganho de tempo e sem perder a legibilidade, o espaço passa a ser ocupado por formas que nos dão a escrita combinada, sinal evidente de cultura.

• *Letra inicial desligada do resto* — segundo Pulver, visão justa das coisas.

• *Simplificação* — simplificar significa ganhar tempo, economizar energia, que pode ser em prol de outras coisas. Pode ser sinal de tendências científicas.

• *Escrita ligada* — indica lógica, pensamento concatenado, capacidade de sintetizar. Ligações originais e na zona superior.

• *Escrita pequena* — capacidade de concentração e observação. As letras minúsculas bem cuidadas devem ser observadas como indicativo de inteligência.

• Parte superior das letras um pouco mais desenvolvida.
• Bom nível de forma, ritmo de distribuição e movimento.
• A capacidade de sintetizar Espaço-Forma-Movimento pode nos ajudar a concluir dados sobre a inteligência.

Devemos observar que a escolaridade não representa, necessariamente, a inteligência do indivíduo e, muitas vezes, a oportunidade de estudo que a pessoa teve na vida.

Não podemos nos esquecer de que este item deve ser analisado com o currículo do candidato, pois ele nos fornece importantes pistas a respeito.

Inteligência emocional

Atualmente, existem algumas teorias que falam em "inteligência emocional", base para pessoas de grande sucesso profissional; a grafologia já estudava essas teorias há muito tempo. O livro *Grafologia emocional* tem mais de quarenta anos, e seu autor, Curt Honroth, apresenta esboços das teorias hoje tão comentadas.

As pessoas com alta inteligência emocional são capazes de demonstrar maior senso de responsabilidade, dedicação, sentimentos e causas, determinação, simpatia e capacidade de automotivação, capacidade de lidar com tensões, empatia, responsabilidade pessoal e assertividade.

Ainda não identificamos uma síndrome gráfica da inteligência emocional com grande precisão, mas podemos dizer que a escrita é equilibrada, sem exageros, combinada, pequenas variações de tamanho, zona média bem estruturada, limpa, progressiva, clara e com muito bom nível de forma.

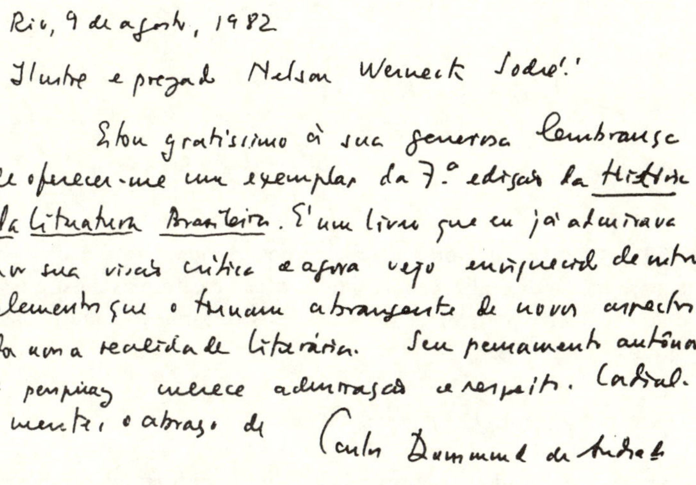
Rio, 9 de agosto, 1982

Ilustre e prezado Nelson Werneck Sodré:

Estou gratíssimo à sua generosa lembrança de oferecer-me um exemplar da 7.ª edição da História da Literatura Brasileira. É um livro que eu já admirava por sua visão crítica e agora vejo enriquecido de outros elementos que o tornam abrangente de novos aspectos da nossa realidade literária. Seu pensamento autônomo e perspicaz merece admiração e respeito. Cordialmente, o abraço de

Carlos Drummond de Andrade

Figura 53 — Carlos Drummond de Andrade, escritor e poeta. Observam-se quase todos os sinais de inteligência emocional na escrita, além de criatividade e inteligência.

Sinais que enfraquecem a inteligência

- Dissimulação — finais voltados para trás, voltados para baixo das letras seguintes, escrita regressiva, ganchos etc. Reserva, reticência, necessidade de esconder o próprio EU.
- Confusão — invasão de zonas, escrita confusa, palavras confusas, barras dos *tt* e outros movimentos para a esquerda e para a direita confundindo as palavras. Mostra desordem das idéias, sentimentos e ações.

- Subjetivismo — os finais das palavras terminam na horizontal e em direção ao início da palavra seguinte. A pessoa faz julgamentos a respeito das outras pessoas ou de assuntos de seu interesse ou de sua conveniência.

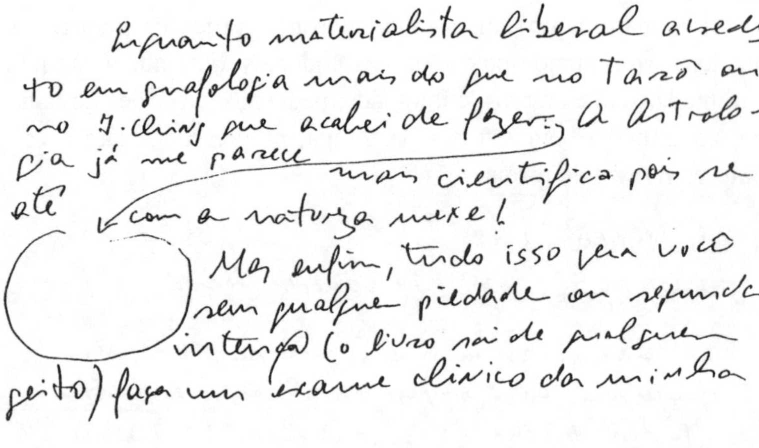
Enquanto materialista liberal acredito em grafologia mais do que no Tarô ou no I-Ching que acabei de fazer. A Astrologia já me parece mais científica pois se até com a natureza mexe! Mas enfim, tudo isso para você sem qualquer piedade ou segunda intenção (o livro sai de qualquer jeito) faça um exame clínico da minha

Figura 54 — Caio Graco, editor. Escrita agrupada, rápida. Agilidade mental, ecletismo, impulso de realização. A simplificação das formas mostra necessidade de entender o porquê das coisas. Traços filiformes — tato, amabilidade, atitudes sedutoras.

6. SINAIS DE ANORMALIDADE

Torções, sacudidas, sobressaltos, letras deformadas, margens irregulares, grafismos discordantes, letras *s* e *d* com formas estranhas, desorganização espacial, desarmonia, chaminés, escrita arponada etc.

Conclusão

Observados na escrita os dados acima, colocamos aqueles que estão em primeiro plano nos círculos cheios e em segundo, os nos pontilhados. A partir daí vamos chegar à conclusão a respeito do potencial de quem estamos avaliando.

Existem outros métodos, inclusive aqueles em que damos notas de 0 a 5 para cada um dos itens e depois de somados obtemos o resultado final.

Uma análise rigorosa de cada um dos parâmetros já é suficiente para uma boa conclusão final.

Podemos colocar os dados positivos em uma coluna, à direita, e os negativos à esquerda; cada grafólogo pode criar seu próprio sistema.

Algumas vezes, determinadas características assumem maior importância no conjunto; por exemplo, no cargo de publicitário, a criatividade tem a sua importância levada para o primeiro plano.

Avaliação final

O grafólogo deve ter em mente as dificuldades que assume em avaliar o potencial de um indivíduo por meio de sua escrita, não só as dificuldades como também os comprometimentos a que estará sujeito.

Não vamos, em hipótese alguma, prever o futuro. Temos de explicar que a potencialidade constitui tendência ou característica que pode ou não se concretizar devido a inúmeros fatores.

O fato de o candidato "dar certo" não é responsabilidade principal do grafólogo, e, sim, de quem irá trabalhar com ele. Podemos entregar um "diamante bruto", que jamais será lapidado.

O Recrutamento e Seleção de Pessoal, baseado na grafologia e em especial na avaliação de potencial, possui algumas características próprias:

- Os avaliados tendem a ter nível médio/superior.
- Normalmente já trabalharam em empresas de porte.
- Os *trainnees* passam por rigorosos processos de seleção.
- A idade varia entre 21 e 50 anos.
- O grafólogo irá fazer análise completa dos candidatos em reta final.
- O processo exige precisão e respostas rápidas do grafólogo.
- O laudo pode conter indicações a respeito das características marcantes.
- As deficiências devem ser relatadas.
- Certos candidatos revelam potencial apenas pela leitura de seus currículos.
- Alguns candidatos não possuem potencial, isto já está desenvolvido.

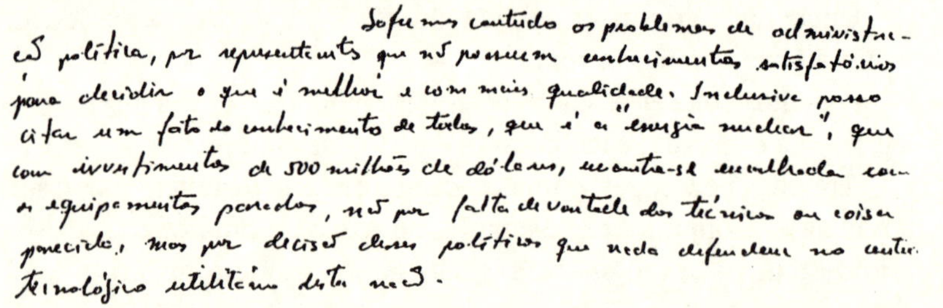

[handwritten text]

Figura 55 — Gerente de produção, 32 anos. Grafismo com linha descendente, pequena, traços regressivos com arpões. A observação mais atenta a esta escrita revela sinais de agressividade, tensão e exagerada defesa do EU. A comparação do texto e da assinatura (omitida) apresenta sinais de forte sentimento de inferioridade que pode comprometer o desempenho.

O potencial deve ser avaliado do *indivíduo para o cargo* e não o potencial do indivíduo em si. Podemos melhor exemplificar com uma frase comum no Exército:

• O melhor soldado do batalhão, se for promovido, será o pior cabo do exército.

É muito comum que, por seu bom desempenho em determinado cargo, desejemos promover o funcionário sem uma avaliação mais profunda; perderemos em duas frentes.

Uma experiência fácil de ocorrer em muitas empresas é a promoção do melhor vendedor para o cargo de chefia; em alguns casos, o "promovido" não se adapta à nova função e sente-se insatisfeito, suas comissões desaparecem e ele deseja voltar ao cargo anterior. Na realidade, tratava-se de um ótimo vendedor e de um péssimo chefe.

A descrição do cargo deve, a princípio, acompanhar o grafólogo na avaliação grafológica.

Alguns dados que devem ser avaliados em conjunto, porém indicam uma "boa pista" a respeito da potencialidade:

barras dos *tt*	pernas firmes	limpeza
golpe de látego	libido forte	profunda
ascendente	firme	clara
forma/movimento	rápida	bem estruturada
legível	ovais precisas	etc...

AVALIAÇÃO DE POTENCIAL

QUADRO COMPARATIVO

Nome	Candidato 1	Candidato 2	Candidato 3	Candidato 4
Assertividade				
Motivação				
Confiança				
Exigência				
Criatividade				
Vontade				
Inteligência				
Poten. ação				
Controle				
Impulsividade				
Sociabilidade				
Equilíbrio pessoal				
Anormalidades				
Dinamismo				
Cap. sup. pressão				
Inteligência				
Resultado				

Figura 56 — Quadro comparativo de candidatos.

Qualquer outro indicativo pode servir para a conclusão final. Temos de escolher o melhor para a empresa e para nós mesmos, de acordo com nossos preceitos éticos, conhecimentos profissionais e, principalmente, grafológicos.

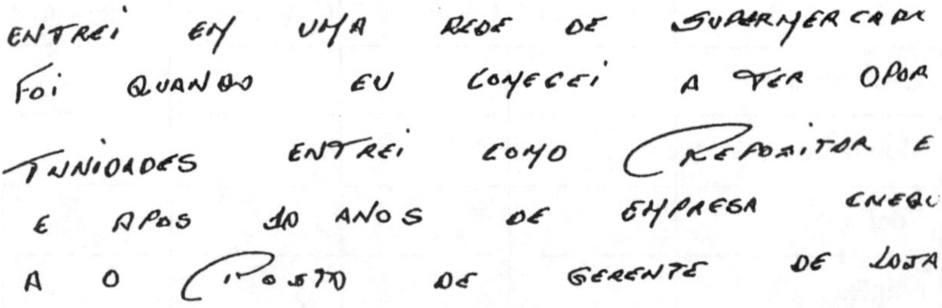

> ENTREI EM UMA REDE DE SUPERMERCADO FOI QUANDO EU COMECEI A VER OPOR TUNIDADES ENTREI COMO REPOSITOR E E APOS 10 ANOS DE EMPRESA CHEGU A O POSTO DE GERENTE DE LOJA

Figura 57 — Gerente de Vendas, 46 anos. Escrita tipográfica, espaçamentos variável entre as letras. As formas são vulgares e a falta de criatividade e de originalidade podem ser vistas nas letras *rr*.

Para encerrar

"Deus é gordo." (Revelação de Vadinho ao retornar.)

"A terra é azul." (Confirmou Gagarin após o primeiro vôo espacial.)

"Um lugar para cada coisa e cada coisa em seu lugar." (Dístico na parede da farmácia do doutor Teodoro Madureira.)

Ai! (Supirou dona Flor.)

9
PROBLEMA HUMANO NAS EMPRESAS
Como utilizar a grafologia dentro da empresa

A utilização da grafologia dentro de uma empresa não se limita apenas ao processo de seleção e recrutamento de pessoal. Pela sua grande eficiência, podemos utilizá-la em casos de avaliação para promoção e aperfeiçoamento de funcionários. Vamos estudar alguns dos principais problemas encontrados pelo grafólogo.

1. INSINCERIDADE

Do latim, *insinceritate*, falta de sinceridade.
Sinceridade — verdade discreta e firme.
Um dos dados mais importantes que os grafólogos pesquisam para realizar uma análise são os sinais de insinceridade. Graças à grafologia, uma das mais conceituadas joalherias do Brasil tem índices de demissão desprezíveis, pelo simples fato de, antes de admitir o funcionário, submetê-lo a um teste grafológico. Devemos, entretanto, ter muito cuidado com esta técnica, pois ela é passível de erros.

A mentira na infância pode funcionar como um mecanismo de defesa. A criança, não querendo apanhar, mente; na adolescência, visa guardar o íntimo e, às vezes, até mesmo contar vantagens, o que, até certo ponto, é normal e tende a desaparecer com o tempo. No adulto a mentira e a dissimulação se tornam problemáticas.

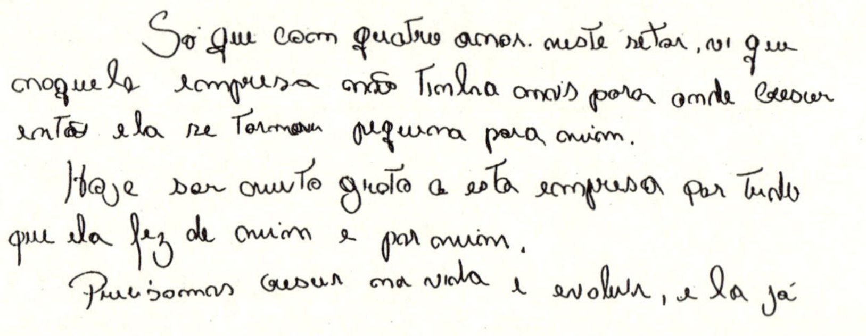

Figura 58 — Contador, 34 anos. Os sinais de insinceridade podem ser observados nas ovais abertas embaixo, nos laços estranhos e no traçado regressivo terminado em anzol.

O psicólogo e grafólogo suíço Max Pulver realizou brilhantes estudos a respeito deste assunto. No Brasil, Odette Serpa Loevy pesquisou durante anos o grafismo de delinqüentes na Casa de Detenção de São Paulo; esses estudos são parâmetros de confiabilidade em todo o mundo.

Diversas pessoas costumam disfarçar sua escrita e outras até mesmo falsificar, porém esse ramo da grafologia pertence à grafotecnia, uma técnica que tem reconhecimento oficial no Brasil.

Vejamos os principais elementos que podem ser encontrados em um grafismo e que podem indicar desonestidade, lembrando que o aparecimento de uma ou mais características não quer dizer que a pessoa seja desonesta. Essa afirmação só pode ser feita com certeza por um perito com larga experiência.

Deve-se observar a quantidade e a qualidade dos traços. Muitas vezes, o empregado é levado a mentir e a dissimular por motivos profissionais e isso deve ser levado em conta.

Grafismo — Escrita cheia de retoques, traços voltados para a esquerda, quando normalmente deveriam ser à direita, palavras umas coladas às outras, letras truncadas ou quebradas, ligações em forma de fios, exageros entres as letras, borrões, trocas de letras por outras, traços de encobrimento, números escritos de maneira ilegível, letras abertas na parte de baixo, pontuação errada ou inútil, inclinação à direita e à esquerda na mesma linha, pressão forte e fraca no texto, assinatura ilegível e diferente do texto, inacabada e envelope ilegível, dente de tubarão, unha de gato, arrítmica, grafismos discordantes. Neste perfil, destaca-se de vital importância a *abertura dos ovais* na parte inferior.

Os dados acima são analisados juntamente com a assinatura que, normalmente, é escrita de maneira diferente do texto quando existe insinceridade.

A assinatura ilegível não indica de modo algum insinceridade, a pessoa pode apenas ser tímida ou estar resguardando sua privacidade.

Em uma pesquisa realizada por este autor, constatou-se que 80% da escrita de policiais é ilegível; a maioria o faz por diversos motivos e nem sempre por mentira ou dissimulação.

2. ALCOOLISMO

Quando se começa a estudar grafologia, uma das primeiras surpresas com que o estudante se depara é que quem comanda a escrita não é a mão e sim o nosso cérebro. Qualquer fato, físico ou psicológico, que afete o cérebro é rapidamente acusado na escrita.

Certos distúrbios são revelados pela escrita mesmo antes de se manifestar fisicamente. Os efeitos das diversas drogas e suas relações com a escrita é um assunto pesquisado em inúmeras universidades na Europa e nos Estados Unidos.

O álcool, por ser a droga mais comum, é também a mais estudada; aliás, mesmo sem grande experiência, o iniciante em grafologia pode captar certos detalhes que levam a concluir que determinado tipo de escrita pertence a um alcoolista.

É fácil, até mesmo para o leigo, descobrir que depois de beber um pouco a letra se modifica e após um pileque nosso grafismo se torna praticamente ilegível.

A primeira noção que deve ser observada é a do duplo efeito do álcool; segundo estudos do Departamento de Psicologia da Escola Paulista de Medicina, as evidências atuais sugerem que o álcool é depressor em doses altas e, em baixas doses, pode ter efeito estimulante. É óbvio que os efeitos das doses variam de pessoa para pessoa.

Agindo como estimulante, num primeiro momento, a letra tende a se ampliar, os traços se tornam um pouco maiores e a pressão varia, podendo até diminuir; existe uma certa leveza na caneta.

Após diversas doses, o álcool deprime, a escrita passa a ser confusa, os traços não têm direção e o tamanho tende a ficar reduzido.

Os dados acima variam e são considerados para pessoas que não são alcoolistas; o problema agrava-se quando o álcool está agindo no organismo há muito tempo. Para um indivíduo é difícil precisar o momento em que se tornou alcoolista, porém grafólogos experientes podem analisar se alguém está ficando dependente.

Algumas empresas detectam o problema realizando análises grafológicas periódicas em seus executivos, sem que os mesmos tenham conhecimento de tal fato. Os efeitos do álcool são irreversíveis e difíceis de ser controlados, como por exemplo o "tremor das mãos".

Chamamos a atenção para certos tipos de intoxicação, que podem apresentar características similares às do alcoolismo. Por isso, é importante que se tenha extrema cautela ao tentar realizar qualquer tipo de diagnóstico.

O grafólogo deve raciocinar que o alcoolismo acarreta problemas neuromotores, estados de irritabilidade, agressividade, variações de humor, tendência à depressão, ansiedade, falhas de memória e atenção, ansiedade etc.

A seguir, descreveremos as principais características que podem ser observadas no grafismo de um alcoolista, lembrando que se uma pessoa possui um ou mais detalhes, isso não significa que ela esteja enfrentando este grave problema.

Ritmo — Desigualdades; em certos casos o ritmo é desordenado.

Forma — Arcadas e guirlandas, traços e ligações angulosas, traços apoiados que indicam dificuldades no fluir da escrita; algumas vezes quebrada.

Movimento — Inibido, falta de homogeneidade, frouxo, oscila da inibição à impulsividade; mal estruturado, rígido.

Traço — Anguloso em todos os níveis, as curvas não são normais e existe falta de controle nos movimentos de flexão realizados no eixo horizontal.

Outros detalhes:

- Escrita tremida, letras ovais e fechadas de maneira brusca e violenta.

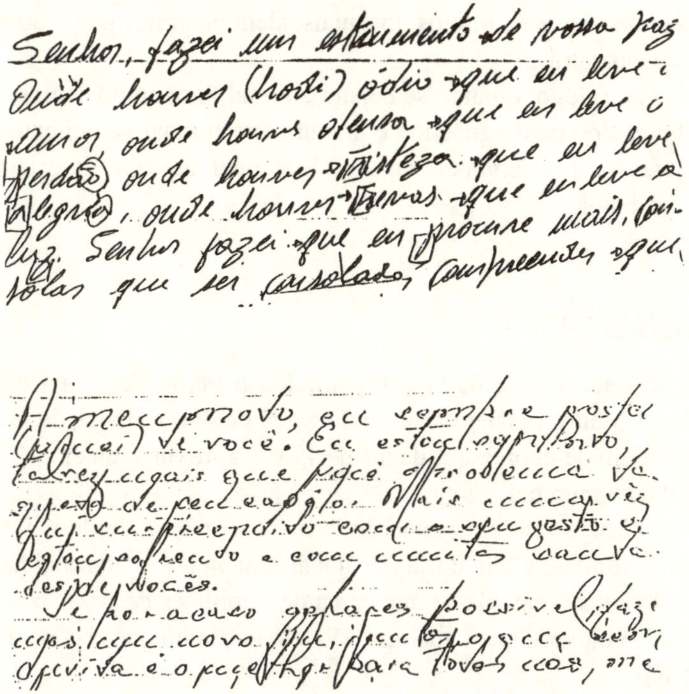

Figura 59a, b — Homens, faixa de 30 anos. Os sinais de alcoolismo são evidentes. As torções mostram sofrimento, as letras *mm* indicam o relacionamento entre EU — FAMÍLIA — SOCIEDADE; no primeiro caso, os ângulos indicam tensão e, no segundo, desestruturação. As empresas modernas procuram, antes de tudo, o tratamento de seus funcionários.

- Palavras interrompidas e dimensões anormais.
- Finais de letras descendentes e truncados.
- Letras com rebarbas e empastadas.
- Letras ovais disformes, achatadas e quebradas.
- Direções variáveis e margens desproporcionais e inconstantes.
- Pressão variável e direção ondulada das linhas.
- Falta ou barras dos *tt* mal executadas.
- Falta de ordem.

A pesquisa grafológica neste campo continua restrita em termos de Brasil, o que não impede que tenhamos grandes especialistas nesta área em nosso país, muitos dos quais, além de grafólogos, são médicos e psiquiatras.

O grafólogo, quando se depara com tal fato, como sempre evita qualquer tipo de diagnóstico e procura encaminhar seu cliente a um especialista. Não compete ao grafólogo qualquer tipo de orientação ou conselho.

3. DEPRESSÃO

Segundo o psiquiatra europeu Alonso Fernandez, da Universidade de Madri, existem no mundo cerca de 400 milhões de pessoas que sofrem de depressão (dados de 1989), aproximadamente 10% da população mundial.

A doença vem crescendo de forma assustadora desde a Segunda Guerra Mundial e a maioria dos doentes habita as grandes cidades.

No Brasil, calcula-se que cerca de 6 milhões de pessoas sofrem do mal, e o pior é que a maioria não tem noção do que está ocorrendo consigo.

As estatísticas da Organização Mundial de Saúde assinalam que a doença afeta duas vezes mais as mulheres que os homens.

O professor Fernandez observa que a mulher é mais sujeita à depressão que o homem. Podemos dizer que o quadro se agrava mais no Brasil pela condição da mulher, que recebe baixos salários, tem empregos insalubres, cuida da casa e, até certo ponto, vive numa sociedade machista. A mulher tem ciclos biológicos definidos que, quando rompidos, podem causar depressão.

Recentes estudos em universidades do Rio de Janeiro demonstram que existem mais de 240 tipos diferentes de depressão.

A noção de depressão não está delimitada de modo preciso; é habitualmente associada a um mal-estar que leva ao sofrimento.

Para os especialistas, existe uma grande dificuldade em realizar o diagnóstico; a depressão distingue-se pela gravidade e pela persistência de todos os sintomas e anormalidades neurovegetativas, como insônia, modificações do apetite e diminuição da energia.

Temos de levar em conta uma pequena depressão, a grande melancolia.

Outro dado que o grafólogo observa são os sintomas da doença; tristeza, morosidade, indiferença, falta de desejos, ansiedade difusa, tédio profundo, falta de atenção, cansaço, autocrítica, desânimo, falta de confiança, dores de cabeça, distúrbios digestivos etc. Muitas vezes o depressivo perde a fé em si mesmo. Estes sintomas podem aparecer isolados por outros motivos e, de *per si*, não indicam estado depressivo.

É importante que o grafólogo que trabalha com pacientes ou em empresas detecte este problema na escrita.

Podemos constatar no grafismo diversos sinais de depressão, mas é pouco provável que identifiquemos a causa da doença.

Convém lembrar que inúmeras doenças podem causar depressão, até mesmo falta de exposição ao sol (sazonal), após o parto ou na depressão alcoólica aguda.

Como todos esses detalhes aparecem em conjunto na escrita, o profissional deve ter extremo cuidado para não realizar qualquer tipo de diagnóstico, exceto se tiver habilitação para tal.

Existe ainda um tipo de depressão que atinge aproximadamente 3% da população: a Distimia (do grego, alteração de humor). De acordo com o psiquiatra Márcio Versiani, da UFRJ, a distimia é crônica e se caracteriza pela ausência quase total de períodos de normalidade; como os sintomas são menos severos, a situação pode passar desapercebida e a pessoa fica amargurada por toda a vida, nada lhe agrada.

A distimia é classificada como doença desde 1993 pela Associação Mundial de Psiquiatria. Segundo os psiquiatras, existem componentes genéticos na depressão, mas eles são desencadeados se houver fatores psicossociais, desequilíbrios de personalidade e doenças que baixem o nível de energia.

Indícios gráficos que mostram que a pessoa possui sintomas de depressão:

Ritmo — O ritmo perde a elasticidade, o movimento é estagnado, a escrita parece não ir para a frente. Quando comparada a outros grafismos da mesma pessoa observa-se claramente a perda de dinamismo.

Forma — Inconsistente e filiforme, desigualdades de tamanho, pois o sentimento de auto-afirmação é variável. As ovais afetivas, isto

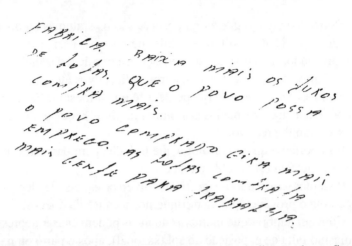

Figura 60 — Vendedor, 39 anos, desempregado. A direção do grafismo é muito descendente, os finais são caídos, as margens estão desestruturadas. Embora ele tenha energia, sua situação o leva à depressão. Como candidato, provavelmente seria eliminado.

é, "a" e "o", são angulosas na linha de censura, ou seja, uma espécie de autopunição.

Outros detalhes: grafismo menor que o normal, letras ou palavras se comprimem, ausência de pingos nos *ii* e acentuação em geral, barras nos *tt* são fracas ou até mesmo ausentes; a última letra é sempre caída.

Movimento — Pode ser flutuante, retocado, inibido, truncado, bloqueado; a velocidade é variável.

Traço — A pressão revela as variações de humor. Falta de pressão, escrita lenta, monótona, borrada, sem relevo. Bordas mal executadas. Espasmódica.

Espaço — A distribuição das letras, linhas e palavras são arrítmicas. As "chaminés" ou os grandes espaços em branco dentro do texto mostram sinais de ansiedade; poderíamos dizer de "respiração" insuficiente.

O depressivo não sabe como se comunicar com o mundo ou possui dificuldades para tal; portanto o texto e a assinatura podem estar em desacordo

A direção das linhas mostra tristeza e melancolia; na maioria das vezes é descendente.

Como a libido diminui, a parte inferior tende a sofrer pequenas alterações. A agitação psicomotora leva a escrita a ser movida.

Como vimos, a depressão é um aspecto que deve ser observado quando se realiza uma análise; o diagnóstico, é sempre bom repetir, deve ser deixado para o especialista.

Temos constatado que certas pessoas desempregadas apresentam pequena "depressão social". Ao serem contratadas isso quase que imediatamente desaparece do grafismo.

4. DISTÚRBIOS PSIQUIÁTRICOS

"No campo da observação, o acaso favorece apenas as mentes preparadas."

Louis Pasteur

Uma das principais utilizações da grafologia na área médica é a descoberta de distúrbios mentais. Atualmente, a Europa e os Estados Unidos estão extremamente avançados neste campo.

Afrânio Costa Pinto foi o pioneiro no Brasil nesse tipo de estudo com sua tese de mestrado "A Grafologia em Medicina Legal", defendida no início do século na Faculdade de Farmácia da Bahia. Esta obra possui um exemplar na Biblioteca Nacional no Rio de Janeiro.

No National Institute of Health pesquisas realizadas por Thea Stein Lewinson chegaram a descobrir problemas de esquizofrenia latente nos cadernos escolares de gêmeas univitelinas, com dez anos de antecedência.

O dr. Alfred Kanfer, da Strong Clinic, em Nova York, diagnosticou, em suas pesquisas, câncer com três anos de antecedência. O dr. Kanfer utilizava um microscópio 1/1000 para realizar seus diagnósticos.

O dr. R. Schwab, do Hospital-Geral de Massachusetts, em Boston, e o dr. McLennan, do Hospital da Universidade de Minnesota, destacam-se pelo estudo do Mal de Parkinson.

Quando o grafólogo se depara com tal problema, jamais emite qualquer tipo de parecer, a não ser que tenha competência para tal. Em minha modesta opinião, deveríamos acompanhar o Código de Ética europeu que, em seu Artigo 6, nos relata que o grafólogo deve abster-se de realizar diagnósticos reservados à área médica.

Em linha gerais, o grafólogo trabalha com a descoberta dos traços de personalidade e não com diagnósticos.

Doença, do latim *doleo*, que dói. Doença seria um desvio de saúde, isto é, desvio do normal, no sentido genérico (J. Caruso). Doença seria o desvio da média. Com base nessa premissa, podemos colocar os mesmos aspectos desses desvios no grafismo, lembrando que há uma série de aspectos a serem considerados.

Segundo o professor Vels, as principais características de normalidade e anormalidade no grafismo são:

Sinais de normalidade:

- Traços nítidos e sem empastamentos.
- Escrita firme.
- Linhas retilíneas ou moderadamente ascendentes.
- Boa continuidade (sem torções anormais).

Sinais de anormalidade na saúde:

- Escrita com torções, sacudidas, congestionada e empastada (pressão).
- Escrita sinistrogira, especialmente na zona inferior (continuidade).
- Desproporções exageradas entre as partes de uma letra ou letras (ordem e dimensão).
- Complicações, extravagâncias ou ornamentações estranhas (forma).
- Anormalidades na distribuição do texto, espaços e margens (perda de orientação no espaço).

O presente capítulo visa apenas dar noções das principais doenças e seus aspectos gráficos, e é absolutamente indispensável que o aluno compreenda que, se encontrar uma ou mais características em um grafismo, em hipótese alguma significa que a pessoa tenha tal doença.

Sinais que indicam *desequilíbrios psíquicos* no grafismo:

- Movimentos exagerados. Desproporções e complicações extravagantes. Maiúsculas muito altas.

- Barras dos *tt* rápidas e largas.
- Ornamentação estranha e complicada.
- Estereotipia gráfica (repetição sistemática de letras, palavras e linhas).
- Tremores de sacudidas violentas ou brisados.
- Escritas discordantes.
- Desigualdades de Espaço-Forma-Movimento.

O *s* e o *r* minúsculos, quando maiores que outras letras; maiúsculas nos lugares de minúsculas nos finais das letras; pontuação exagerada, pontos de exclamação em excesso e pernas do *d* com formas estranhas revelam, por si só, transtornos psíquicos.

Em todo caso, o grafólogo deve ter consciência de que a grafopatologia é um ramo afeito ao médico e é com extremo cuidado que deve ser encarada. Aconselhamos o encaminhamento a um especialista antes de qualquer tipo de consideração.

Vejamos alguns tipos de distúrbios:

Paranóia — Psicose chamada de loucura lúcida, porque o indivíduo leva uma vida normal, exceto em seu ponto fraco. É o caso da pessoa que se julga Napoleão, César etc. A escrita apresenta-se com adornos excessivos, letras confusas e sobressaltadas. Certas linhas são rígidas e estereotipadas. Baixo nível de forma. Finais alargados. Predomínio do eixo vertical sobre o horizontal.

Psicose — A origem pode ser orgânica ou psíquica. Escrita desorganizada, discordante, desigual e confusa.

Esquizofrenia — Trata-se de uma psicose em que o paciente vive isolamento afetivo (como o autista), tem sentimentos antagônicos e simultâneos, distúrbios de pensamento, delírios e alucinações. Escrita com letras maiúsculas exageradas, espaços muito grandes entre as linhas e as palavras, assinatura desproporcional. Escrita pouco contínua, desagregada, ilógica, com maneirismos incomuns.

Mania — O paciente apresenta pensamento acelerado e tem mania de grandeza. Comportamento audaz, intrometido e extravagante. O grafismo é ascendente e extenso, com linhas desproporcionais. A escrita sofre grandes variações e é desordenada. Existe confusão

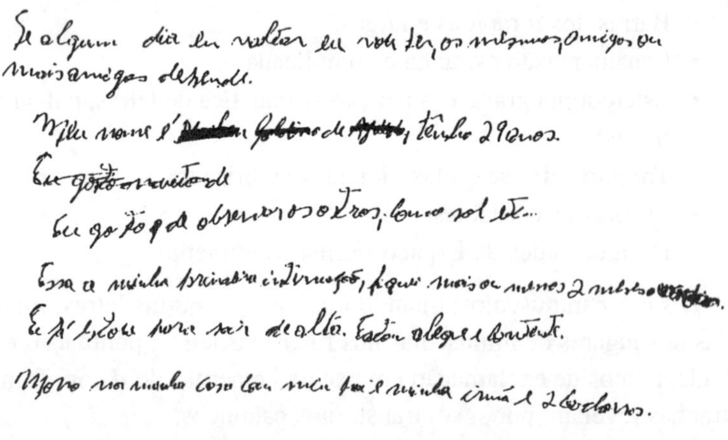

Figura 61 — Homem, 29 anos. Diagnóstico médico: esquizofrenia. Psicose não-orgânica. O grafólogo não faz qualquer tipo de diagnóstico, exceto se tiver habilitação. Nos processos seletivos o candidato é eliminado. Caso ocorra dentro da empresa, o funcionário deve ser encaminhado para um especialista.

entre as formas das letras e a assinatura quase sempre possui aspecto negativo. Escrita suja, pastosa e às vezes notam-se adornos extravagantes ou caligrafia perfeita.

Melancolia — É marcada por uma atitude de prostração. O sujeito imóvel e desmoralizado tem freqüentemente complexo de culpa. Existe uma propensão ao suicídio. Escrita descendente, sem pressão, congestionada, frouxa, vacilante e com ligações arredondadas. Às vezes é ilegível, desagregada e com pressão variável. Pode-se notar a hiperatividade ou hipoatividade gráfica nos melancólicos passivos ou ativos; uns adotam formas exageradas, outros chegam à micrografia.

Ilusão — É um distúrbio no qual a pessoa vê e ouve a realidade de maneira alterada. A escrita possui aumentos na zona média sem motivo aparente, muitos traços regressivos. A proporção entre as palavras é anormal.

Hipocondria — Preocupação excessiva com a saúde. O indivíduo tem sempre a impressão que alguma coisa funciona mal em seu corpo. Grafismo executado de forma lenta, duplicação das letras ou palavras; escritas descendentes e tentativa de se organizar as formas das palavras. Retoques e borrões.

Neurose — É um distúrbio mais ameno que a psicose. De certa forma, limita o indivíduo a uma convivência social normal. Escrita desorganizada, traços regressivos. Formas bizarras e desorganizadas; o traçado tenta ocupar os espaços sem qualquer direção. Relação E-F-M alterada.

Psicose maníaco-depressiva — Existe um distúrbio de afetividade, a pessoa altera fases de mania com fases de depressão. Pode haver também uma seqüência só de fases de mania ou de depressão. Escritas com traços grandes e pequenos alternados. Palavras e letras confusas. Margens irregulares, linhas inferiores trançadas.

Um detalhe de extrema importância: qualquer tipo de doença, seja ela física ou psicológica, vai afetar um dos componentes de E-F-M. O ritmo apresentará mudanças em vários graus.

Para o grafólogo o mais importante não é determinar com exatidão um distúrbio e sim, que o mesmo existe; a partir disto, deve encaminhar o paciente a um especialista, exceto se tiver habilitação para realizar diagnóstico.

Existem diversas doenças que podem ser observadas através da análise grafológica, porém compete apenas ao médico realizar qualquer tipo de diagnóstico.

Um exemplo disto: trata-se de um aprendiz de grafólogo que analisou, através de um bilhete escrito em um ônibus em movimento, a letra de seu pai, concluindo que o mesmo era louco.

5. AGRESSIVIDADE

Agredir — do latim *aggredere* — atacar, assaltar, acomedir, provocar, injuriar, insultar, bater, surrar etc.

A agressividade é também atividade, iniciativa, combatividade, espírito de empreendimento. O impulso agressivo deve levar em conta fatores ambientais e culturais. A impotência diante dos demais se transforma em malícia, críticas irracionais e irritabilidade.

A vingança e a traição são, quase sempre, sentimentos agressivos de pessoas covardes e fracas, cujo caráter não vê outra maneira de agir.

Porém, devemos observar que grandes feitos esportivos, atos heróicos, espírito empreendedor, iniciativa, garra, vontade etc. são todos frutos de uma agressividade considerada normal e aceita socialmente. A própria sociedade detém o controle formal da violência, como a do policial que mata no estrito cumprimento da lei.

Diversas escolas estudam o problema da agressividade e nem sempre estão em pleno acordo.

Em termos psicanalíticos, a agressividade é um instinto destrutivo, mesclado com o erotismo que, quando dirigido para fora, conduz ao sadismo e, para dentro, ao masoquismo.

A agressividade do ponto de vista grafológico

Quando se estuda grafologia sob os aspectos ESPAÇO-FORMA-MOVIMENTO (E-F-M), pode-se observar que a agressividade reside essencialmente no MOVIMENTO. Ao escrevermos, o gesto gráfico caminha da esquerda para a direita, ou seja, sai do centro de nosso corpo para fora. A pesquisa e o simbolismo desses fatos podem ser muito bem observados na Rosa-dos-Ventos.

Os gestos para fora de nosso corpo são indicativos de vontade de contato com o mundo, com terceiros, e isso pode ocorrer de forma suave, passiva, combativa ou agressiva. Podemos ir mais além: isso nos causa sofrimento, alegria ou medo?

O gesto regressivo é primeiramente um retorno ao EU e depois ao passado, e a forma como acontece pode ser questionada da mesma maneira anterior.

O grafólogo deverá determinar a intensidade, de que modo ocorre e como é canalizada essa agressividade, sendo de capital importância o movimento, sem contudo deixar de lado a relação E-F-M, o ritmo e o nível de forma.

Nas próximas páginas serão listadas diversas características grafológicas que indicam agressividade, porém aconselhamos a não radicalizar. O aparecimento de um ou mais sinais às vezes nada significam e perdem-se no conjunto do texto. A agressividade pode vir acompanhada de outros distúrbios. Em se tratando de patologia, deve-se abster de qualquer tipo de diagnóstico, exceto se for médico ou psicólogo.

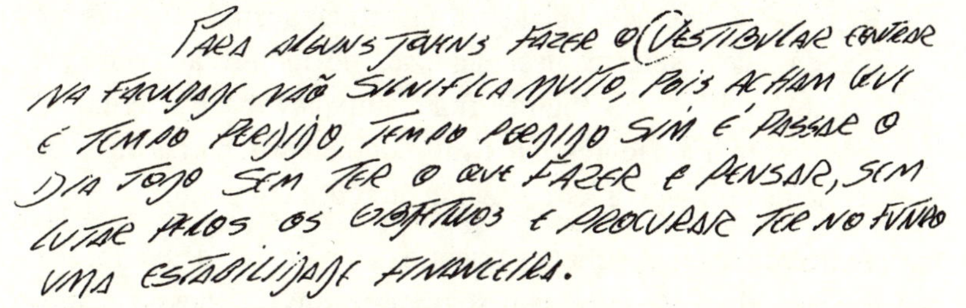

Para alguns jovens fazer o vestibular entrar na faculdade não significa muito, pois acham que é tempo perdido, tempo perdido sim é passar o dia todo sem ter o que fazer e pensar, sem lutar pelos os objetivos e procurar ter no futuro uma estabilidade financeira.

Figura 62 — Homem, 20 anos. Escrita inclinada, com arpões na zona inferior. Na entrevista o candidato tentou mostrar-se calmo e paciente. O exame grafológico revelou fortes sinais de agressividade. Posteriormente, descobriu-se que fora acusado de atacar uma jovem. A grafologia fornece elementos importantes, porém eles devem ser confirmados por outros testes.

Agressividade voltada para fora: sadismo — crueldade — agressão

Chave: Movimento para fora, à direita, projetado para o futuro.

Lançada, progressiva, movida, finais descendentes, pastosa, ascendente, traços iniciais e finais violentos, golpes de sabre e látego. Margem esquerda abrindo-se de cima para baixo, margem direita estreitando-se de cima para baixo. Assinatura à direita do texto. Sobressaltada, angulosa, desigual, acerada ou massiva, acerada com forte pressão, apertada, desordenada, certo predomínio da zona inferior (nem sempre), traços na diagonal.

Podemos dizer que a margem esquerda, abrindo-se de cima para baixo, e a margem direita, estreitando-se de cima para baixo, seriam indicativos de agressividade social controlada e aceita (ardor, otimismo, extroversão etc.).

A assinatura poderia representar a agressão do íntimo, do pessoal, do enfrentamento do EU ao mundo. Neste ponto, convém lembrar que a agressividade nem sempre é fator negativo.

Agressividade voltada para dentro: masoquismo, autopunição

Chave: Movimento para dentro, voltado à esquerda, para o passado.

Regressiva, apertada, angulosa, invertida, acerada (pontas à esquerda), descendente, desigualdades de inclinação, centrípeta, pernas torcidas sinistrogiras, finais impulsivos à esquerda, assinatura com traço regressivo, ovais pontiagudos, barras dos *tt* descendentes furando a letra seguinte, torções em geral.

Temos de levar em conta a quantidade, a qualidade e a localização de cada sinal. Alguns, sem sombra de dúvida, possuem maior importância do que outros. Em caso de dúvidas o grafólogo deve abster-se de qualquer tipo de conclusão.

Extrema agressividade: suicídio

Chave: Movimento voltado para a esquerda.

Assinatura na margem esquerda, assinatura descendente, finais caídos, desigualdades de inclinação, borrões e emendas, maiúsculas sobressaltadas na assinatura, letra *m* minúscula exageradamente alargada, torções, ovais com pontas para o interior, escrita acerada, assinatura com traço regressivo cortando a zona média, rubrica encobrindo o nome, desequilíbrio entre E-F-M, grafismos discordantes.

Devemos observar, sempre, o conjunto dos traços. Não compete ao grafólogo conclusões apressadas a respeito de determinado grafismo. Embora a grafologia seja um instrumento confiável, convém recorrer a outros métodos quando se deseja confirmar a tendência ao suicídio.

A depressão acentuada muitas vezes é apenas isso, depressão acentuada; porém, a escrita pode apresentar alguns sinais comuns à escrita de suicidas.

A simbologia que determinada pessoa coloca em seu grafismo pode ser objeto de avaliação; facas, armas, objetos cortantes e chicotes estão entre a infinita gama de sinais que estão em grafismos de suicidas, sádicos e masoquistas.

Recentemente, vimos um livro que relata que a base da letra *t* com uma pequena torção assinala suicídio. Trata-se de um grande erro analisar sinais isolados para determinar características psicológicas; isso também deve ser considerado um crime, pois um adolescente, por exemplo, vai avaliar-se por meio de sinais, comparando sua escrita. Isto é muito comum; e a mesa de apoio escolar apresenta pequenas ranhuras, resultando disto uma torção na base da letra *t*. Quem escreve coisas assim está cometendo "suicídio grafológico".

6. ESTRESSE

Nas grandes empresas e em tempo de globalização, existe maior concorrência e competitividade. As mudanças ocorrem com uma rapidez jamais vista na história da humanidade e tendem a ser cada vez mais agressivas, afetam o ser humano causando aquilo que é chamado de o mal do século, o estresse.

Classificado como doença pela Organização Mundial de Saúde, trata-se de uma resposta à incapacidade de o indivíduo adaptar-se às mudanças cada vez mais rápidas do ambiente em que vive.

O estresse é, na verdade, uma defesa de nosso corpo. Afeta o ambiente de trabalho e familiar, causando enormes prejuízos econômicos às empresas brasileiras.

O organismo responde ao meio pelos sistemas nervoso e endrócrino, que desempenham o papel de reguladores, promovendo uma série de alterações no corpo, permitindo aos indivíduos estarem preparados para uma reação de luta ou fuga perante o agente causador do estresse.

O estresse possui, dentre outras características, o efeito cumulativo.

Emocionalmente o indivíduo apresenta alterações de humor, isolamento, irritabilidade, depressão, ansiedade, tendência ao isolamento. A perda da auto-estima, o medo e o sentimento de rejeição podem aparecer.

As principais manifestações físicas são: azia, taquicardia, dores musculares, insônia, fadiga, úlceras, gastrites, lesões na pele, diminuição do desejo sexual, arteriosclerose, palpitações, infarto do miocárdio etc.

Segundo o dr. Gilberto Ururahy, um dos maiores especialistas em estresse do Brasil, o estresse é uma doença específica para cada indivíduo. O que estressa uma pessoa não estressa outra; portanto, a abordagem deve ser sempre individual. O renomado autor diz que o nível de estresse no mundo moderno aumentará muito.

Para o grafólogo não é tão fácil encontrar uma síndrome gráfica para determinar o estresse, mas alguns estudos apontam para uma escrita com falta de elasticidade, chaminés, pressão deslocada, pequenas torções etc.

7. CONFLITOS VISTOS NA ESCRITA

"Se o tolo se tornasse consciente de sua tolice, ele seria sábio, pelo menos até certo ponto."

Sócrates

Nunca é demais voltarmos a lembrar que o grafólogo não realiza diagnósticos.

O ser humano vive em conflito. Entender sua dinâmica é obrigação do grafólogo, ele pode significar perda de produtividade para a empresa.

Conflito. [Do lat. *conflictu.*] S. m. **1.** Embate dos que lutam. **2.** Discussão acompanhada de injúrias e ameaças; desavença. **3.** Guerra. **4.** Luta, combate. **5.** Colisão, choque: *As opiniões dos dois entram sempre em conflito.* (*Novo Dicionário Aurélio da Língua Portuguesa*)

Dilema — Dizemos que uma pessoa possui um dilema quando tem de escolher entre duas alternativas más ou desagradáveis. Pitorescamente, a situação é descrita como alguém que se encontra "colhido nos chifres de um dilema".

Na psicologia junguiana, a saída para um dilema só pode ser encontrada quando se espera e se mantém os dois lados de um conflito, quando se faz o máximo de esforço para conservar ambos os lados na maior consciência possível, sem reprimi-los ou cair num estado de identificação (Whitmont).

Devemos, então, superar os conflitos de forma consciente, sem tomar uma decisão prematura ou violenta. Embora não seja motivo de nossos estudos, simbolicamente significa a crucificação.

Conflito

Em psicanálise fala-se de conflito quando, no sujeito, opõem-se exigências internas. O conflito pode ser manifesto (entre o desejo e uma exigência moral, por exemplo, ou entre dois sentimentos contraditórios) ou latente (exprime-se de maneira deformada no conflito manifesto e traduz-se particularmente pela formação de sintomas, desordens do comportamento, perturbações do caráter etc.). A psicanálise considera o conflito como constitutivo do ser humano, e isto em diversas perspectivas: conflito entre desejo e defesa; entre os diferentes sistemas ou instâncias; entre as pulsões e, por fim, o conflito edipiano, em que não apenas se defrontam desejos contrários, mas que enfrentam a interdição (*Dicionário de Psicanálise*).

Os conflitos podem surgir por várias razões:

- Uma escolha entre duas alternativas péssimas.
- Por estímulos contrários.

A base do conflito reside na impossibilidade de se tomar uma decisão satisfatória. Este quadro piora quando as forças opostas possuem a mesma potência e o indivíduo não pode evitá-las. Por exemplo: casar ou comprar uma bicicleta; ofertas de trabalhos; ir ao futebol ou passear com a namorada etc.

Na realidade, em todos estes casos temos tensões, dúvidas, vacilações, indecisões etc. Existem conflitos de toda ordem: sexuais, amorosos, profissionais, de autoridade, de rivalidade entre irmãos, de consciência, conflitos entre o sentimento e o dever.

O cinema, a televisão e os livros exploram o tema com grande maestria, atraindo a atenção de milhares de pessoas.

O fracasso de alguns indivíduos na solução normal de seus conflitos "os impulsa a utilizar mecanismos de defesa que ajudam a viver mais ou menos felizes com os seus conflitos" (Bastin, citado por Vels).

Quando uma pessoa entra em conflito, diversas influências são sentidas em sua vida pessoal e profissional, o que pode consumir toda a sua energia, levando-a a ser dispersiva, instável, incapaz de separar o essencial do acessório.

A libido sofre constantes variações. O indivíduo passa a ter grandes contradições, o ser normal concilia tendências opostas com mais ou menos facilidade; o enfermo, ao contrário, deseja evadir-se e desgarrar-se delas (Teillard).

A tendência do conflito não resolvido é iniciar uma escalada que aumenta dia a dia, minando pouco a pouco as defesas da pessoa, levando-a a estados que podem afetar seu bem-estar físico.

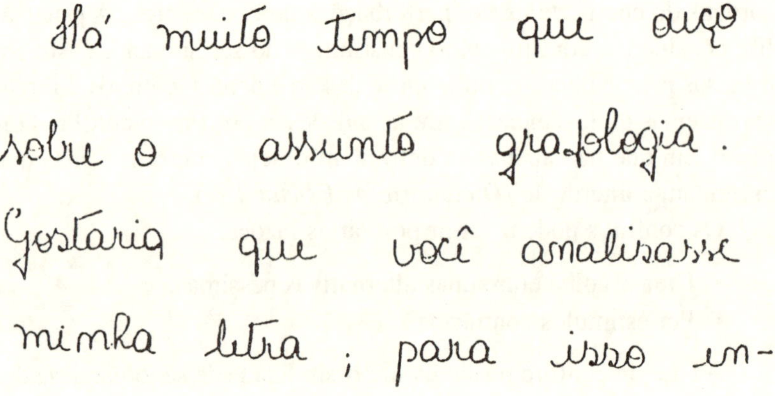

Há muito tempo que ouço sobre o assunto grafologia. Gostaria que você analisasse minha letra; para isso en-

Figura 63 — Estudante, 23 anos. Escrita caligráfica, vertical e monótona. A ansiedade é acusada pela existência de chaminés. As tensões e os conflitos podem ser vistos na letra *g* em forma de triângulos, que indicam repressão na esfera da sexualidade. O duplo traço na parte inferior das vogais (linha de censura) revela um superego bastante exigente. É a única mulher entre dez irmãos.

Sua energia é devastada, consumida pelo conflito que parece não ter fim. Karem Horney diz que os conflitos não resolvidos envolvem primeiramente um devastador gasto de energia humana, ocasionados não pelos conflitos em si, mas pela tentativa de removê-los.

Quando o conflito ocorre no nível consciente, o indivíduo pode trabalhar com ele e até mesmo entender suas causas. Quase sempre irá existir ansiedade, porém ela tende a diminuir quanto mais as causas são compreendidas.

É lógico que o processo não ocorre da mesma maneira nas pessoas. Algumas podem até compreender o conflito, mas não têm forças para enfrentá-los.

Certos conflitos são reprimidos e continuam sem solução durante grande parte da vida da pessoa. Ela própria se adapta de maneira artificial ao meio em que vive, no trabalho e com os amigos. A pessoa pode sentir-se insegura ou impotente, e bastante ansiosa. Quando ocorrem durante longo tempo, existe a somatização. A ansiedade crônica pode ser a causa de doenças. O organismo perde as defesas naturais, a alimentação também não é realizada de maneira correta, o estado psíquico fica alterado; com estes e outros acontecimentos, o corpo vai refletir o estado de espírito do escritor, com doenças que vão desde erupções na pele até tuberculose, em casos mais graves.

Temos de observar com extrema cautela, pois os conflitos podem ser parte do contexto, dentro de um quadro que engloba duas ou mais doenças e outros fatos que nem sempre poderemos identificar.

Pode ser extremamente difícil descobrir a origem dos conflitos. Anos de análise, muitas vezes, não resolvem este fato.

OBSERVAÇÃO INTERZONAL

Podemos observar os conflitos por zonas (superior-média-inferior) e as relações entre si.

A zona média (ego, eu, social) é onde ocorrem os conflitos; os acontecimentos nas zonas superior e inferior vão refletir na zona média.

Não esqueça de observar a direção dos traços iniciais e finais, progressivos e regressivos, onde nascem e terminam. Inclua nesta observação a espessura do traço e suas variações. Utilize a Rosa-dos-Ventos.

Os estudos da dinâmica interzonal da escrita de Senna mostram os conflitos.

Segundo Vels, os principais indicativos gráficos de conflitos na escrita são:

> Escrita desigual, letras suspensas, pernas amputadas ou laço interrompido, letras *d* e *g* fragmentadas, maiúsculas separadas, assinatura colocada à esquerda e abaixo do texto, assinatura bem menor ou maior que o texto, mudanças importantes na forma, retoques, troca, letras ou palavras soltas etc.

Outros autores citam:

1. *Direção das linhas*

Linhas sinuosas mostram variações de humor e instabilidade, falta de vontade, firmeza e excitabilidade. Essas flutuações afetam o desempenho do indivíduo, prejudicando seu ritmo.

2. *Linhas convexas e côncavas*

O impulso inicial da pessoa se desfaz logo após iniciar-se. Aparentemente, podemos crer em grande energia, iniciativa e vontade, mas o que existe é apenas um impulso inicial que não devemos tomá-lo como um todo.

Nas linhas côncavas, o escritor inicia seus projetos com temores e insegurança, acha que não pode terminá-los. Suas dúvidas o tornam inibido, tímido e sem vontade. Trata-se de um pessimista que vai cumprir suas obrigações, muito embora ache que não vai conseguir levar a bom termo seus empreendimentos.

Quando vai realizando o trabalho, parece que toma gosto pelo mesmo e passa a ter uma espécie de otimismo passageiro que o leva a terminá-lo.

Cada novo início é um trauma. Simbolicamente, podemos dizer que tem medo de levantar da cama (não vale a pena); a hora do almoço é o ponto quase que culminante de sua, digamos assim, "depressão"; quanto mais se aproxima a noite e o fim da jornada de trabalho, parece que se sente muito bem em vencer o dia, porém existe um amanhã a ser enfrentado e...

3. *Imbricadas descendentes e ascendentes*

Ambos os casos mostram uma luta interna muito grande. No primeiro, é a luta com o desânimo, a falta de vontade, a perda de tônus; o segundo é o controle da ação, a pressão dos instintos.

A figura 53 do livro *A escrita revela sua personalidade* (1997) mostra os conflitos de um condenado à prisão perpétua: as barras do *t* são grandes, porém descendentes, a queda nas letras é motivo de desânimo, que necessita ser vencido a cada minuto. Os conflitos se apresentam no sentimento que tem de si mesmo quando as ovais possuem vários tamanhos e, em certos casos, são achatadas.

Certos finais em cola de zorro sinalizam que alguns destes temores tendem a exacerbar-se com o tempo.

As imbricadas descendentes mostram fadiga, falta de energia e vontade.

4. *Margens irregulares*

As irregularidades das margens podem mostrar conflitos em relação ao passado ou ao futuro. Neste caso temos de pesquisar as letras-testemunhos, como a letra *m*, que pode mostrar com maior precisão o conflito que estamos estudando.

Medo do contato com o futuro — desestruturação da margem direita.

Preocupação com o passado — margem esquerda flutuante.

A tendência é maior quando as duas margens estão desestruturadas. A escrita de Camille Claudel, brilhante escultora francesa, mostra uma personalidade conflituosa.

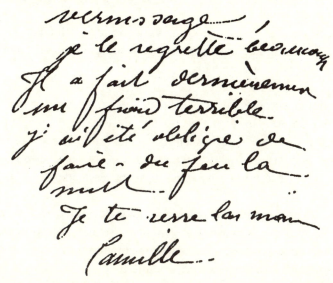

Figura 64 — Camille Claudel, escultora. As margens são desestruturadas, escrita descendente, os finais caídos (colas de zorro) e o traço do procurador mostram os conflitos da brilhante escultora quando internada.

5. Variações no tamanho da zona média

A zona média é aquela em que ocorrem os conflitos. É nela que eles podem se tornar mais visíveis.

O íntimo do escritor está repleto de conflitos e frustrações; muitas vezes, não é capaz de controlar seus sentimentos.

O ego do escritor sofre flutuações sem que aparentemente existam motivos para tal. Seu humor varia constantemente, sua segurança interior sofre bruscas alterações em curto espaço de tempo. O indivíduo escolhe lugares onde sente-se seguro e muda rapidamente diante de situações que podem lhe parecer desfavoráveis.

É inseguro e tende a postergar decisões. Tomar decisões é sempre motivo de tensões internas de grande monta. Não se pode confiar em suas decisões, pois ele próprio não tem certeza delas.

6. Zona inferior variável

A zona inferior é a dos instintos, da motricidade, do materialismo, da libido. Dela surgem as pulsões de origem instintiva segundo as teorias de Freud.

Temos que analisar os tipos de variações e a profundidade desta zona. A invasão interzonal não deve ser esquecida, pois a tendência do conflito pode ser acentuada.

A variação da forma das letras é outro dado de suma importância. Poderíamos observar os conflitos na esfera sexual por meio das variações de pressão, forma e tamanho da letra *g*. As interrupções da letra *g* mostram conflitos entre o consciente e o inconsciente. Torções, quebras e outras idiossincrasias devem ser analisadas pelo grafólogo. O escritor possui uma forte necessidade de segurança (Karohs).

Existe uma grande variação na vontade de permanecer engajado em suas rotinas e até mesmo na atividade sexual. Esta pode sofrer mudanças de toda ordem. O desejo que em um momento é extremo, de repente, pode desaparecer por completo.

Sua motivação vai depender do grau de familiaridade que ele tem com o objeto com que mantém contato, podendo este ser coisa ou pessoa.

É muito mais persistente nas coisas que lhe são familiares, detesta o desconhecido, que lhe causa medo e insegurança.

Não deseja correr qualquer tipo de risco. Em tais situações, prefere abandonar suas convicções visando preservar sua integridade. Muitas vezes trata-se de um especialista em não decidir nada, e este conflito passa a afetar aqueles que estão ao seu redor ou dependem de suas decisões. Necessita de aprovação, de aplausos e de palanques. Pode ser vaidoso e, não raro, tem grande energia, embora a mesma sofra flutuações diversas.

O escritor sofre demasiado, pois muitas vezes não consegue levar a cabo seus projetos e isto gera mais estresse, fazendo-o entrar em um ciclo contínuo que parece nunca ter fim.

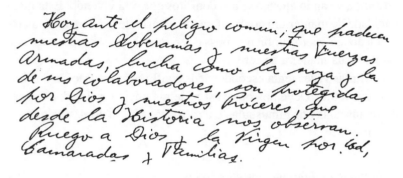

Figura 65 — Homem, 46 anos. Escrita imbricada descendente, margem direita irregular. Conflitos internos de grande monta de um condenado à prisão perpétua.

7. *Zona superior variável*

Na zona superior residem os valores morais, intelectuais, místicos e religiosos. Mostra vacilação mental e intelectual. As aspirações do escritor sofrem mudanças bruscas gerando frustrações, já que o nível das mesmas tende a ser alto.

Suas motivações intelectuais podem passar da euforia para o desânimo em um curto espaço de tempo e, por isso, seu humor sofre variações quase que constantes.

Seus planos não têm continuidade. Quando chegam a bom termo, são conseguidos aos "trancos e barrancos" (pelo amor de Deus, não coloquem isto em um laudo).

Não possui *timing* necessário para levar as reuniões a bom termo. Quando não chega a ser inconseqüente, pode ser um visionário que deseja mostrar suas idéias.

8. *Letras variáveis*

A forma é o gênero mais consciente da onda gráfica. Já vimos as variações da letra *g*. Quanto mais o escritor muda, mais deseja ser diferente e, de certa forma, chama a atenção. Tenta adaptar-se às situações que está vivendo. Ao tentar "plasmar-se", o faz de maneira artificial, visando ajustar-se aos conflitos que está vivendo. Esta incapacidade de manter um comportamento constante faz com que sua integração ao meio ambiente possa ser difícil, pois as pessoas não aceitam sua maneira de ser.

Muitas vezes tenta esconder seus conflitos nas variações das formas das letras. Devemos observar as letras iniciais e finais, as trocas de maiúsculas por minúsculas e as variações no meio das palavras e das linhas.

9. *Inclinação diferente entre as zonas*

Para nós é um forte indicativo de conflitos, já que os impulsos das zonas superior e inferior são contrários ou discordantes.

Existe uma oposição entre os impulsos do intelecto com os materiais. Podemos, *grosso modo*, dizer que o escritor fica entre a razão e a emoção.

Normalmente, irá ocorrer uma torção na zona média, que indica sofrimento, adaptação malconduzida.

Os tipos de conflitos entre ser e ter, e querer e poder devem ser investigados.

10. *Discordâncias*

As discordâncias devem ser analisadas, pois, além de conflitos, podem revelar outros tipos de problemas.

As teorias de grafismos discordantes são estudadas em um dos seminários do Curso de Formação.

11. *Escritas desenhadas, elaboradas (simplificada na ZI) e monótonas*

O escritor tenta ser simples e complexo ao mesmo tempo. A monotonia das formas e a lentidão da escrita são analisadas com bastante cuidado.

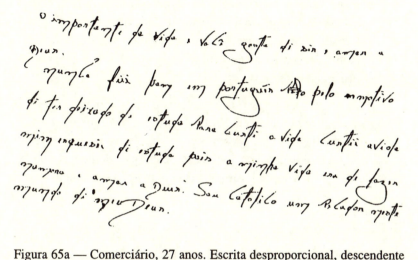

Figura 65a — Comerciário, 27 anos. Escrita desproporcional, descendente e desligada. Os conflitos podem ser observados nos inflados da zona inferior. A letra *d* desenhada de forma estranha pode sugerir distúrbios mais profundos.

12. *Gestos, tipos e sinais especiais*

Alguns sinais como arpões, ganchos, dente de vampiro, dente de tubarão etc. podem sinalizar conflitos à medida que fazem parte de um conjunto de características negativas que compõe a personalidade do indivíduo.

Características que revelam conflitos

Muitas vezes fazemos ao contrário: pesquisamos as características para encontrar os conflitos. Vejamos alguns traços (citados pela grafóloga alemã E. Karohs) que revelam conflitos:

- Necessidade de atenção — necessidade de domínio sob os demais.
- Assertividade — conformidade.
- Aspirações altas — inibições fortes.
- Comunicação — inibições.
- Empatia — desconfiança.
- Capacidade intelectual alta — motivação baixa.
- Envolvimento pessoal — defensividade alta.
- Grande energia mental — pouca energia física.
- Autovalorização — inibições.
- Frustrações sexuais.

Em que pese a complexidade do tema e com bom grau de acerto, podemos analisar conflitos na escrita. E, mais uma vez, extremo cuidado ao realizar diagnósticos. Mesmo com competência para tal devemos confirmar o grafodiagnóstico com outros testes psicológicos e clínicos. O grafólogo deve sempre levar em frente esse tipo de conduta.

8. DROGADIÇÃO

Considerações sobre o uso de drogas

> Texto do dr. Silvio Ricardo Bertozzi, psicólogo e grafólogo, especialista em prevenção e tratamento de dependentes de drogas.

O uso indevido de drogas lícitas ou ilícitas passou a caracterizar não mais um grupo de risco, mas uma sociedade globalizada, onde circula, independentemente de raça, poder, credo e costumes.

Verdade é que a droga caminha par a par com a humanidade, desde os primórdios da civilização, e é difícil reduzir sua demanda, em face de sua permeabilidade nos campos da dicotomia entre o bem e o mal.

Fazer do produto em si o vilão da história é, se não leviandade, ignorância, manipulação ou, pior, inculcação ideológica. Mas, também, alçá-lo à condição de Arquétipo do Salvador, de amortecedor das dores cotidianas é, no mínimo, um risco social incalculado.

Que precisamos das drogas é fato — droga vista como toda substância natural ou sintética que introduzida no organismo modifica uma ou mais de suas funções —, pois ninguém concebe hoje psicopatias, depressões e ansiedades sendo tratadas sem psicotrópicos. Mas fazer destas a panacéia para todos os males é extremamente perigoso. Precisamos refletir sobre o tema questionando-o, fazendo uma avaliação objetiva e contextualizada. Neste processo, a análise deve ser racional, sem apego ao aspecto jurídico-moral, pois é notório que as drogas lícitas — mais consumidas no Brasil — são as mais perniciosas para a saúde pública, e pesquisas[1] comprovam que, dentre elas, o álcool, droga lícita e aceita pela sociedade, é responsável por mais de 90% das internações provocadas por drogas.

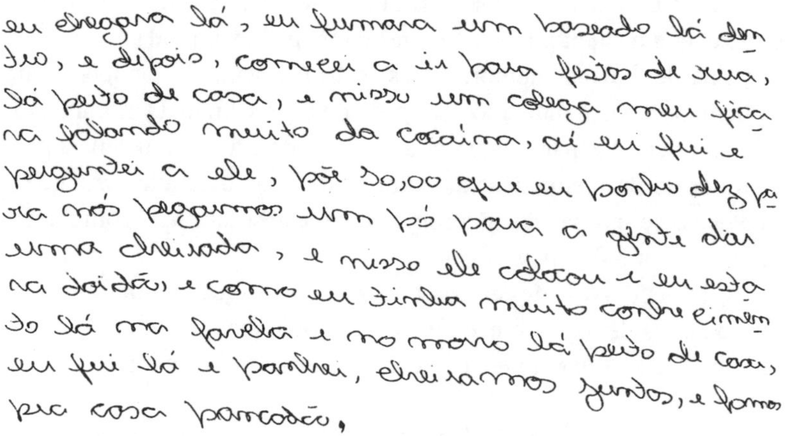

Figura 66 — Homem, 24 anos. Usuário de maconha e cocaína, começou a utilizar essas substâncias com 13 anos de idade. O presente grafismo mostra-o em fase avançada de tratamento.

Deve-se levar em conta, nessas reflexões, a dimensão humana, a ética, a crença e os valores, para que se possa levar as pessoas não à

---

1. Ana Regina Neto e E. A. Carlini. Internalizações hospitalares provocadas por drogas: análise de sete anos consecutivos (1987-1993) Revista *ABP — APAL 17* (3): 107-114, 1995.

disciplinarização, mas à internalização de conteúdos que possam resultar em mudanças de atitudes, cuja tônica seja a valorização da vida em toda a sua plenitude.

Não se pode esquecer nesta análise que o Brasil é o país de dimensões continentais, onde grande parcela da população recebe a quase totalidade das informações por meio da mídia, provocando no imaginário coletivo medos e pseudoconhecimentos, que passam a ser verdades científicas, incontestes e absolutas.

"Uma ênfase tão desproporcional por parte da imprensa brasileira, referente ao consumo de substâncias ilícitas entre jovens, possivelmente cobre a necessidade de dar legitimação nacional a uma preocupação externa — uma preocupação se tornou particularmente urgente desde 1980, quando a guerra contra as drogas foi lançada nos Estados Unidos."[2]

O poder destrutivo que a droga possui não está nela mesma, mas, sim, na importância que lhe é atribuída, no vínculo que se estabelece entre esta e o sujeito, mas... Drogas também salvam vidas!

Alardes falsos, atemorizações, patrulhamentos e punições para se lidar com o uso indevido de drogas nos parecem mais mecanismos de defesa criados para justificar a inabilidade e a incompetência para se tratar do problema dentro de um contexto democrático, em que a fala possa ser propagada não como verdade absoluta, mas como liberdade de expressão (pensamento).

Alguns desses Messias da atualidade se esquecem de que existem padrões de uso que não apresentam qualquer necessidade de intervenção a qualquer nível, e que a generalização é um erro crasso de avaliação.

Saber lidar com a dependência química, que é diferente de usar e abusar de substâncias psicoativas, que só incide sobre uma percentagem mínima da população, é saber lidar com a onipotência em dois níveis: o do dependente, que pensa poder controlar a substância adicta, e o do profissional, que pensa poder "curá-lo".

Como é de domínio da sabedoria popular, "colocar tranca depois de a porta ter sido arrombada pouco adianta". Dentro da experiência

---

2. Beatriz Carlini-Cotrim *et alii*. "A mídia na fabricação do pânico de drogas: um estudo no Brasil". *Comunicação e Política*, nº 5, v. 1, nº 2, p. 225.

de muitos, é notório que, para se lidar no campo da dependência química, duas características são fundamentais: competência e credibilidade. Competência em relação ao objeto atitudinal, evidenciada pelo conhecimento profundo do assunto; e credibilidade, que, por sua vez, legará ao comunicador um caráter de confiabilidade.

Parece que as verdadeiras medidas preventivas, mais do que relativas, devem ser pró-ativas, tendo um fulcro principal, melhor qualidade de vida, seguindo as estratégias adequadas a cada realidade.

Como diria Jung: "Uma verdade é verdade quando funciona".

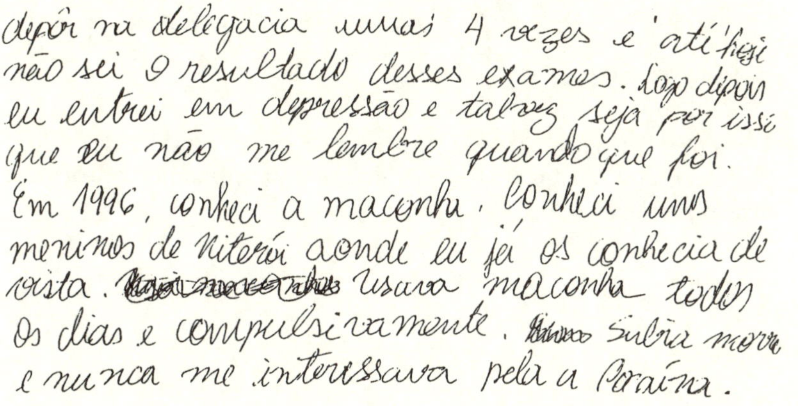

[manuscrito:] depôs na delegacia umas 4 vezes e até hoje não sei o resultado desses exames. Logo depois eu entrei em depressão e talvez seja por isso que eu não me lembre quando que foi. Em 1996, conheci a maconha. Conheci uns meninos de Niterói aonde eu já os conhecia de vista. ~~...~~ usava maconha todos os dias e compulsivamente. ~~...~~ subia morro e nunca me interessava pela Paraína.

Figura 67 — Adolescente, 14 anos, sexo feminino, em tratamento. A autora do grafismo bebe desde os dez anos de idade e aos 12 começou a utilizar cocaína e maconha. Ao contrário do exemplo anterior, o traçado ainda é confuso, com quedas bruscas e descendentes.

A postura da empresa quando descobre que um de seus funcionários é usuário de drogas é muito variável em nosso país. Algumas passam a apoiar o indivíduo, e outras simplesmente o demitem. Trata-se de uma postura que tem argumentos favoráveis e desfavoráveis.

As campanhas de prevenção devem ser elaboradas por especialistas, e hoje procuram enfatizar a qualidade de vida do ser humano em vez de palestras que fazem libelos acusatórios contra a droga.

Nem sempre é possível identificar uma síndrome exata do usuário de drogas. A escrita vai apresentar inúmeras variações de pressão, tamanho e velocidade, quebras, ligações mistas, torções, desenhos estranhos etc.

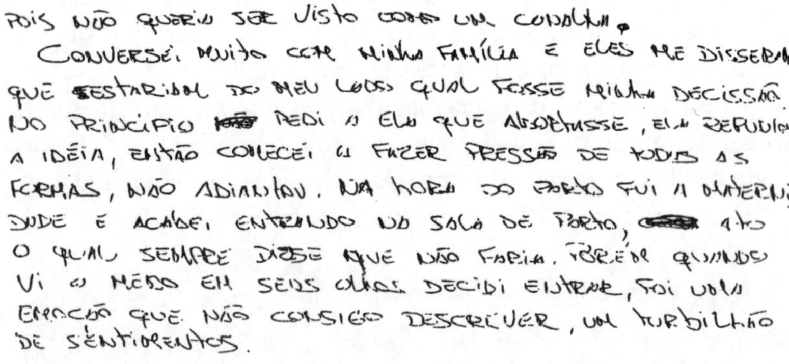

> Pois não queria ser visto como um coitadinho.
> Conversei muito com minha família e eles me disseram que estariam do meu lado qual fosse minha decisão. No princípio pedi a ela que aceitasse, ela repudia a idéia, então comecei a fazer pressão de todas as formas, não adiantou. Na hora do porto fui à maternidade e acabei, entrando na sala de parto, ato o qual sempre disse que não faria. Foi de quando vi o medo em seus olhos decidi entrar, foi uma emoção que não consigo descrever, um turbilhão de sentimentos.

Figura 67a — Homem, 25 anos. Usuário desde os 13 anos. Escrita quebrada, descendente, confusa. Apesar de estar em tratamento, o paciente teve inúmeras recaídas.

10

LESÕES POR ESFORÇOS REPETITIVOS – LER – LTC – DORT

Texto do Dr. Wilson Correa da Silva –
Especialista em Medicina do Trabalho

Lesões por Esforços Repetitivos (*LER*) são distúrbios de origem ocupacional, que atingem dedos, punhos, antebraços, cotovelos, braços, ombros, pescoço e regiões escapulares (omoplata), resultantes do desgaste muscular, tendinoso, articular e neurológico provocado pela inadequação ao trabalho a ser executado. Alguns autores preferem usar o nome Lesões por Traumas Cumulativos (LTC) e o INSS adota a denominação Doenças Ocupacionais Relacionadas ao Trabalho (DORT), já que várias patologias causadoras de dores músculo-esqueléticas e relacionadas ao trabalho não são exclusivamente conseqüentes aos esforços repetitivos.

As estatísticas em vários serviços de saúde e em centros de estudos de Saúde do Trabalhador no Brasil revelam que, nos últimos anos, a incidência de LER vem aumentando, fenômeno também observado em muitos outros países.

A atual organização industrial, voltada para a obtenção progressiva de maior produtividade, acabou impondo ao trabalhador um esquema especializado no qual, ao operar equipamentos ou instrumentos, ao realizar funções em linha de montagem ou, ainda, em digitação de dados ao longo da jornada de trabalho, executa movimentos de repetição ou sob esforço físico, ao ritmo da máquina, muitas vezes em posturas inadequadas, atuando também fatores como a temperatura, a vibração ferramental e o estresse, entre outros.

Desta forma, a pessoa executa movimentos geralmente com os membros superiores, que acabam por determinar distúrbios inflamatórios nos nervos, nos músculos ou nos tendões causando afecções por movimento de repetição, de forma continuada.

Segundo a Norma Técnica do INSS, sob o rótulo de "LER" incluem-se, entre inúmeras outras, as seguintes formas clínicas:

> bursite, dedo em gatilho; epicondilite, síndrome do túnel do carpo; tenossinovites e outras.

AVALIAÇÃO DO RISCO

É importante salientar que a presença isolada de movimentos repetidos por si só não é suficiente para produzir lesões ou para desencadear os fenômenos clínicos associados às lesões por esforço repetitivo. Para que estes aconteçam, é necessário que existam outros fenômenos associados. Alguns são provenientes de condições individuais dos pacientes, sua herança genética, seu perfil metabólico e de homeostase tissular, a estabilidade mecânica de suas articulações etc.

Desta forma, enfatiza-se a questão ergonômica e o estresse como fatores desencadeantes, uma vez que há hipóteses de predisposição individual nesses casos.

Assim, posturas inadequadas, atitudes antiergonômicas e até mesmo estados psicológicos ou emocionais alterados, via estresse, que induzem a redução do sangue nesses músculos, podem desencadear as lesões por esforço repetitivo.

Por outro lado, uma segunda atividade, como a do lar, por exemplo, pode resultar em cansaço muscular, que levará ao acúmulo de resíduos metabólicos nos músculos, no início do dia do trabalho, o que predisporá à tenossinovite.

O nexo etiológico da doença pode ser admitido nos empregados que exercem funções essencialmente manuais: datilógrafos, bancários, digitadores, músicos, pianistas, escrivães, pintores de parede, entre inúmeros outros.

Fatores ambientais ou organizacionais associados ao aparecimento de LER:

- Projetos de local de trabalho que levam a posturas inadequadas (rodar o pescoço para o lado, fletir os ombros, teclado acima do cotovelo, punhos com desvios, cadeira inadequada etc.)
- Organização do trabalho.
- Tipo de tarefa com rápidos movimentos do antebraço, punho, mãos ou dedos.
- Ambiente inadequado, má iluminação, ruído excessivo, temperatura abaixo de 21°C.
- Falta de períodos de descanso espontâneos, freqüentes horas extras, prêmios-produção.
- Aumento da tensão muscular e estresse, decorrentes de excessivo monitoramento (pela máquina e supervisão).
- Vibração.
- Tempo prolongado para operadores inexperientes.
- Retorno ao trabalho após ausências prolongadas.
- Predisposição fisiológica.
- Relações humanas inadequadas: produzem estresse e necessidade extra de adaptação (competição exagerada, pressão como forma de obter resultados, medo de perder o emprego, problemas de relacionamento supervisor/funcionários e funcionários/funcionários).

Queixa principal, histórico da doença e antecedentes

A dor está presente em todos os pacientes. Na maioria dos casos, há dificuldade em definir o tipo e a localização da dor. No começo ela é difusa, mal caracterizada — sensação de peso, cansaço, ardor — e aparece no final da jornada de trabalho. Nesta fase, os sinais objetivos estão ausentes e os pacientes, com freqüência, são considerados simuladores ou portadores de somatização ou neurose. Com o passar do tempo e a persistência dos fatores causais, tende a aumentar sua intensidade, localizar-se ao redor de articulações como o punho, o cotovelo, o ombro, e a persistir mesmo após a interrupção do trabalho repetitivo.

De maneira geral, as manifestações clínicas da LER tendem a apresentar características diferentes ao longo do tempo de duração dos sintomas. A classificação em estágios evolutivos permite agrupar os pacientes de acordo com a intensidade dos sintomas e as dificuldades terapêuticas encontradas.

O INSS reconhece quatro estágios evolutivos diferentes:

1. Caracteriza-se pela ausência de sintomas e sinais objetivos. Não existe dor propriamente dita. Predominam as queixas vagas de desconforto e peso nos braços, que melhoram com o repouso, nos finais de semana e nas férias. Os objetivos parecem mais pesados e existem referências a pontadas e agulhadas que, apesar de incômodas, não interferem na produtividade. O tratamento adequado, quando instituído nesta fase, tem prognóstico bom.

2. A dor já é o sintoma predominante. Aparece principalmente na segunda metade de uma jornada de trabalho diário de oito horas. É tolerável, mas começa a prejudicar a produtividade. Freqüentemente, os pacientes se queixam da persistência de dor noturna. Existe referência comum à sensação de "inchação", que não apresenta os sinais objetivos da alteração mencionada. Existe, também, um ritmo característico de aumento da dor do começo para o final da semana. Na segunda-feira a dor é menos intensa e só aparece no final da jornada de trabalho. Do meio da semana em diante, os sintomas aparecem mais precocemente e aumentam de intensidade. Formigamento, calor e distúrbios discretos de sensibilidade tátil como sensações de "aspereza" e "dedos grossos" são queixas comuns nessa fase. O exame físico já detecta algumas alterações: contraturas musculares, dor à apalpação profunda e à mobilização das articulações. Quando o tratamento se inicia nessa fase ou o paciente não respondeu ao programa terapêutico já estabelecido, o prognóstico, apesar de favorável, torna-se menos promissor. É comum encontrar pacientes que melhoraram com o tratamento inicial e voltaram para o mesmo posto de trabalho, passando a apresentar a situação acima descrita.

3. A dor torna-se mais intensa, persistente e localizada. O paciente não consegue manter sua atividade profissional normal devido à dor. O repouso atenua, mas não faz a dor desaparecer completamen-

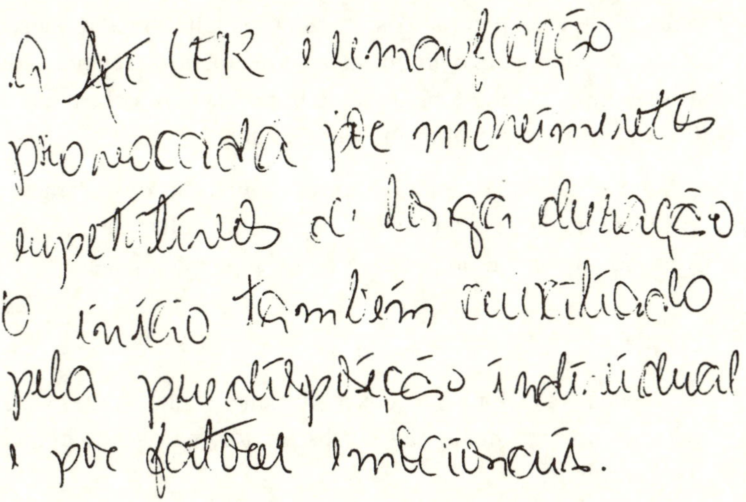

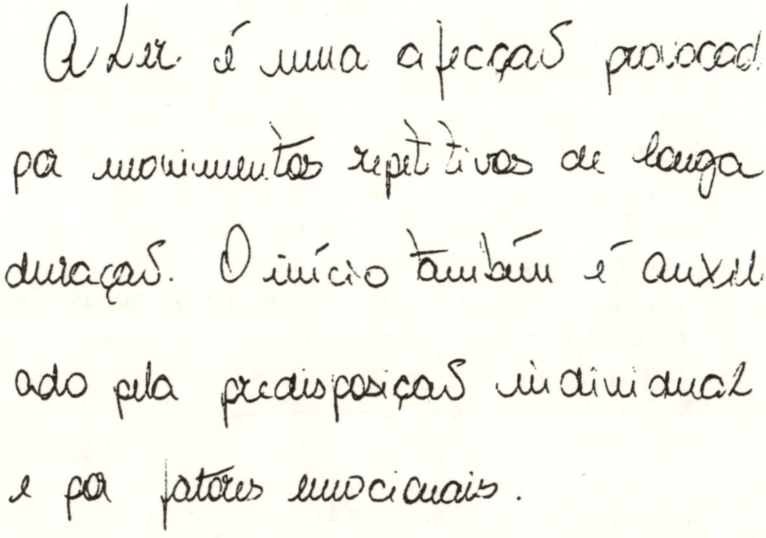

> A LER é uma afecção
> provocada por movimentos
> repetitivos de longa duração.
> O início também auxiliado
> pela predisposição individual
> e por fatores emocionais.

> A Ler é uma afecção provocad
> pa movimentos repetitivos de longa
> duraçaõ. O início também é auxil
> ado pela predisposiçaõ individual
> e pa fatores emocionais.

Figuras 67b e c — Dois exemplos de LER. Principais características grafológicas observadas em nossas pesquisas: pressão variável, certo predomínio da zona média, torções e diminuição da velocidade. Em ambos os grafismos os funcionários estão sob tratamento médico.

te. Tentativas de imobilização das articulações adjacentes produzem dor forte. Até o momento, o prognóstico de recuperação funcional das pessoas que atingem esse estágio não é bom. Pacientes afastados do trabalho durante meses continuam sentindo dor.

4. A dor é contínua e piora com a mobilização dos segmentos afetados. Geralmente, existem vários segmentos dolorosos à apalpação. O estado emocional do paciente está claramente afetado.

PREVENÇÃO

A prevenção é, de longe, o mais importante, já que, muitas vezes, os resultados do tratamento são insatisfatórios, não só os clínicos como os cirúrgicos.

PREJUÍZOS À EMPRESA

- Aumento dos custos indiretos com os dias parados, contratação e treinamento de substitutos.
- Aumento do absenteísmo.
- Empregados doentes dão mais despesa e produzem menos.
- Desejo e interesse dos empregados na mudança de função/atividade.
- Permissões voluntárias em face do quadro doloroso.
- Interrupções na jornada de trabalho, a fim de submeter-se a consultas médicas e fisioterapia.
- Freqüentes afastamentos curtos ou prolongados (afastamento pelo INSS) do trabalho por razões médicas.
- Indenização pecuniária relativa à incapacidade. Alguns juristas entendem que têm direito também os trabalhadores portadores de LER, além da proteção previdenciária, de postular, do empregador, com base no direito comum, indenização correspondente à incapacidade que lhe resultar, decorrente do exercício profissional em ambientes onde não são cumpridas as normas legais relativas à segurança do trabalho.

O Egrégio Segundo Tribunal de Alçada Civil de São Paulo entendeu agir "Com culpa, a ensejar indenização por incapacidade decorrente de moléstia profissional, a empregadora que impõe ao empregado jornadas excessivas de trabalho, sem a observância de descansos regulamentares, bem como deixa de fornecer equipamentos adequados ao seu mister...".

PREJUÍZOS AOS EMPREGADOS

- Incapacidade parcial temporária.
- Incapacidade parcial permanente.
- Demissão dos empregados com sintomas dolorosos, pela interferência na produtividade.
- Distúrbios psíquicos com ansiedade, insônia, alterações do pensamento, histeria ou depressão.
- Despesas com a compra de medicamentos.

11

GRAFOLOGIA AVANÇADA A SERVIÇO DA EMPRESA

As teorias avançadas de grafologia servem para dinamizar e dar maior precisão ao laudo grafológico. Essas "ferramentas" dão ao grafólogo meios extremamente práticos para realizar uma análise em menor tempo e com maior eficiência.

Outra grande vantagem é a de direcionar o candidato para o cargo em que ele irá melhor cumprir suas tarefas.

Para uma análise podemos escolher uma ou duas dessas teorias de nossa preferência e, às vezes, o fazemos de maneira puramente pessoal.

Na realidade, elas funcionam como "sondas" da personalidade humana, e cada uma delas é capaz de desvendar certas características específicas.

CARACTEROLOGIA

"Cedo ou tarde, seguindo o movimento geral, o grafólogo vai confiar bastante na caracterologia." E. Caille no livro *Caractères et écritures* (1957).

Na busca da melhor definição do caráter e da personalidade do ser humano, o grafólogo se vê obrigado a estudar as diversas escolas de caracterologia, entre as quais se destacam as de Jung, Freud, Kretschmer, entre outras.

Uma das mais importantes e completas escolas que, dia a dia, ganha adeptos em todo o mundo é a classificação dos professores Heymans e Wiersma, da Universidade de Groninga. Divulgada e comentada pelo professor Le-Senne no livro *Tratado de caracterologia*, ficou posteriormente conhecida por Heymans-Le Senne. Fundamenta-se em três propriedades principais:

1. Emotividade (emotivo e não-emotivo).
2. Atividade (ativo e não-ativo).
3. Repercussão (primária e secundária).

Vejamos cada uma delas:

1. EMOTIVIDADE

Emotivo — E

A emotividade é a facilidade para experimentar perturbações cuja importância é desproporcional às causas de origem externa (acontecimentos ou situações) ou interna (pensamentos, sentimentos) que são a sua fonte (Roger Gaillat).

Capacidade de recepção, que faz o homem vibrar diante dos acontecimentos, da beleza e da vida. O emotivo reage instantaneamente às emoções, expõe seus pensamentos na mesma hora e alimenta-se de emoções.

Temos que destacar que emotividade não é sensibilidade nem tampouco afetividade. Esta é ligada a um outro fator, "a ternura", e a outra trata-se de uma disposição para sentir vivamente as impressões sensoriais. Características da emotividade:

- Intolerância, falta de precisão, tendência ao sobressalto, inquietude, ansiedade, tendência a evadir-se da realidade, ausência de moderação nas palavras, linguagem superlativa, impaciência, imaginação exagerada, instável e inconstante, irritável, nervosismo, imediatismo exagerado.

Grafismo — Letras desproporcionais, pressão desigual, inclinação à direita ou variável, letras grandes, movimentada, ascendente, rápida, variada, aberta, lançada, imprecisa, crescente ou decrescente, desordenada.

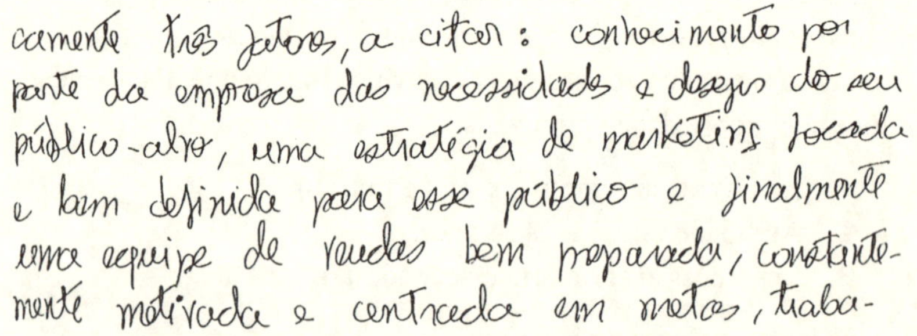

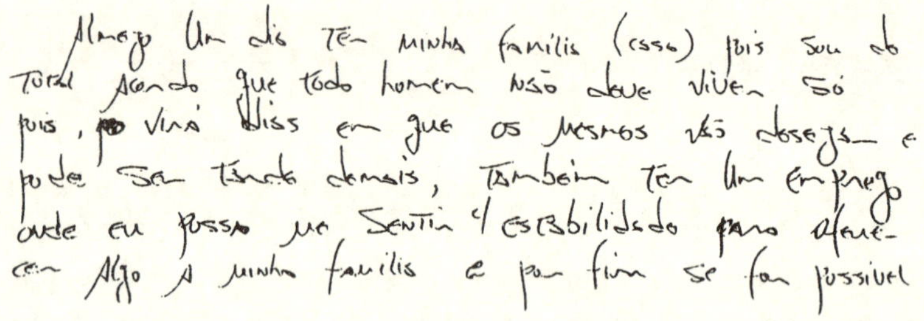

[manuscrito:] camente três jeitos, a citar: conhecimento por parte da empresa das necessidades e desejos do seu público-alvo, uma estratégia de marketing focada e bem definida para esse público e finalmente uma equipe de vendas bem preparada, constantemente motivada e centrada em metas, traba-

[manuscrito:] Almejo um dia ter minha família (essa) pois sou do tural achando que todo homem não deve viver só pois, vira bliss em que os mesmos irão desejar e pode ser tarde demais, também ter um emprego onde eu possa me sentir c/ estabilidade para oferecer algo a minha família e por fim se for possível

Figuras 68a e b — Vendedores. Embora apareça nos dois grafismos, a emotividade é mais facilmente observada no segundo exemplo. Em ambos os casos ela afeta o rendimento dos candidatos que não canalizam adequadamente sua energia.

Não-emotivo — nE

Entre outras coisas, a pessoa age com serenidade diante das situações. A reação é lenta e, muitas vezes, difícil de se produzir, mas elas existem e vão depender do grau de excitabilidade. Características da não-emotividade:

- Igualdade de humor, atitude fria, tendência à reflexão, calma e estabilidade, correção de modos, ausência de exageros e pouca fantasia, ponderado, paciente e tranqüilo. Serenidade, parcimônia e ânimo.

Grafismo — Margens caligráficas, pressão constante, proporcional, com linhas retilíneas, fechada, contida, monótona, sóbria, vertical ou invertida, pequena, velocidade pausada ou lenta (até mesmo média), ordenada.

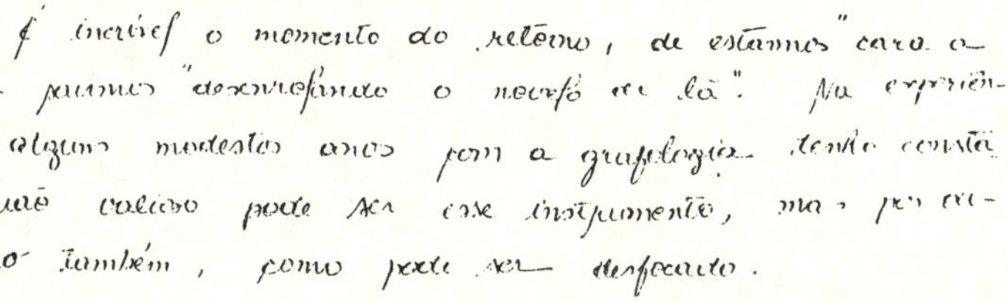

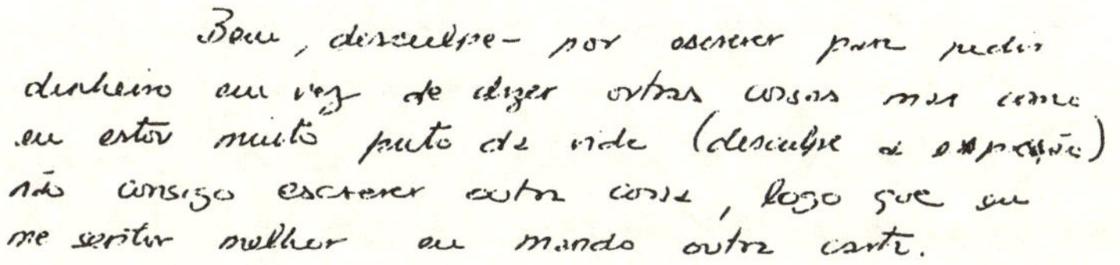

[manuscrito]

[manuscrito]

Figuras 69a e b — Os dois grafismos são de pessoas não-emotivas. Na figura b podemos observar uma melhor maturidade da personalidade. A primeira escrita é caligráfica, limpa e organizada; bom equilíbrio; os espaçamentos indicam que está tentando ajustar-se de maneira adequada ao meio em que vive.

2. ATIVIDADE

Ativo — A

A atividade é a quantidade de energia orgânica potencial que um indivíduo pode liberar a qualquer momento, sob forma de ações, geralmente vistas com fins úteis e, em conseqüência, de uma disposição proveniente dele mesmo (R. Gaillat).

Trata-se do elemento de luta e de conquista, mediante o qual o homem influencia seu ambiente, realiza e persiste. O homem ativo é aquele que, na presença de um obstáculo, reforça sua ação na direção do mesmo (Le Senne). Ligado a profissões que exigem energia física e dinamismo. Características da atividade:

• Ocupação, satisfação de vencer obstáculos, tenacidade e perseverança, espírito prático, veracidade e objetividade, otimismo e confiança em si mesmo, firmeza e constância para realizar projetos e idéias, capacidade manual, temperamento lutador e combativo, esforço fácil, resistência à fadiga.

Grafismo — Rápida, ascendente, lançada, movimentada, golpe de sabre e látego, inclinada, vertical, números bem executados, barras dos *tt* fortes, firme, angulosa ou semi-angulosa, pontuação precisa ou à direita, primeira letra com reforço, movida, arpões e anzóis, ligada.

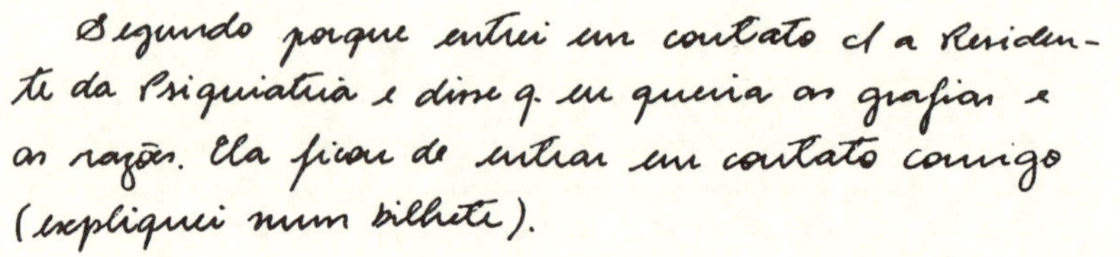

Segundo porque entrei em contato c/ a Residente da Psiquiatria e disse q. eu queria as grafias e as razões. Ela ficou de entrar em contato comigo (expliquei num bilhete).

Figura 70 — Estudante de medicina, 22 anos. Escrita simples, retilínea, ligação em ângulos, em relevo e ligada. A ação é conduzida segundo uma direção determinada. As tensões existentes podem, de certa maneira, inibir o movimento, porém não o impede de caminhar com determinação.

Não-ativo — nA

"O homem não-ativo é aquele a quem o obstáculo o desencoraja." (Le Senne)

Os obstáculos podem ser imaginários ou inconscientes e, na maioria das vezes, são invocados para justificar a passividade do indivíduo. A passividade impera na personalidade. Devemos ter uma dose de não-atividade, pois ela pode representar um momento de reflexão e de meditação. Características da não-atividade:

- Tendência a se aborrecer com facilidade, preguiça mental e intelectual, melancolia e monotonia, fuga de exercícios físicos, preguiça como padrão de comportamento, falta de naturalidade, pára diante do primeiro obstáculo, propensão à angústia, dúvida e incerteza, tendência a ficar desocupado, falta de constância nos trabalhos, desinteresse, indecisão, tergiversação, renúncia e omissão.

Grafismo — Pressão fraca, letras e palavras descendentes, margens desordenadas, falta de pontuação e barras dos *tt*, lenta, monótona, invertida, estreitando-se, palavras e algarismos mal executados, desligada, pontuação defeituosa, retocada, arredondada ou redonda.

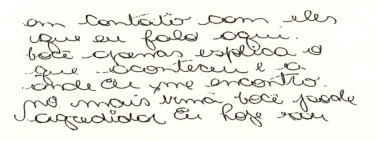

Figura 71 — Auxiliar de escritório, 38 anos. Escrita grande, lenta e invertida. O gesto pausado indica calma e estabilidade. A necessidade de tranqüilidade é uma das características dos não-ativos.

3. REPERCUSSÃO

A ressonância das impressões é a contribuição mais original desta escola. Ela diz respeito à rapidez e à duração de reação de um indivíduo àquilo que afeta seu psiquismo.

Primário — P

O primário é um indivíduo que apresenta reação rápida e efêmera. O seres primários vivem o presente, raciocinam a curto prazo e são altamente impulsivos. Suas respostas são intensas e de curta duração. Segundo Le Senne, "a primariedade" é a fonte da juventude. O personagem que melhor representa é a cigarra da fábula. Características:

- Espírito inovador, gosto pelo novo, procura resultados imediatos, necessidade de ter a última palavra, impulsivos, superficiais, esquecem rapidamente ofensas recebidas, pouco econômicos, às vezes são parciais em seus juízos, detestam o previsível e trabalhos repetitivos, cedem aos impulsos e desejos, conformam-se com rapidez.

Grafismo — Letras confusas, rápidas, rítmicas, desiguais, desproporcionais, pontuação defeituosa, margem esquerda diminuindo de cima para baixo, discordante, agitada, desnutrida, algumas vezes filiforme, espaçada, aberta, pressão firme, barras do *t* e pontuação à direita.

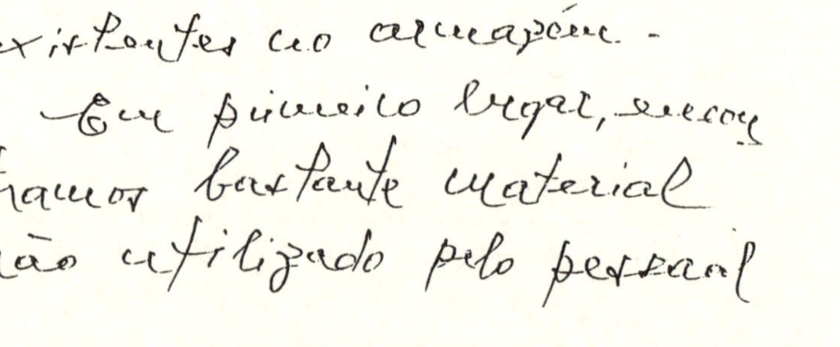

Figura 72 — Perito em criminalística, 54 anos. Escrita movida, sobressaltada e com barras dos *tt* duplas. Os finais em ponta de agulha revelam a necessidade de penetrar fundo nas coisas que faz. A barra do *t* indica, ainda, capacidade de compreensão. Dotado de poderosa energia, trata-se de um primário na sua forma clássica.

Secundário — S

É aquele que pensa primeiro e age depois; é capaz de fazer previsões com grande dose de acerto; eis a formiga da fábula. O secundário amortece o passado, vive sob constante pressão dos acontecimentos anteriores, seu tempo nunca é o imediato, está ligado a um passado ou futuro distante. Tem sempre a imperiosa necessidade de um recuo diante dos fatos para refletir. O secundário é aquele que come o mais frio dos pratos da vingança. Características:

- Capacidade de previsão, resistente a mudanças rápidas, persistente nos rancores, reflexivo, estável e constante em seus afetos e amizades, objetivo, econômico e organizado, lógico e racional em seus juízos, seu tempo é elaborado, necessidade de estabilidade e segurança em suas relações, prefere ambientes familiares, demora a adaptar-se a novidades, espírito conservador.

Grafismo — Letra sóbria, igual, contínua, regular, regressiva, angulosa ou semi-angulosa, pequena, seca, margens iguais, simples ou simplificada, arcada, concentrada, estreita, finais curtos, assinatura sem floreios.

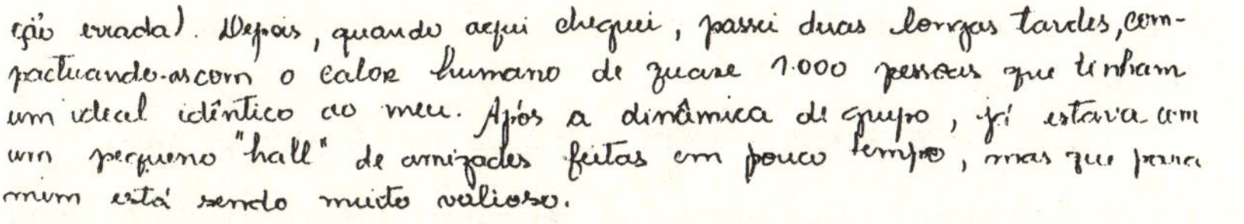

[manuscrito]

Figura 73 — Auxiliar do setor financeiro, 22 anos. Escrita pequena, clara, contida, simples e retilínea. As características do secundário estão presentes na personalidade. Falta de originalidade e de ambição. A necessidade de estabilidade o faz abandonar a busca por novos e grandes horizontes.

Todos nós possuímos um pouco de cada característica; pode existir predominância de uma ou de outra qualidade ou as mesmas são colocadas juntas: 1. E. e nE; 2. A. e nA; 3. P. e S.

De cada um dos números é retirada apenas uma característica:

- Uma pessoa pode ter 70% de emotividade e 30% de não-emotividade; 60% de atividade e 40% de não-atividade; 45% de primário e 55% de secundário.

Tudo isso ocorre a um só tempo. No exemplo acima o indivíduo seria um Emotivo-Ativo-Secundário (EAS).

Juntadas todas as possibilidades, temos oito grupos, cujos nomes transcendem ao significado a que normalmente estamos acostumados. São eles:

- Emotivo — Ativo — Primário — EAP — Colérico.
- Emotivo — Ativo — Secundário — EAS — Passional.
- Emotivo — não-Ativo — Primário — EnAP — Nervoso.
- Emotivo — não-Ativo — Secundário — EnAS — Sentimental.
- não-Emotivo — Ativo — Primário — nEAP — Sangüíneo.
- não-Emotivo — Ativo — Secundário — nEAS — Fleugmático.
- não-Emotivo — não-Ativo — Primário — nEnAP — Amorfo.

- não-Emotivo — não-Ativo — Secundário — nEnAS — Apático.

Le Senne acrescentou outros elementos a esse grupo e, posteriormente, Gaston Berger (*Traité pratique d' analyse du caractère*) enriqueceu-o com mais quatro tendências: Avidez, Interesses sexuais, Ternura, Paixão.

Vejamos um pequeno resumo de cada um dos oito grupos:

- **Colérico** — Age primeiro e reflete depois, também chamado de exuberante; é pura energia, dotado de cargas agressivas e poderosas. Trata-se da iniciativa em sua concepção total.
  Outras características: impulsividade, improvisação, versatilidade, vivacidade de sentimento, subjetividade, vulnerabilidade, indisciplina, necessidade de resultados imediatos, forte vitalidade, iniciativa, impaciência, impetuosidade.

- **Passional** — Trata-se de uma pessoa de forte caráter, vê longe e é extremamente ambiciosa, sabe exatamente o que quer e para onde deseja ir. Segundo os criadores desta escola, o colérico e o passional são aqueles que conduzem o "trem da humanidade". Sem dúvida, inspiram mais respeito do que simpatia.
  Outras características: autoritário, impaciente, senso prático, agressividade, capacidade de decisão, perseverante, boa memória, objetividade, trata as pessoas como objetos, capacidade de devotar sua vida para a necessidade de um grupo ou pátria.

- **Nervoso** — Caprichoso e imprevisível, pode se sentir ofendido com as mínimas coisas. Moralista que às vezes leva consigo um pouco de fanatismo. Em pessoas de caráter duvidoso as características principais são as do malandro e do exibicionista.
  Outras características: tendência a ser facilmente desencorajado e consolado, procura novas impressões, vivacidade de sentimentos, excitabilidade, desejos de mudança, falta de objetividade, afetação, falta de pontualidade.

- **Sentimental** — Também chamado de "introspectivo", é um ser tímido e solitário, tende a recordar-se dos fatos com gran-

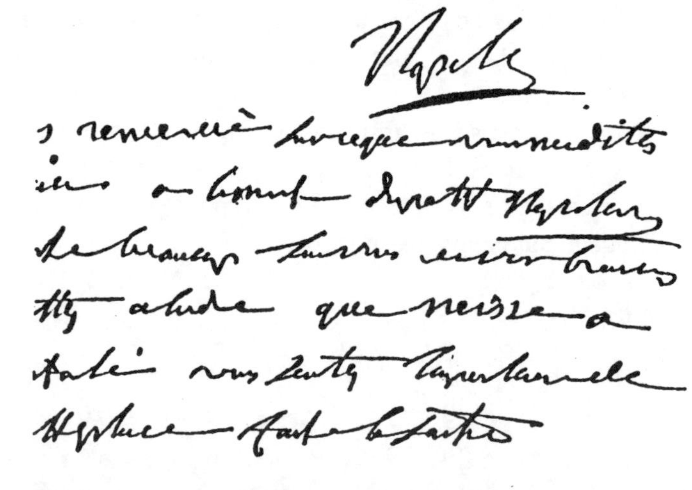

Figura 74 — Napoleão Bonaparte. As características do passional podem ser encontradas no grande herói francês. O grafismo revela forte movimento, finais em ponta de agulha ou quadrada. Autoritarismo, capacidade de conduzir o mundo à sua maneira. Escrita explosiva (Gille-Maisani).

de intensidade. Às vezes deixa-se levar pelo pessimismo, porém é gentil e carinhoso ao seu tempo.

Outras características: introversão, falta de élan, versatilidade mental, fácil indignação, falta de destreza manual, sentido de honra, dignidade, precaução, reflexão, pouca capacidade de observação, moderação.

- **Sangüíneo** — Possui um outro nome que é mais sugestivo, o hábil. Trata-se daquele que toma decisões no tempo e no momento certos. Age quase sempre com destreza e incomparável eficiência. As profissões que melhor se adaptam são as relacionadas a política e diplomacia.

Outras características: senso de ironia, tolerância, ceticismo, falta de profundidade nas coisas que faz, habilidade em relacionar-se com os demais, liberalismo, cinismo, desejo de resultados imediatos, talento para a oratória e o improviso.

- **Fleugmático** — Metódico seria o seu outro nome. Raciocínio implacável, frieza e perseverança. Avança como um trem sem freio em busca de um objetivo a ser atingido. Sem sombra de dúvida é capaz de deixar o superego aparecer em determinados estágios de sua vida. Seus princípios e convicções estão sempre certos.

Outras características: formalidade, dignidade, aparente indiferença aos fatos, tolerância, princípios morais, objetividade, pontualidade, mais interessado no grupo do que nas pessoas, coragem, autonomia nas opiniões.

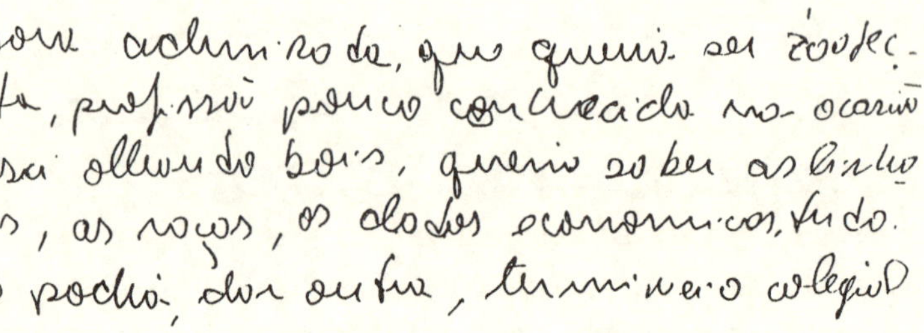

[manuscrito]

Figura 75 — Veterinário, 28 anos. Escrita frouxa, sinuosa, inclinação variável. As formas são inconsistentes, o grafismo é infantil. Gosto por sonhar e deixar as coisas acontecerem naturalmente. Simplicidade, modéstia e humildade. Amorfo. Grau I na escala de Pophal.

- **Amorfo** — Sempre deixa para amanhã o que pode fazer hoje. Afeito aos prazeres de um bom prato e de uma sensualidade que não pode ser desprezada, o amorfo é também chamado de indiferente.

  Outras características: plasticidade, raramente é pontual, calma e tranqüilidade, negligência, tendência a gastar demais.

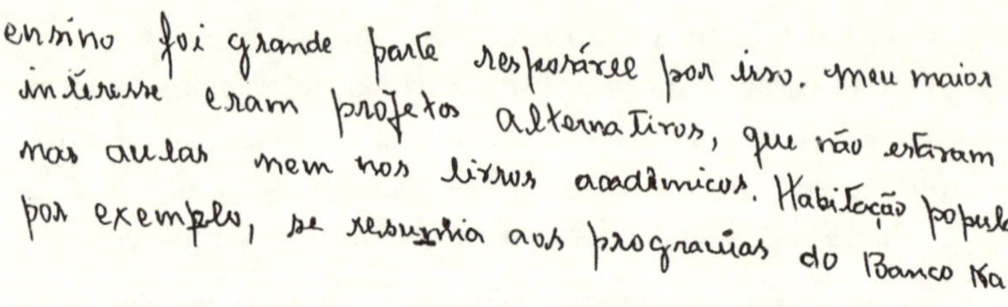

[manuscrito]

Figura 76 — Arquiteta, 49 anos. Emotiva; não-Ativa. A escrita é descendente, ligeiramente invertida e desliada.

- **Apático** — É aquele a quem sempre está faltando alguma coisa. Trata-se de um ser passivo e até certo ponto melancólico. Pouco emotivo, deixa as coisas acontecerem; o mundo passa à sua frente e ele não faz nada.
  Outras características: tendência à melancolia, à economia; reservado, reticente, honesto, pouca vontade de mudar.

Grafologia junguiana

A obra de Jung e a de outros grandes mestres da psicologia universal foram estudadas por diversos grafólogos e passaram a ter sua correspondência gráfica.

Dentro das empresas, esses conceitos aplicados à grafologia são de grande utilidade para o recrutamento e seleção de pessoal.

Todos nós adotamos uma atitude em relação ao mundo que nos rodeia ou procuramos entrar em contato com as pessoas e com o mundo (extroversão) ou voltamos para nosso interior, realizando uma reflexão sobre as coisas que estão à nossa volta; é o que se chama de atitude introvertida.

Esses dois tipos de atitude são inerentes a qualquer ser humano, muito embora na maioria das vezes possa existir a predominância de uma delas.

Carl Gustav Jung divide a humanidade em dois grupos fundamentais (atitudes vitais): *Introvertidos* e *Extrovertidos*.

Na realidade, esses dois tipos são formas psicológicas de adaptação. No primeiro caso, a energia psíquica é dirigida para o interior e, no segundo, para o exterior. Segundo Vels, as características psicológicas de cada tipo são as seguintes:

Extrovertidos

São pessoas de intenso impulso vital, sempre à procura de novos horizontes. Natureza saliente, franca e obsequiosa, se adapta com facilidade às situações propostas, arrisca-se com despreocupada confiança em situações desconhecidas. Dentre elas estão políticos, negociantes, corredores, líderes, financistas etc.

Características: Conduta expansiva, espontânea, otimista e irrequieta. Sintético, atenção panorâmica, global e dispersa, dispensa o detalhe, observação superficial, improvisação nos juízos, vida afetiva intensa e variada, correção dos erros durante o trabalho, trabalho integrado e em equipe, tendência a maior rendimento à tarde, trabalho voltado para contato direto com as pessoas (Vels-Eynsenck).

Escrita — Ligada, agrupada, inclinada à direita, rápida, aberta, pingos nos *ii* e barras nos *tt* traçados à direita, grande, lançada, dilatada, ampla, crescente, pernas com triângulos, linhas ascendentes, assinatura grande.

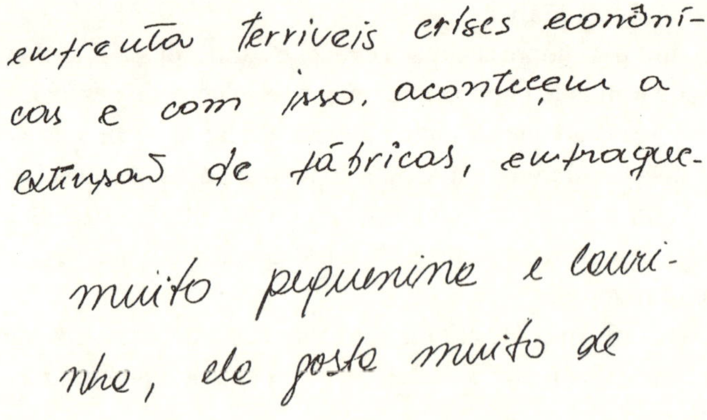

enfrenta terríveis crises econômicas e com isso, aconteceu a extinção de fábricas, enfraque-

muito pequenino e lourinho, ele gosta muito de

Figuras 77a e b — Vendedores. Escrita grande, inclinada, ascendente, espaçada. Grafismos típicos de pessoas extrovertidas. Necessidade de contato com aqueles que as rodeiam, desejo de serem notadas.

Introvertidos

Segundo Jung, a natureza do introvertido é vacilante, meditativa, reservada, que espontaneamente se mantém isolada dos outros, recua diante dos objetos e está sempre na defensiva. Pouco lutador e prático, sua timidez o faz deixar de lado a ousadia; fundamental em certos cargos de uma empresa.

Características: Conduta controlada, pensativa, inibida e séria, atitude analítica, atenção concentrada e vigilante, observação cuidadosa e escrupulosa, juízos reflexivos, vida afetiva com tendência a regular, redução na velocidade do trabalho para evitar erros, precisão e ordem dominantes, trabalha melhor isolado do que em equipe, rende mais pela manhã, trabalho orientado para tarefas com objetos e dados abstratos.

Escrita — Pequena, regressiva, lenta, sóbria, simplificada e certo predomínio da zona média, contida, vertical, arqueada, margens estreitando-se, barras dos *tt* à esquerda, assinatura pequena e à esquerda, assinatura seguida por um ponto.

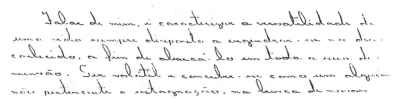

Figuras 78a e b — Supervisoras, 27 e 28 anos. Escrita lenta, invertida, caligráfica. As diferenças na pressão podem ser facilmente observadas. No primeiro caso existe uma fragilidade; no segundo, o posicionamento em relação ao mundo é mais firme. Em ambos os casos pode-se notar com clareza os sinais de introversão.

O recrutador deverá procurar ajustar a característica do indivíduo ao cargo dentro da empresa. Uma recepcionista não pode ser introvertida, pois vai contra sua atitude vital.

Jung, em seu livro *Os tipos psicológicos*, desenvolve teorias das quatro funções psíquicas que o ser humano dispõe para se adaptar ao mundo e às condições de sua própria estrutura, pensamento, sentimento, sensação, intuição.

Possuímos todas, algumas mais desenvolvidas do que outras.

As funções se dividem em: *Racionais* (Pensamento/Sentimento) e *Irracionais* (Sensação/Intuição).

185

O Pensamento e o Sentimento são chamados de funções racionais porque ambos se baseiam num processo reflexivo e linear que se aglutina num julgamento particular (Daryl Sharp).

O termo irracional não significa ilógico ou sem razão, mas, antes, além ou exterior à razão.

Existe uma função chamada dominante e outra, inferior; as duas seguintes são chamadas de auxiliares.

O esquema abaixo elucida melhor essas definições:

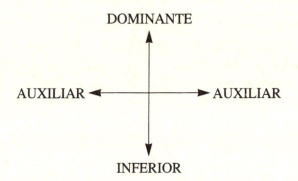

Vejamos cada um dos principais tipos:

Sensação

Esta função nos mostra as coisas como elas são, sem explicarmos o "porquê" e o "para que" das coisas. Observa, compara e classifica. Mostra a realidade como se apresenta aos nossos sentidos.

Escrita — Grande ou média, pastosa, inclinada, compacta, predomínio das pernas ou partes inferiores.

Figura 79 — Gerente comercial, 36 anos. Forte presença da função sensação. Os espaçamentos entre as linhas e as palavras são pequenos, sinal de que tem forte necessidade de ver, tocar, sentir, de estar ao lado das pessoas e coisas.

Sentimento

Temos noção do belo e do feio, do atraente e do repulsivo; nesse sentido, admiramos uma obra de arte, uma escultura, a beleza de uma mulher.

Escrita — Grande, dilatada, guirlanda ou guirlanda angulosa, inclinada, sem alteração da direção, finais em curvas abertos, ligeiramente pastosa, extensa.

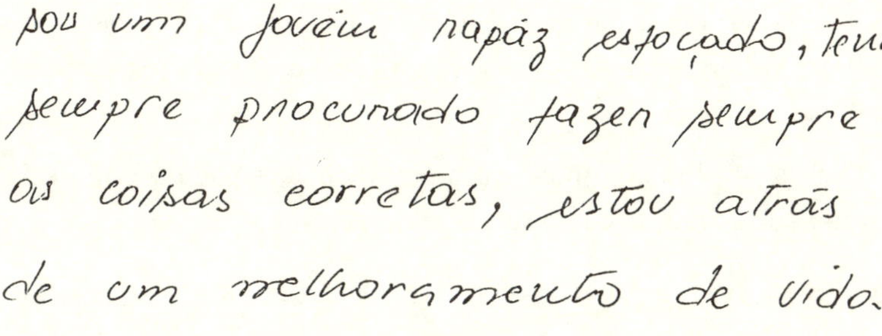

Sou um jovem rapaz esforçado, tenho sempre procurado fazer sempre as coisas corretas, estou atrás de um melhoramento de vida.

Figura 80 — Recepcionista, 22 anos. Função sentimento — Vontade de expansão, necessidade de amplos espaços para transitar. Barras dos *tt* altas, ardor, atividade, otimismo e energia.

Pensamento

Nos mostra o essencial, como podemos entender, compreender e relacionar. É uma função eminentemente lógica. As pessoas em que predomina o "pensar" se conduzem por leis e princípios rígidos.

Escrita — Sóbria, simplificada, pequena, fina, aérea (arejada), combinada, ligada, pequena e redonda, ordenada, progressiva, fi-

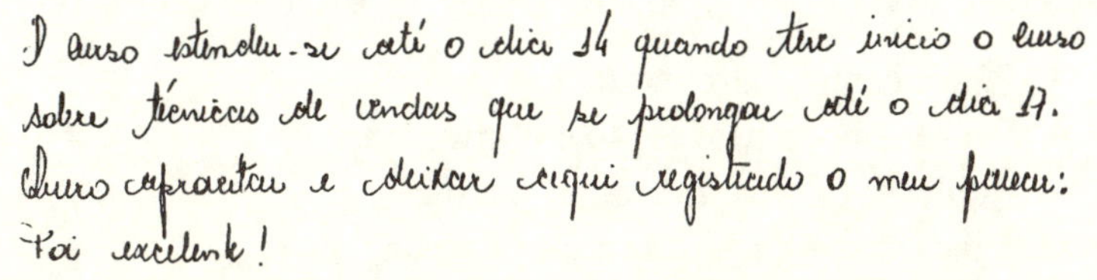

O curso estendeu-se até o dia 14 quando teve início o curso sobre técnicas de vendas que se prolongou até o dia 17. Quero aproveitar e deixar aqui registrado o meu parecer: Foi excelente!

Figura 81 — Vendedora especializada em produtos hospitalares. A função pensamento se faz presente. É muito difícil existir em tipo totalmente puro.

nais acerados, pernas pequenas e curtas, maiúsculas tipográficas, assinatura simples e sem ostentação.

Intuição

Predomina o inconsciente. É desta maneira que o indivíduo encara o mundo e as coisas que o cercam e também toma suas decisões. Para enfrentar o mundo, o intuitivo não necessita da realidade, não vive, por assim dizer, o presente. A intuição, acima de tudo, é uma função criadora por excelência; os inventores, os artistas e os escultores, na maioria das vezes, se utilizam dela para realizar seus trabalhos.

Escrita — Fina, rítmica, justaposta ou agrupada, combinada, ampla e simplificada, hastes originais, desiguais.

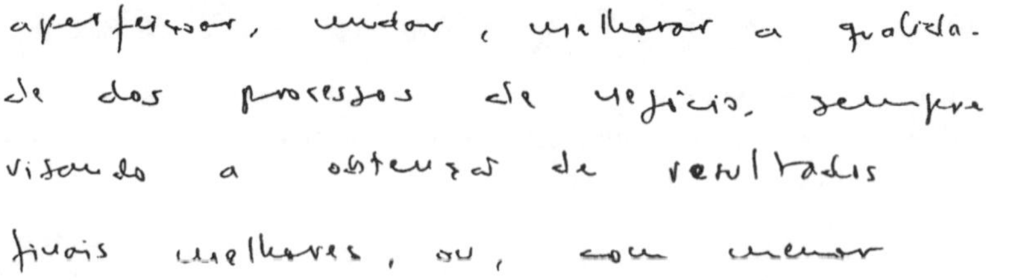

Figura 82 — Engenheiro, 36 anos. Escrita pequena, com grande espaçamento entre as linhas e as palavras. Essa distância mostra que deseja entrar em contato consigo mesmo; momento de pausa e reflexão. A função intuição tem forte presença na personalidade. Revela boa capacidade de planejar a médio e longo prazos.

As funções são sempre acompanhadas das duas atitudes vitais: introversão e extroversão. Com base nestas combinações temos:

- Pensamento: extrovertido e introvertido.
- Sentimento: extrovertido e introvertido.
- Intuição: extrovertida e introvertida.
- Sensação: extrovertida e introvertida.

Para cada tipo existe uma função inferior que é diametralmente oposta à superior; por exemplo:

> Pensamento: Extrovertido----Sentimento-Introvertido

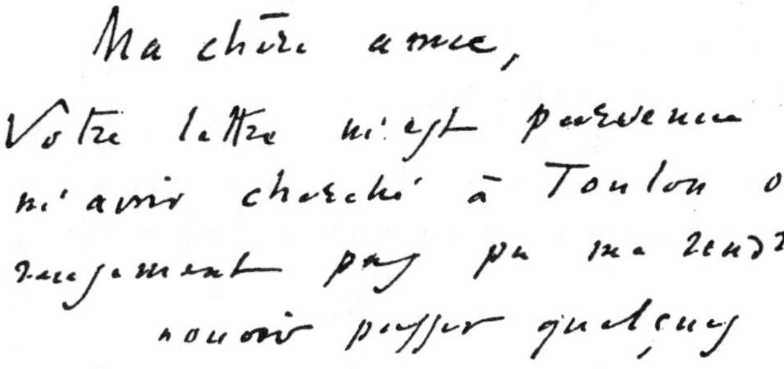

[manuscrito]

Figura 83 — Intuição extrovertida. Função Auxiliar Pensamento. Exemplo retirado do livro *El alma y la escritura*, de Ania Teillard, leitura obrigatória para todos os grafólogos.

Como já dissemos, todos nós temos um pouco de cada função. Às vezes existe grande equilíbrio entre elas e noutras um predomínio da chamada função superior seguida da auxiliar.

Em seu livro *El alma y la escritura*, Ania Teillard diz que a função *sentir*, no grafismo, dilata, engrandece e suaviza as curvas; *pensar* diminui a letra, concentra e coloca ordem nos traçados; *sensação* estabiliza a letra, torna o traçado mais lento; e a *intuir* separa as letras, dá movimento, ritmo e instabilidade ao traçado. A escrita é rápida, desligada, instável, variável e o traçado é realizado em várias direções.

Jung coloca em sua obra uma das mais interessantes concepções psicológicas, *Anima* e *Animus*, que ele chamou de imagens d'alma.

Anima — Tendência feminina que o homem traz em seu íntimo.
Grafia sem pressão, em guirlandas, redonda, curvas, espirais, laços, frouxa etc.

Animus — Tendência masculina na mulher.
Escrita vertical, sóbria, em ângulos, rápida, traços horizontais, pressão forte, triângulos.

Individuação — O indivíduo atinge a plenitude de seu equilíbrio psíquico.

O grafismo não apresenta excessos, é rítmico, combinado etc.

Com a escola de Jung, o responsável pelo Recrutamento e Seleção de Recursos Humanos em uma empresa pode facilmente realizar a colocação de um funcionário em um cargo em que poderá obter melhor rendimento e satisfação.

Existem até algumas tabelas que conjugam a profissão ao tipo psicológico. Assim, um candidato ao cargo de relações-públicas deveria possuir, entre outras características, a de extroversão.

LIBIDO

Uma análise grafológica jamais pode prescindir da observação da libido de quem escreve, muito embora outras escolas e métodos deixem de lado tal aspecto. Para nós, é essencial que o grafólogo avalie este item, pois, mesmo que não seja colocado no papel, pode servir de fonte para uma série de outras conclusões.

Para Jung, libido é gestação, produção, criação, agressividade, virilidade, entrega, ternura, adorno, embelezamento, sensibilidade etc.

A libido se exprime principalmente no gênero Pressão.

Segundo Ania Teillard, os principais aspectos observados no grafismo são:

Libido forte

Escrita firme e apoiada, grande, em relevo, regular, rítmica, crescente. Apresenta sensibilidade e unidade de traçado, precisão nas formas, principalmente nos *mm*, *nn*, *uu*, pernas desenvolvidas e regulares, angulosa, espessa.

Libido débil

Escrita fina, branca, desigual, instável, frouxa ou filiforme, extremamente pequena, monótona, descendente, galopante ou ondulada, pernas curtas ou quebradas, pernas sem buclês, tremida, gladiolada, frouxa, suspendida, justaposta, fragmentada e inclinação maior que 45 graus.

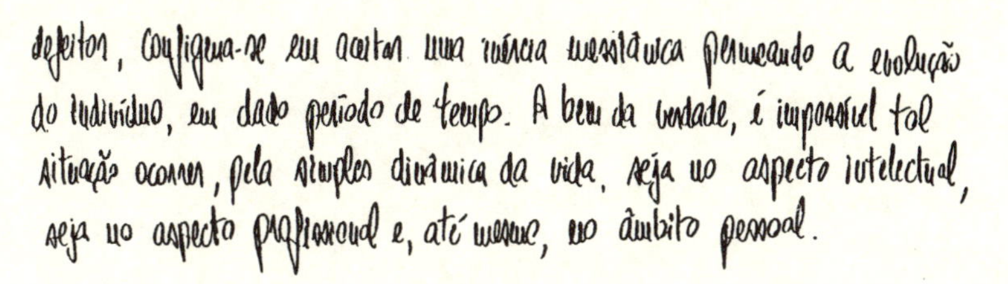

defeitos, configura-se em aceitar uma inércia mecânica permeando a evolução do indivíduo, em dado período de tempo. A bem da verdade, é impossível tal situação ocorrer, pela simples dinâmica da vida, seja no aspecto intelectual, seja no aspecto profissional e, até mesmo, no âmbito pessoal.

Figura 84 — Homem, 34 anos. Escrita vertical, com pressão profunda e em relevo. Libido forte. Vontade em ação. As tensões internas não deixam a energia fluir de maneira rítmica, provocando uma perda de rendimento.

Atitude progressiva da libido

Bom ritmo, crescente e harmoniosa, relevo, regular, lançada, agrupada, progressiva, dilatada, ascendente, pontuação alta e adiantada, assinatura à direita, margem esquerda aumentando.

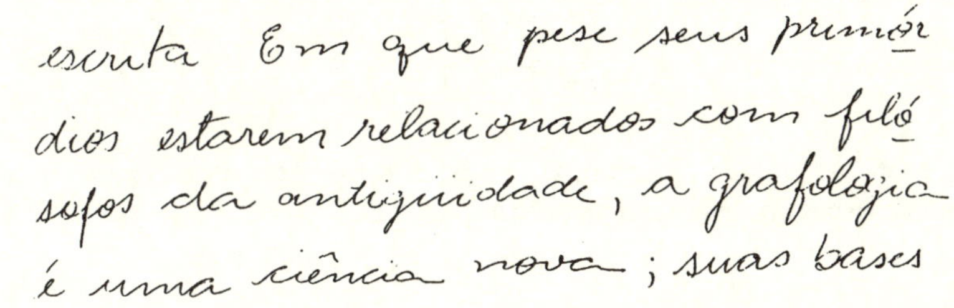

escrita Em que pese seus primórdios estarem relacionados com filósofos da antiguidade, a grafologia é uma ciência nova; suas bases

Figura 85 — Psicóloga, 28 anos. O traçado é rápido, ligeiramente ascendente e legível. A pernas da letra *g* são executadas de maneira precisa e constantes. Libido em progressão.

Atitude regressiva da libido

Monótona, regressiva, apertada, pequena, pernas débeis ou atrofiadas, invertida, inibida, lenta, frouxa, descendente, inacabada, torcida, barras dos *tt* muito baixas, assinatura à esquerda e sem vigor.

gostaria muito de trabalhar para ajudar
ele que realmente está muito pesado para
ele, eu gostaria muito de poder estudar faculdade e não tenho condição financeira

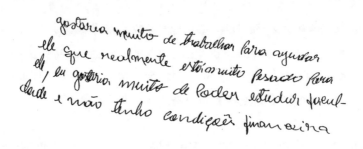

Figura 86 — Estudante, sexo feminino, 19 anos. O traço é frouxo, sem vigor, a direção das linhas é descendente. Libido fraca.

Libido bloqueada

Escrita pastosa ou negra, sem dinamismo, lenta, apertada, borrada, automática, sinistrogira, torcida, inibida.

Espero a grafoterapia ganhar. E também ficar
contente. Porque para o grafoanalista Paulo só
interessa. A satisfação de seu cliente.

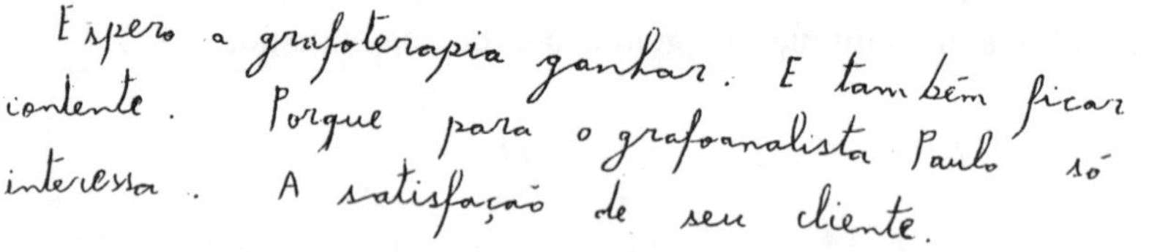

Figura 87 — Homem, 56 anos. O traçado é frouxo, sem ritmo, lento e monótono. Espaçamento irregular entre as palavras. Sinais de libido em regressão e com certo bloqueio.

Sinais de ambivalência

Mudanças de direção, especialmente na zona média, vários tipos de escrita, pernas de diversos tamanhos, angulosa e rígida ao mesmo tempo, paradas bruscas e continuidade no traçado.

A vontade — a libido em direção a um objetivo

Regular, crescente, firme, lançada, vertical, limpa, em relevo, angulosa ou semi-angulosa, barras dos *tt*, *ff* e *gg* fortes e grandes, assinatura à direita e sublinhada, linhas horizontais e paralelas, margem esquerda regular.

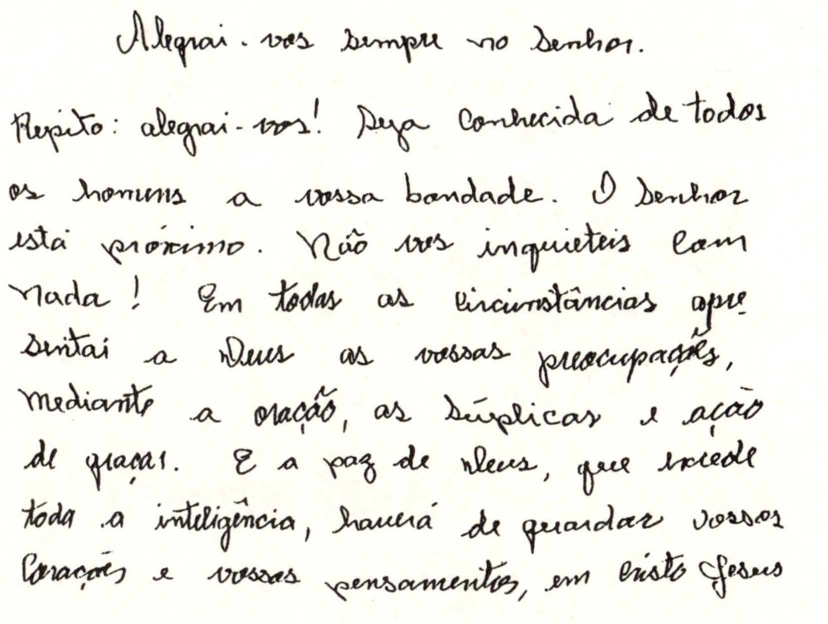

> *Alegrai-vos sempre no Senhor.*
>
> *Repito: alegrai-vos! Seja conhecida de todos os homens a vossa bondade. O Senhor está próximo. Não vos inquieteis com nada! Em todas as circunstâncias apresentai a Deus as vossas preocupações, mediante a oração, as súplicas e ação de graças. E a paz de Deus, que excede toda a inteligência, haverá de guardar vossos corações e vossos pensamentos, em Cristo Jesus*

Figura 88 — Estudante de psicologia, religiosa, 26 anos. Grafismo pequeno, ligado e com grandes desigualdades de inclinação que ocorrem algumas vezes na mesma palavra. Existe uma luta interior na qual as tréguas são poucas. Os ângulos são um evidente sinal da repressão de seus instintos. As torções indicam sofrimento. Luta entre a fé, a razão e seus desejos. Ambivalência.

Com a simples observação destes dados podemos relatar diversas facetas da personalidade de quem escreve.

É importante notar que podem surgir características pertencentes aos diversos grupos. A quantidade e principalmente a qualidade das características irão determinar a quantidade e a qualidade das nuances psicológicas.

Podemos ter um pouco de vontade, libido até certo ponto bloqueada, progressão média etc. A libido forte pode ter seu deslocamento para a criação artística, por exemplo, para o altruísmo, para o poder etc. Cabe ao grafólogo direcionar as melhores qualidades do candidato e encaminhá-lo para o cargo em que irá ter maior rendimento.

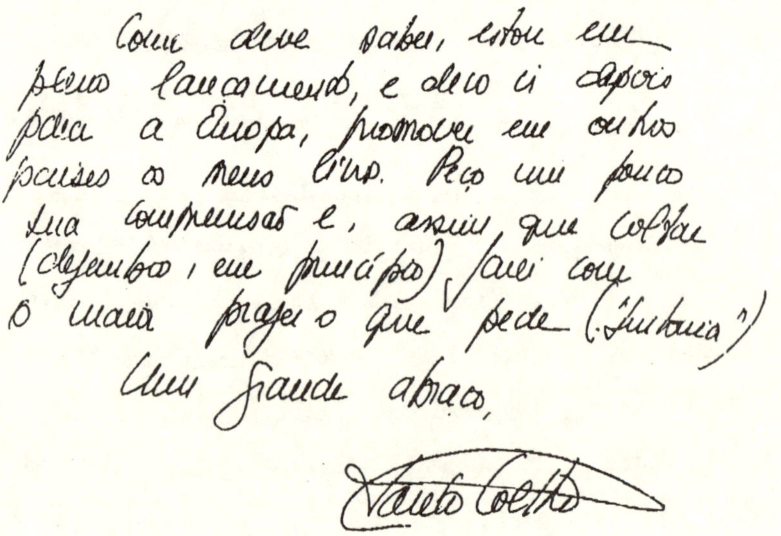

Figura 89 — Paulo Coelho, escritor. Escrita grande, inclinada e com forte relevo. Libido em progressão. Vontade em ação.

Análise transacional
(Kátia Pavão Cury — grafóloga e especialista em AT)

Foi um psiquiatra canadense, chamado Eric Berne, quem criou a Teoria da Análise Transacional, em 1957.

Ao fazê-lo, pretendeu criar uma psicoterapia popular, em substituição aos processos psicanalíticos convencionados. Os elementos da teoria de Berne eram funcionais, observáveis, de fácil compreensão por pessoas de qualquer nível cultural e de resultados práticos.

Berne acreditava que, no íntimo, todos nós mantemos grande parte dos pais que tivemos e da criança que fomos, como numa fita gravada. Essa gravação — indestrutível — é que, quase sempre, comanda o nosso comportamento atual.

Em 1951, portanto, bem antes de Berne elaborar sua teoria, um neurocirurgião do Canadá, o dr. Wilder Penfield, obtivera interessantes resultados em suas experiências clínicas com pacientes epiléticos: ao estimular com uma sonda elétrica determinados pontos no córtex cerebral de cada um dos pacientes, Penfield fazia-os se recordarem de longínquos acontecimentos da infância. Tais lembranças repetiam-se fortes e vívidas sempre que um mesmo ponto do córtex era tocado.

Assim, anos antes, Penfield demonstrara cientificamente a existência da "fita gravada" que Berne usaria posteriormente na sua concepção da Análise Transacional.

Definindo a AT de uma forma bem simplista, diremos que ela é um conceito de personalidade voltado para as relações humanas e o bem-estar pessoal. No entanto, vista de uma forma mais ampla, seu alcance é muito mais abrangente, pois ela também nos dá subsídios nas áreas afetiva, emocional e até existencial.

Em última análise, a AT é um modelo de redecisão e reaprendizado. Na infância, a criança é torpedeada com informações verbais e não-verbais de toda ordem, a respeito dela, dos outros e da própria vida. Recebidas pela mente infantil, e, portanto em formação, tais mensagens são aceitas como verdadeiras e, em função delas, a criança aprende e decide coisas, geralmente erradas, a respeito de si e dos outros, estabelecendo-se, a partir daí, a forma como doravante irá pensar, sentir, agir e falar durante toda a sua vida.

A AT sustenta que tais gravações não podem ser apagadas, mas podem ser substituídas: pode reaprender coisas e redecidir sobre si mesma, independentemente das mensagens que tenha gravadas.

Um dos componentes que estruturam nossa personalidade foi chamado por Berne de *Estados do Ego* e são três:

1. Estado de Ego *Pai*
2. Estado de Ego *Adulto*
3. Estado de Ego *Criança*

Assim graficamente representados:

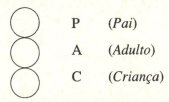

P   (*Pai*)
A   (*Adulto*)
C   (*Criança*)

Figura 90 — Representação dos Estados do Ego. Os círculos estão sobrepostos, indicando que os estados ocorrem simultaneamente, embora muitas vezes possa ocorrer a predominância de um deles.

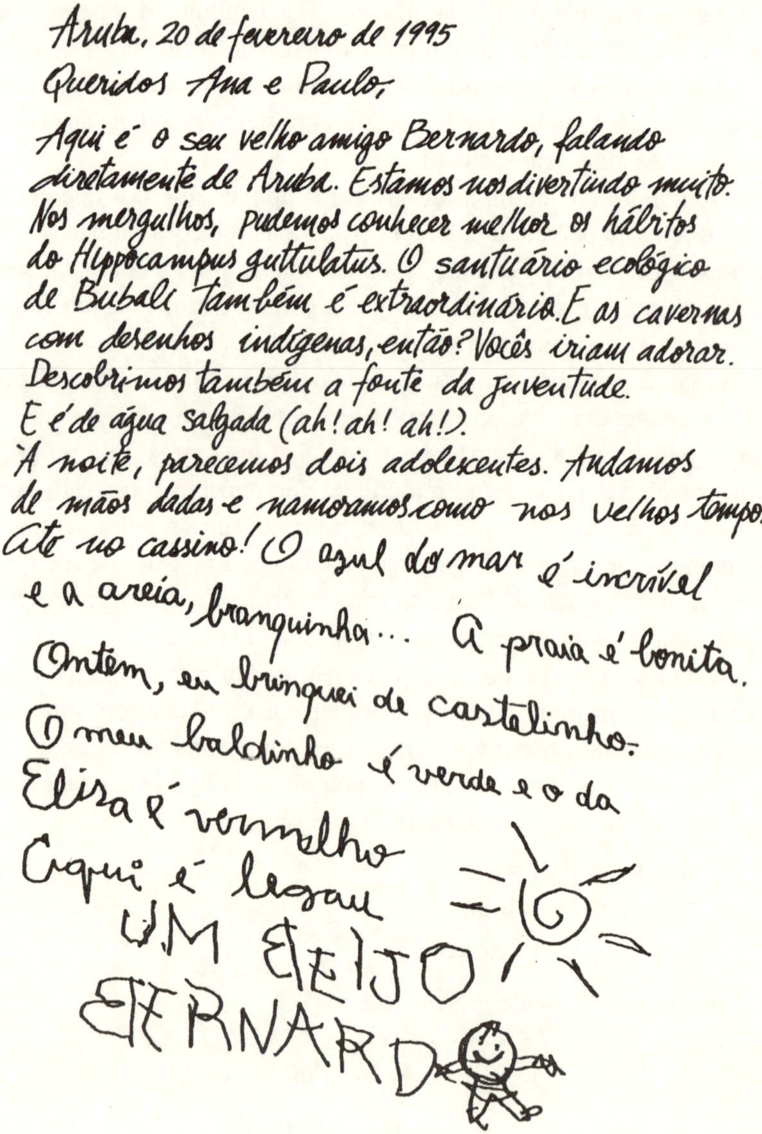

Aruba, 20 de fevereiro de 1995

Queridos Ana e Paulo,

Aqui é o seu velho amigo Bernardo, falando diretamente de Aruba. Estamos nos divertindo muito. Nos mergulhos, pudemos conhecer melhor os hábitos do Hippocampus guttulatus. O santuário ecológico de Bubali também é extraordinário. E as cavernas com desenhos indígenas, então? Vocês iriam adorar. Descobrimos também a fonte da juventude. E é de água salgada (ah! ah! ah!).

À noite, parecemos dois adolescentes. Andamos de mãos dadas e namoramos como nos velhos tempos. Até no cassino! O azul do mar é incrível e a areia, branquinha... A praia é bonita.

Ontem, eu brinquei de castelinho. O meu baldinho é verde e o da Elisa é vermelho. Aqui é legal.

UM BEIJO
BERNARDO

Figura 91 — Exemplo hipotético dos Estados do Ego. A figura foi retirada de um comercial para férias publicado em várias revistas brasileiras. O autor foi muito feliz ao iniciar a carta no Estado Pai. Aos poucos a rigidez vai cedendo lugar até que se chegue ao Estado Criança.

Tais expressões (*Pai*, *Adulto* e *Criança*) não se referem ao pai biológico nem ao adulto e à criança cronológicos. Em AT, essas palavras têm outros sentidos: para estabelecermos a diferença, usaremos letras iniciais maiúsculas (Pai, Adulto e Criança) sempre que nos referirmos aos Estados do Ego. Inversamente, quando com letras iniciais minúsculas, tais expressões (pai, adulto e criança) deverão ser entendidas pelos seus significados convencionais.

Todas as pessoas possuem os três Estados do Ego e os usam alternadamente: pode-se mudar de um estado para outro em questão de segundos.

Os Estados do Ego são formados na infância, em função das mensagens verbais e não-verbais recebidas pela criança. Num garoto de cinco anos, já se pode percebê-los bem desenvolvidos.

ESTADO DO EGO PAI

Sabemos que estamos usando o Pai quando agimos, pensamos ou falamos como os nossos pais faziam. Nessas ocasiões, estaremos externando conceitos aprendidos sobre valores morais e normas de vida, usando a tradição, as regras e os preconceitos — invariavelmente nas funções de dar proteção, criticar, castigar, dar ordens etc.

Exemplo:
No Trabalho
Comentários de um colega para outro: "Já não se fazem mais funcionários como antigamente...".

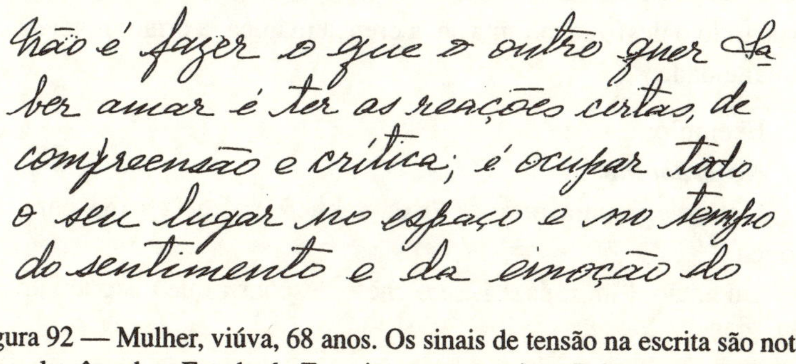

Figura 92 — Mulher, viúva, 68 anos. Os sinais de tensão na escrita são notados pelos ângulos. Estado do Ego situa-se na posição Pai, com alguns componentes do Pai Crítico.

Um colega para outro: "Você está precisando de ajuda?".

ESTADOS DO EGO ADULTO

Uma pessoa está usando o Adulto quando emprega a lógica e o raciocínio, processando dados reais, exatamente como um computador.

Exemplo:
No Trabalho
Chefe para o subordinado: "Diante destes números, é sensato adotar o seguinte procedimento...".

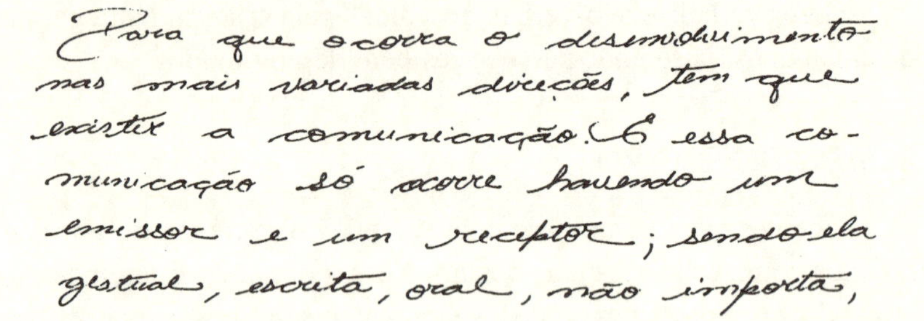

> *Para que ocorra o desenvolvimento nas mais variadas direções, tem que existir a comunicação. E essa comunicação só ocorre havendo um emissor e um receptor; sendo ela gestual, escrita, oral, não importa,*

Figura 93 — Gerente de comunicações, 30 anos. Escrita legível, inclinada, com boa pressão. Estado do Ego na posição Pai.

ESTADO DO EGO CRIANÇA

Estamos na Criança quando agimos, pensamos ou falamos como fazíamos na infância. No Estado do Ego Criança estão todas as emoções, todo o desfrute, a fantasia, a crença mágica, a criatividade, a espontaneidade.

Exemplo:
No Trabalho
Um colega para outro: "Puxa, o chefe só me chama para dar bronca".
Ou então: "Ih, rapaz! E se o chefe descobrir que cheguei atrasado?...".
Observe-se que a Criança não se preocupa em proteger ou criticar (como o Pai), nem em trocar informações úteis, processando da-

dos (como o Adulto). Basicamente, a Criança busca o desfrute, evita o que lhe desagrada ou a amedronta e crê na fantasia.

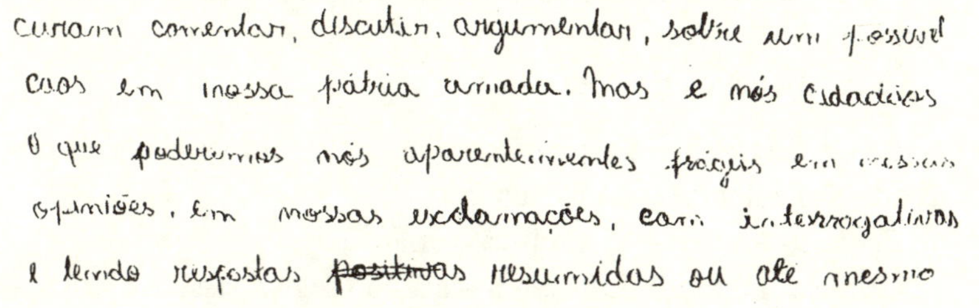

> curiam comentar, discutir, argumentar, sobre um possível caos em nossa pátria amada. Mas e nós Cidadãos o que poderemos nós aparentemente frágeis em nossas opiniões, em nossas exclamações, com interrogativos e lendo respostas ~~positivas~~ resumidas ou até mesmo

Figura 93a — Universitário, 21 anos. Escrita frouxa com torções. Sinais de insegurança e infantilidade. Estado do Ego Criança.

A rigor, o Adulto é o único que realmente raciocina, pois, diante de uma situação qualquer, tanto o Pai como a Criança tenderão a reagir quase automaticamente, em conformidade com modelos do passado. O Adulto não: ele consultará as mensagens do Pai, as da Criança e as do seu próprio banco de dados, formado pelo estudo, pela troca de informações e pela experiência. Processando todos esses dados disponíveis, o Adulto responderá adequadamente aos estímulos e situações.

ANÁLISE FUNCIONAL

A estrutura que vimos até agora é básica. Contudo, para melhor compreensão da atuação dos nossos Estados do Ego, é importante conhecermos também a Estrutura Funcional da nossa personalidade.

A Estrutura Funcional completa e apresenta algumas subdivisões dos Estados do Ego em relação ao esquema anterior.

Vejamos:
a) O Pai pode ser *Crítico* ou *Protetor*.
b) A Criança pode ser *Livre, Adaptada Submissa, Adaptada Rebelde* e *Pequeno Mestre*.
c) O Adulto não se subdivide.

Vejamos as características de cada um:

Pai Crítico — está sempre voltado para a crítica, a punição ou o castigo.

Pai Protetor — está sempre voltado para a proteção, a ajuda e a orientação.

Adulto — não tem subdivisões.

Criança Livre — é espontânea e autêntica em suas expressões, fazendo exatamente o que lhe agrada.

Pequeno Mestre — é intuitiva e criativa.

Criança Adaptada Submissa — quando segue passiva e automaticamente as "gravações" da infância, por medo, culpa ou submissão.

Criança Adaptada Rebelde — quando faz exatamente o contrário daquilo que lhe impingiram, movida pela rebeldia, pelo ressentimento.

Exemplos:
Pai Crítico
No trabalho: "Vocês são todos uns incompetentes!".
Pai Protetor
No trabalho: "Deixe que eu termino este relatório para você".
Adulto
No trabalho: "Este relatório é para amanhã, às 10 horas".

Criança Livre
No trabalho: "Ei, pare um pouco de trabalhar e escute só a última piada do papagaio!".
Criança Adaptada Submissa
No trabalho: "Vou cortar meu cabelo, pois me disseram que o chefe não gosta de cabeludo...".
Criança Adaptada Rebelde
No trabalho: "Uso o meu cabelo do jeito que quero e ninguém tem nada com isso!".

IDENTIFICAÇÃO DOS ESTADOS DO EGO

É evidente que apenas por meio de uma frase escrita não se pode afirmar, com total segurança, qual o Estado do Ego usado no momento pelos nossos eventuais interlocutores. Na realidade, é o somatório de cinco fatores básicos que, uma vez exteriorizados, demonstram o Estado do Ego que as pessoas estão usando:

a) as palavras;
b) o tom de voz;
c) a expressão facial;
d) os gestos;
e) a expressão corporal.

Cada Estado do Ego tem expressões e atitudes típicas:

Pai Crítico
Palavras: Nunca. Sempre. Tem que fazer. Bom. Mau. Não te disse?.
Tom de voz: áspero, autoritário, ríspido, seco.
Expressão facial: olhar duro, cenho franzido.
Gestos: dedo em riste, braços cruzados.
Expressão corporal: tronco ereto, corpo rígido, movimentos rígidos.

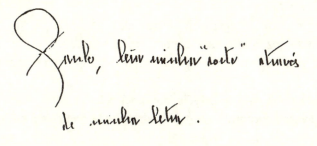

Figura 94 — Promotor, 45 anos. Escrita angulosa, traçado firme e profundo. Sobressaltada. Energia, capacidade de impor sua vontade, valores morais e pessoais externalizados.

Pai Protetor
Palavras: Você pode... Você é capaz... Muito bem! Parabéns! Se cuide. Deixe que eu faço.
Tom de voz: suave, carinhoso, terno.
Expressão facial: olhar suave, expressão calma, sorridente e compreensiva.
Gestos: envolventes, protetores e de aprovação.
Expressão corporal: movimentos suaves, corpo arqueado sobre outrem.

Adulto
Palavras: Penso que. Observo que. Convém que.
Tom de voz: sereno, pausado e sem variações, quase impessoal.
Expressão facial: neutra, alerta e tranqüila.
Gestos: moderados e só quando necessários, mão no queixo quando pensa.
Expressão corporal: corpo naturalmente ereto ou curvo, conforme a situação.

Criança Livre
Palavras: Oba! Legal! Jóia! Puxa vida!
Tom de voz: alto ou baixo, conforme a situação.
Expressão facial: tende ao exagero, mas sempre com espontaneidade.
Gestos: largos, livres, ágeis, movimentados.
Expressão corporal: corpo naturalmente descontraído, relaxado e solto.

Criança Adaptada Submissa
Palavras: Perdão... Por favor... Posso... Será que...
Tom de voz: hesitante, suplicante, meloso ou choroso.
Expressão facial: timidez, olhos baixos, lábios apertados.
Gestos: torcendo as mãos nervosamente, balançando continuamente a cabeça, de modo afirmativo, enquanto ouve alguém.
Expressão corporal: corpo curvado, encolhido com as mãos entre as pernas quando sentado.

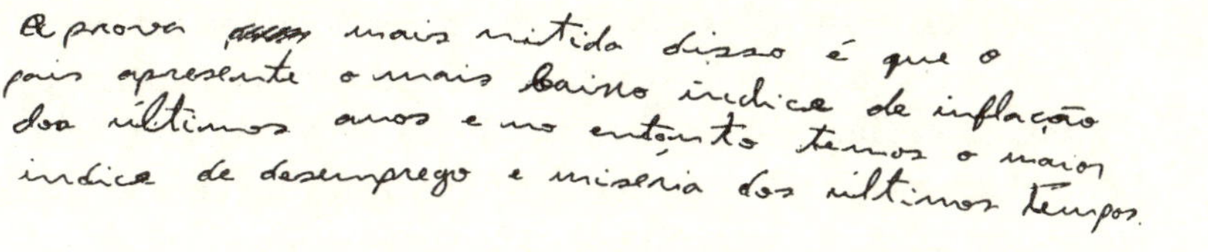

[manuscrito:] A prova mais nítida disso é que o país apresenta o mais baixo índice de inflação dos últimos anos e no entanto temos o maior índice de desemprego e miséria dos últimos tempos.

Figura 95 — Balconista, 23 anos. Escrita frouxa, descendente. Criança Submissa.

Criança Adaptada Rebelde
Palavras: Não quero! Nunca! De jeito nenhum! Não faço!
Tom de voz: enérgico, desafiador, gritante, provocativo.
Expressão facial: olhar desafiante, queixo levantado.
Gestos: punhos fechados, mãos na cintura em atitude desafiadora.
Expressão corporal: corpo ereto, peito na frente, movimentos firmes.

Pequeno Mestre
Palavras: Tive uma idéia. E se... Tenho o pressentimento de que... Bingo!...
Tom de voz: baixo, com poucas variações.
Expressão facial: atenta, desconfiada, cuidadosa, observadora.
Gestos: planejados, exploradores, cuidadosos.
Postura: parada, levemente inclinada.

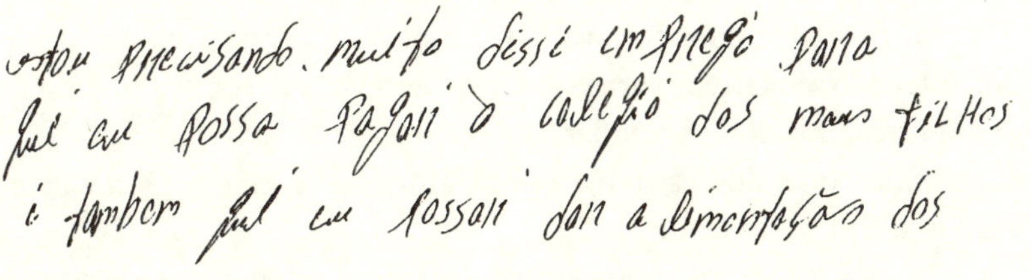

[manuscrito:] Estou precisando muito dissé um emprego para que eu possa pagar o colégio dos meus filhos e também que eu possa dar a alimentação dos

Figura 96 — Comerciário, 38 anos. Escrita desligada, confusa. Criança rebelde.

CONDUTAS POSITIVAS E NEGATIVAS

Todos os Estados do Ego são úteis: não há um melhor ou pior do que o outro.

Contudo, o uso deles é que pode ocorrer de forma inadequada. Convenhamos que o Pai Crítico não é o Estado de Ego indicado para ir a um piquenique ou baile de carnaval; por outro lado, uma Criança Livre numa reunião de alto nível, provavelmente portar-se-á inadequadamente. Uma Criança Submissa fazendo compras aceitará gatos por lebres, e um Adulto fazendo amor será terrivelmente frio e mecânico.

Além dessa adequação situacional dos Estados do Ego deve-se também, e principalmente, considerar a qualidade positiva ou negativa da atuação de cada um deles.

Todo Estado do Ego pode ser usado positiva ou negativamente. Um estado está sendo usado positivamente quando suas reações são coerentes e adequadas ao estímulo, causando bem-estar às pessoas envolvidas. Respeito, afeto, ética, utilidade são todos componentes do uso positivo dos Estados do Ego, o que se convencionou chamar de "Estar OK". Está sendo usado negativamente quando as suas reações aos estímulos são incoerentes, inadequadas e nocivas, transmitindo mal-estar, irritação, inutilidade e sentimentos semelhantes. Com relação ao indivíduo que utilizar desta forma os seus Estados do Ego, dir-se-á que ele está "NÃO-OK".

Observemos as características de cada um:

Pai Crítico: quando positivo, alerta e critica construtivamente. Quando negativo, humilha, agride e ofende.

Pai Protetor: quando positivo, é afetuoso, permissivo e orientador. Quando negativo, é meloso e superprotetor, tomando decisão pelo outros, a título de "ajudar".

Adulto: quando positivo, é ético, informado e lógico. Quando negativo, é frio, robotizado.

Criança Livre: quando positiva, é alegre, afetuosa e inventiva. Quando negativa, é bagunceira, egoísta e irresponsável.

Criança Adaptada Submissa: quando positiva, responde e acata adequadamente as restrições e imposições sociais e morais. Quando negativa, é insegura, passiva, submissa e medrosa.

Criança Adaptada Rebelde: quando positiva, reivindica com ética e contesta com lógica. Quando negativa, é provocadora, desafiante e contesta pelo prazer de ser "do contra".

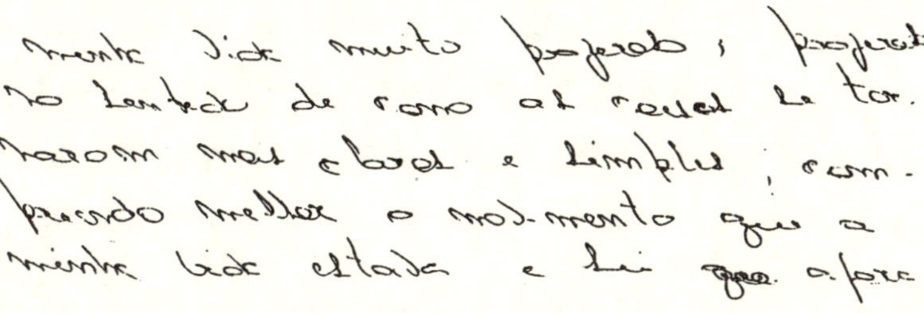

[manuscrito]

Figura 97 — Vendedor de informática, 23 anos. Escrita com inclinação invertida, lenta e sobressaltada. Estado do Ego com características de Pequeno Mestre.

Estados de ego e sua caracterização grafológica

Pai Crítico
Alinhamento horizontal, direção das linhas rígida, angulosa, caligráfica, sóbria, dimensão de aumento brusco de tamanho, barras dos *tt* altas e em pontas, ascendentes, aceradas, vertical, arpões, golpe de sabre, assinatura maior que o texto,

Pai Protetor
Em buclês, curvilínea, dextrogira, ornada, maiúsculas ligadas, guirlandas altas.

Adulto
Vertical, simplificada, velocidade moderada, ordenada, ligada ou agrupada, assinatura semelhante ao texto, barra dos *tt* horizontais, combinada.

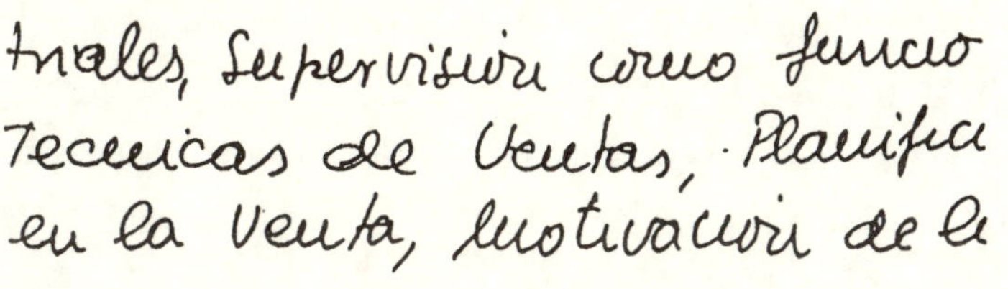

[manuscrito]

Figura 98 — Supervisor de vendas, 24 anos. Escrita ligada em guirlandas, predomínio da zona média. Criança livre.

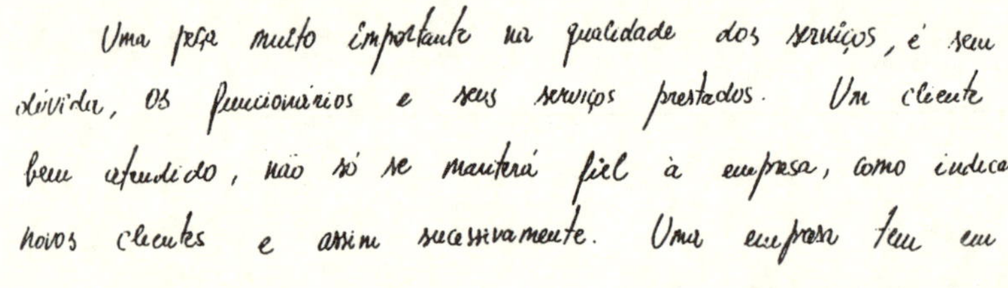

Uma peça muito importante na qualidade dos serviços, é sem dúvida, os funcionários e seus serviços prestados. Um cliente bem atendido, não só se manterá fiel à empresa, como indicará novos clientes e assim sucessivamente. Uma empresa tem em

Figura 99 — Gerente de Marketing, 26 anos. Escrita ligada em guirlanda, pressão média. Pai protetor.

Criança Adaptada Submissa
Pequena, rebaixada, estreita, caligráfica, pontuação fraca, barras dos *tt* baixas, assinatura sinistrogira, frouxa.

Criança Adaptada Rebelde
Angulosa, traços iniciais em ângulo reto, profunda, barras dos *tt* altas e em látego, primeira perna da letra *m* maior, dimensão com aumentos bruscos de tamanho.

Criança Livre
Crescente, redonda, dextrogira, muito inclinada à direita, ovais abertas, escrita espontânea, alinhamento das linhas variável, margens sem simetria.

Pequeno Mestre
Decrescente, desligada, forma original, velocidade dinâmica, pingos dos *ii* em forma de acento.

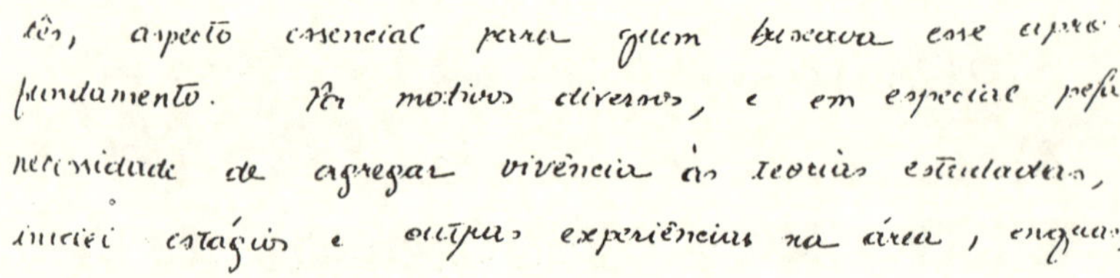

..., aspecto essencial para quem buscava esse aprofundamento. Por motivos diversos, e em especial pela necessidade de agregar vivência às teorias estudadas, iniciei estágios e outras experiências na área, enquanto

Figura 100 — Pedagoga, 22 anos. Escrita legível, com bom espaçamento entre as linhas e palavras. Podemos observar com grande precisão a franca evolução para o Estado do Ego Adulto, embora exista no grafismo alguns sinais do Estado Criança.

Temos que notar que nem sempre teremos um tipo puro. Algumas escritas poderão mesclar as várias características.

Além da escrita, o recrutador deverá observar o gesto, a fala, a postura etc., para concluir em que estado a pessoa se encontra.

Escala de Rodolph Pophal
(Baseado na obra de Augusto Vels)

Os grafólogos alemães (Muller-Enskat, Knobloch, Heiss etc.) e, mais recentemente, grafólogos da França, Espanha e Brasil passaram a utilizar a escala psicossomática do psiquiatra e neurologista alemão dr. Rudolph Pophal. Ele foi professor de grafologia na Faculdade de Medicina de Hamburgo (Alemanha) durante 14 anos, e grande parte de seus estudos centrava-se na origem fisiológica dos movimentos gráficos.

Pophal classificou a onda gráfica de acordo com o seu grau de tensão/dureza, em uma escala crescente de menor para maior tensão.

Segundo ele, os movimentos gráficos podem ter suas origens numa das três camadas do cérebro. A camada mais profunda, ancestral e primitiva, a mais inconsciente, o *palidium*, produz movimentos que recordam o modo de locomoção dos répteis. A camada intermediária entre o cérebro primitivo e o córtex cerebral, o *striarium*, origina movimentos instintivamente adaptados aos objetos e às situações externas. Os movimentos controlados pela vontade consciente têm sua origem no córtex cerebral.

Os diferentes graus de tensão/dureza são determinados pelo grau de excitação e de inibição que habitualmente se produzem em cada uma dessas camadas.

A teoria psicossomática de Pophal foi elaborada antes da Segunda Guerra Mundial e já pode ser considerada ultrapassada, tendo em vista os novos descobrimentos sobre o funcionamento do cérebro, porém a escala de tensão/dureza estabelecida continua sendo de grande utilidade para a grafólogo.

Esta classificação tem as mesmas dificuldades dos conceitos de Ritmo, Nível e Forma.

O método Vels de grafoanálise consegue chegar à escala de Pophal por meio de levantamentos estatísticos na escrita.

Nível de "Tensão/Dureza" de Rudolph Pophal

Graus		
I	:	% (Atitude frouxa, agitada, imprecisa)
II	:	% (Atitude flexível, adaptada e fácil)
III	:	% (Controlada, adaptada e dinâmica)
IV a	:	% (Algo rígida, cautelosa e escrupulosa)
IV b	:	% (Rígida, tensa, ansiosa, vacilante)
V	:	% (Atormentada e desordens internas)
Total =	100	%

Cada um de nós possui uma percentagem de cada uma das características.

Vejamos os cinco graus da escala:

Grau I

A tensão motora é *insuficiente*, mas o movimento é expansivo e sem freios inibitórios (a onda gráfica é descontrolada, na qual pode haver torpeza muscular por descontrole).

Escrita — Sem elasticidade, pré-rítmica, frouxa e sem vigor, mal estruturada, redonda ou inflada, filiforme, imprecisa, descuidada, desproporcional, variável na forma, linhas de direção desiguais, rapidez vacilante ou precipitada, pouco espaço entre as palavras, predomínio da falta de organização na página. Os mo-

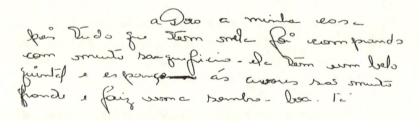

Figura 101 — Telefonista, 24 anos. Escrita frouxa e monótona. A troca de letras maiúsculas por minúsculas indica sentimento de inferioridade. Ansiedade e angústia podem ser vistas nos espaços entre as palavras. (Grau I.)

vimentos às vezes amplos e exuberantes não apresentam nenhum sinal de coesão ou controle. Pode ser também automática, monótona e estereotipada. No caso desses automatismos, os movimentos gráficos estão "programados" por esquemas invariáveis, repetidos, que funcionam desde o subconsciente e sem nenhum controle da vontade.

Correspondência psicológica — Personalidade pouco estruturada, sem élan. O caráter dos indivíduos recordará as qualidades descritas no "amorfo" de Heymans Le Senne. Esgotam-se rapidamente e com nível de rapidez e atenção baixos, que repercute sobre o caminhar e sobre a palavra, na ação e na decisão. Moleza, pouca resistência e falta de perseverança. Negligentes, imaturos e até certo ponto covardes. Capazes de reações inoportunas e inadequadas. A inércia e a pouca resistência moral aos seus próprios desejos e a pressões e influências externas leva-os à falta de responsabilidade e de sentido ético. São facilmente influenciáveis e sugestionáveis. Indisciplinados e sem determinação e tensão. A principal patologia observada é a histeria.

Vels observa que, quanto aos grafismos automáticos, estereotipados ou monótonos, podemos pensar em algum tipo de oligofrenia ou diminuição da capacidade psíquica voluntária e consciente.

Grau II
Domínio do *palidium* e *striarium*, com uma certa influência do córtex. Uns movimentos são frouxos e brandos devido à lassidão nervosa e muscular, mas podem ser bem coordenados e executados sem esforços. Boa coordenação subcortical.

Escrita — Rítmica, rápida, fluída, desenvolta, arredondada; em guirlanda larga e flexível, grande, extensa, ascendente, com traços iniciais e finais largos. Predomínio da zona inferior, com pernas plenas ou ornamentos graciosos. Ovais abertos na zona superior. Pode ser também inclinada, ligada, ágil, combinada e rítmica. Não é de costume encontrar-se formas em arcadas ou ângulos agudos, mas às vezes pode ser movida.

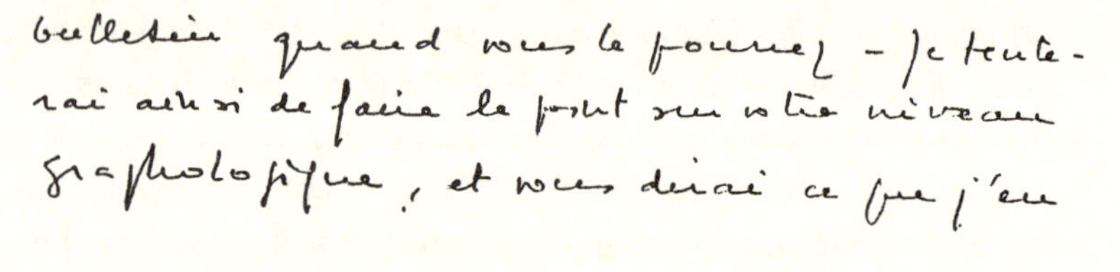

> *bulletin quand vous le pourrez — Je tenterai ainsi de faire le point sur votre niveau graphologique, et vous dirai ce que j'en*

Figura 102 — Mulher, 42 anos, nível superior. Observam-se características de flexibilidade, maturidade e equilíbrio pessoal. (Grau II, embora existam componentes do grau III.)

Correspondência psicológica — Mobilidade, tato, equilíbrio e julgamentos moderados. Conduta elástica, adaptável e flexível. A pessoa muda de idéia, de plano de atuação, de atitude ou de comportamento para se nivelar às outras, aos acontecimentos e às circunstâncias presentes. O caráter é natural, mas às vezes deseja ser influenciada ou sugestionada pelas pessoas ou por acontecimentos.

Apaixona-se e sensibiliza-se com facilidade, é cândida e geralmente pouco tenaz. Seu humor é alegre, eufórico, expansivo, comunicativo e simpático. Sua sociabilidade, empatia e sensibilidade são capazes de assegurar-lhe a satisfação de suas necessidades afetivas e instintivas sem choque ou conflito com os demais. A pessoa em que predomina o Grau II sente-se adaptada e acomodada em seu meio ambiente.

Grau III

Movimentos naturais em que aparece um certo controle do córtex sobre o *striarium* e o *palidium*. Coordenação cortical e subcortical.

Escrita — Ritmo equilibrado. Dinâmica, sóbria e simplificada, com ligeira tendência a curvas; a ligação é em guirlanda, porém não muito alta. Ordenada, clara, simples, com precisão e naturalidade das formas. As zonas estão equilibradas. Um pouco ascendente ou retilínea, porém sem rigidez. A pressão é firme-suave e a rapidez é moderadamente pausada ou rápida com dinamismo progressivo e elástico, mantendo uma tônica dinâmica e homogênea. O tamanho da zona média é mediano e os ovais das letras são fechados ou ligeiramente abertos na parte superior à direita.

A inclinação não é excessiva e a continuidade apresenta ligeiras irregularidades que dão um aspecto matizado e vibrante aos movimentos da onda gráfica. Não existem bruscas inibições, lapsos de coesão, cortes ou fragmentações nas letras. Os espaços entre as letras e as palavras estão bem claros.

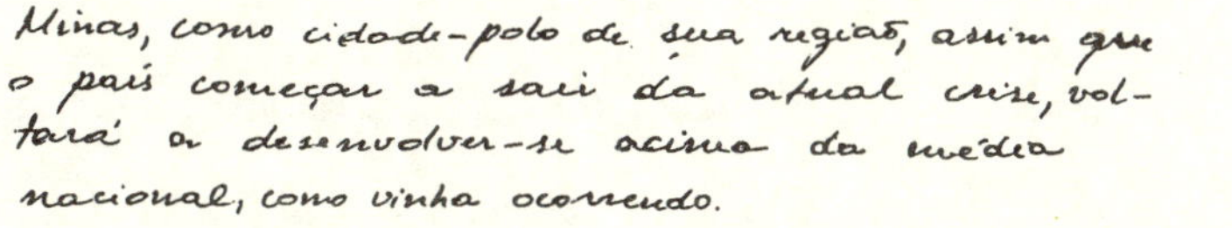

Minas, como cidade-polo de sua região, assim que o país começar a sair da atual crise, voltará a desenvolver-se acima da média nacional, como vinha ocorrendo.

Figura 103 — Engenheiro civil, 41 anos. Traçado organizado com boa pressão e margens estruturadas. Perfeita noção de sua posição social. (Grau III.)

Correspondência psicológica — Estabilidade, reflexão e eficiência. Atividade concentrada, bem adaptada e realista. Boa adaptação prática, que une o útil ao agradável com um sentido harmônico e estético que satisfaz a maioria. A defensividade do EU e as idéias próprias se realizam sem dar motivo a atritos ou conflitos ao seu redor. Maturidade e autocontrole mental na conduta, sem chegar ao ocultamento, à insinceridade, ao fingimento, à dissimulação e sem perder a naturalidade. Integridade na conduta, sentido da formalidade e responsabilidade no comportamento e em seu trabalho. Consciência sensível aos juízos sociais e desejos de evitar críticas adversas, uma vez que o temor é vencido e aborda as questões perigosas e adversas (amor à justiça e à verdade). Equilíbrio emocional, caráter prudente, sereno, judicioso, confiável, sensível e imparcial.

Grau IVa
Domínio cortical, com bloqueios e imobilismo do córtex. O *striarium* e o *palidium* têm uma ação reduzida. Os movimentos são coibidos, freados e inibidos em sua marcha. Não há liberdade, espontaneidade e fluidez nos movimentos.

Escrita — Semi-angulosa, rígida e com arcadas altas e movimentos triangulares nas zonas superior e inferior. Tendência à simetria, à verticalidade e à regularidade dos movimentos. Pressão acentuada nos movimentos de flexão. Às vezes a escrita é apoiada e as pernas (das letras) são largas e de bases angulosas. O tamanho é menor com tendência ao estreitamento. Contida, bem estruturada, de formas precisas. Semipausada, com freqüentes arpões. Os ovais se fecham em duplo buclê. Agrupada, regular, metódica, com boa coordenação de espaços e sem desproporções. Patologia: reações obsessivas.

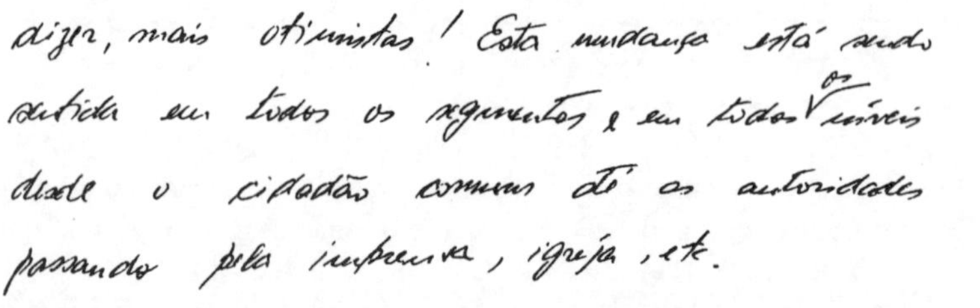

Figura 104 — Jornalista, 39 anos. Os sinais de tensão são visíveis e estão de acordo com a profissão, que é extremamente estressante. Os ângulos nas letras mostram a rigidez no plano pessoal, familiar e social. (Grau IV na escala de Pophal.)

Correspondência psicológica — Conduta constante, disciplinada e metódica, mas com um certo desajuste por causa do rigor tenaz; rigidez e puritanismo nos princípios, idéias e atitudes. O sujeito vive atado ao superEU que rege e dirige sua conduta desde o interior e de acordo com os modos de uma educação mais ou menos sóbria, severa e autoritária.

Não existe espontaneidade e liberdade nos impulsos. Domina a secura e a repressão, as atitudes defensivas, os complexos infantis de culpabilidade. Existe incapacidade para expressar os sentimentos de ternura e afetuosidade, de hostilidade e de agressão. O sujeito pretende ser correto e rigoroso em seus juízos, mas lhe falta tato para saber escolher a oportunidade adequada. Responde de maneira irritável às contrariedades, apesar de desejar manter uma "fachada que impressione favoravelmente aos demais". Essa necessidade, de parecer pessoa impecável, o obriga a dissimular as próprias "lacunas", os próprios aspectos desagradáveis em favor de uma imagem que quer aparentar socialmente. Quer reger e dirigir o mundo segundo seus princípios e sua vontade de mando e imposição, e às vezes consegue. Dúvidas sobre o valor, as intenções ou atos dos demais e sobre a veracidade das palavras. Teme ser objeto de burlas ou enganos ou acabar prejudicado por atos ou palavras dos que o rodeiam. Sua desconfiança é, geralmente, produto de seus complexos de inferioridade e de culpabilidade. O caráter é retraído e às vezes estranho, o que não impede que, no trabalho, permaneça centrado em suas tarefas. Segue ao pé da letra as normas, as obrigações e as disciplinas impostas ao seu trabalho, atendendo mais à "forma" do que ao "espírito das letras" ou o fundo das questões. A descarga insuficiente de emoções e insatisfações na esfera sexual podem ser as causas que determinam esse tipo de conduta. Agressividade ou atividade. Contração.

Grau IVb
Controle defeituoso do córtex e do *palidium*. Movimentos tensos são a causa de uma rigidez involuntária. Falta completa de liberdade e de espontaneidade nos movimentos devido à inflexibilidade das funções psicomotoras.

Escrita — Angulosa, estreita, inibida, seca e lenta, com linhas rígidas. Pequena. Freqüentes sacudidas, interrupções e retoques na continuidade, assim como letras ovais em dupla volta, irregularidades que contrastam com a rigidez. Pressão congestionada. Espaçamento excessivo entre as palavras.

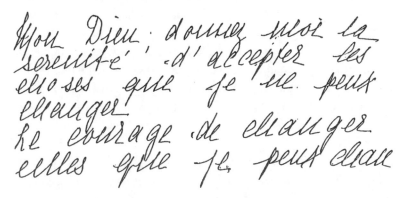

Figura 105 — Grafismo feminino, 45 anos. Escrita angulosa, rígida e grande. A tensão é quase que estática, estado de alerta e ansioso. Suscetibilidade e rigor. (Grau IVb na escala de Pophal.)

Correspondência psicológica — Estado de alerta, ansioso e compulsivo. O sujeito, dominado por pressões inconscientes, se vê obrigado a atuar contra as suas inclinações naturais e contra seus desejos conscientes de forma irresistível.

Devido a seus problemas sexuais e sua repressão, mostra um superEU agudo e censor que critica a todos de maneira seca, egoísta e exigente. Seus juízos caem em uma análise muito fragmentada, em seus comentários críticos escolhe os argumentos desprestigiosos, desfavoráveis, desabonadores.

Suas opiniões sobre pessoas, fatos ou situações expressam freqüentemente o duro egoísmo que aninha em seu pensamento, os prejuízos, as atitudes prévias e a incapacidade de colocar-se no lugar dos outros.

Em sua conduta familiar é exigente, irritável ante a menor contrariedade, com um comportamento antipático. Pressionado por seus complexos de culpabilidade e inferioridade, está sempre projetando nos demais a insatisfação que tem consigo mesmo, e as culpas e as responsabilidades que trata de livrar-se.

Seu egoísmo e egocentrismo orgulhosos e susceptíveis fazem com que se encontre freqüentemente "frustrado" se os demais não pensam e atuam segundo seus desejos e necessidades, que tenham ou não sido manifestados. Espera que os demais intuam o que ele quer.

Trata-se, pois, de um tipo obsessivo e rígido, com uma adaptação às vezes aparente, mas muito problemática. Sua insatisfação e inconformidade consigo mesmo inclinam sua conduta para a inflexibilidade, o egoísmo e o negativismo. Sacrifica sua adaptabilidade para diminuir sua ansiedade e ganhar um pouco de estabilidade. Por isso, esse tipo de conduta esquizóide produz o mal-estar familiar, social e profissional. Patologia: está ligada às reações obsessivas.

Grau v

Rigidez e fortaleza do córtex, unido a um *palidium* dominante e a um *striarium* influente. Produz um tipo de movimento rígido, espasmódico, incontrolado e arrítmico.

Escrita — Dissolução das formas. Impulsiva, descontrolada, que mistura ângulos muito agudos com movimentos filiformes e diversas anomalias de pressão: apoiada, espasmódica, acerada ou massiva, contorcionada, "brisada", trêmula etc. As letras se chocam umas com as outras. Na continuidade pelo efeito da crispação e dos movimentos, a escrita é sacudida, de coesão desigual ou mal ligada (fragmentações ou lapsos de coesão), desigualdade de rapidez e de inclinação; freqüentemente invertida, dando ao conjunto a impressão de um ambiente gráfico crispado, descontrolado e inarmônico por falta de ordem e de coordenação dos movimentos em seus aspectos gráficos.

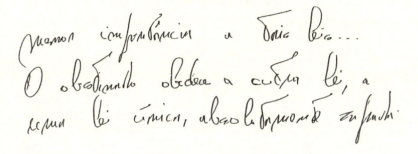

Figura 106 — Gerente de vendas, 37 anos. Escrita sobressaltada, grande, inflada e desproporcional. Grafismo de um emotivo-ativo primário. A necessidade de debater idéias pode ser vista na zona superior; os sinais de agressividade (arpões) mostram seu desejo de impor-se sobre os demais. Atitudes bruscas e decididas. Vontade de criar conflitos para mostrar sua personalidade. (Grau v.)

Correspondência psicológica — Estado de crispação e de alarme quase que constante. A sensibilidade, patologicamente exagerada, gera falta de conexão saudável do sujeito com seu mundo circundante, o que se manifesta por um modo de pensar, sentir e querer desconcertante, instável, cheio de pequenos sentimentos, mas sem nenhum sentimento verdadeiro.

Juízos intransigentes, instáveis, oposicionistas e reacionários. Vontade sempre em desacordo com a dos demais, tirânica ou ansiosa, unida a um egoísmo duro e a uma atitude farisaica.

No pensamento predomina a fantasia, mas é uma fantasia desatada, mágica e extravagante, capaz de tecer pensamentos extrapunitivos e de culpar os outros por coisas vividas somente em sua imaginação, melhor dizendo, sem nenhuma relação com a realidade.

Esse tipo de pensamento mescla tudo e relaxa ou aumenta de acordo com o impacto que se segue a cada frustração. O ponto-chave do caráter é a inadaptabilidade, a desconexão do mundo interior com a realidade, os receios, as desconfianças e o temor de agressões ou hostilidades procedentes do exterior. Isso faz com que o pensamento descomponha, desagregue ou desarticule tudo o que o sujeito tem ao seu alcance, fazendo com que cada comentário seja uma crítica demolidora dos atos, planos e idéias dos demais.

Do mesmo modo que o dr. Pophal vê as tendências "histeróides" no Grau I, na predominância do Grau V podem-se descobrir as ten-

Escala de Pophal

Grau de tensão	I	II	III	IVa	IVb	V
Origem cerebral	Subcortical		Cortical		Subcortical	
Centro nervoso	*Palidium*	*Palidium + striarium*	Córtex motor		*Striarium*	*Palidium + striarium*
Movimento	Centrífugo		Controlado	Centrípeto		Falta de controle
Gestos	Impulsos incontroláveis	Tendência a uma economia de energia		Controle defeituoso dos impulsos		Descontrolado
Adaptação	Liberdade +/– aparente	Adaptação flexível	Adaptação racional	Resistência negativa reflexiva	Adaptação aparente	Incapacidade de adaptação
Tensão	Insuficiente	Falha	Equilibrada	Rigidez voluntária e acentuada	Rigidez involuntária	Rigidez intensa
Traço						

Figura 107 — Resumo da Escala de Pophal.

dências "esquizóides" e, em seus graus extremos, a esquizofrenia. Neste caso, o grafoanalista deve deixar esta opinião para o psiquiatra.

TIPOLOGIA HIPOCRÁTICA

O professor e neurologista Maurice Periot criou uma das mais interessantes escolas de tipologia moderna. Em que pesem algumas críticas, esta tipologia se mantém atual e deve se estudada por todo grafólogo.

Baseia-se nas quatro propriedades inerentes a todo ser vivo:

NUTRIÇÃO — Todo ser humano precisa alimentar-se.
REPRODUÇÃO — As células necessitam reproduzir-se.
RECEPTIVIDADE — As células necessitam conhecer o meio em que se desenvolvem.
REATIVIDADE — As células necessitam mover-se para atuar em seu meio, para alcançar alimentos e defender-se.

Com base nas teorias psicanalísticas temos:

Nutrição e reprodução — Eros — "princípio do prazer", comer, beber, fazer amor, cultivar amizades, respirar etc.
Receptividade e reatividade — Tanatos — "princípio da realidade", defender, sobreviver, agressividade ou morte etc.

Essas características podem ser observadas no grafismo:

BILIOSO — Reatividade — Pensar — Ativa

O ritmo não e rápido, porém o rendimento é sempre intensivo, reduz ao mínimo as manobras e os movimentos desnecessários (gestos sóbrios e mensurados, dirigidos na direção certa e sem perda de tempo). O resultado final é sempre a AÇÃO. Atividade bem organizada e dirigida para a ação. Distribui e realiza seu trabalho com precisão cronométrica, ou seja, se dedica inteiramente às tarefas a ele destinadas. Procura sempre atividades de direção.

Perfil profissional ligado às empresas

Imaginação e juízo equilibrado. Boas faculdades dedutivas. Tenacidade. Vontade persistente e combativa na luta contra os obstáculos para chegar a determinado fim. Sentido prático, segurança e precisão rigorosa nas áreas de trabalho. Criação de coisas úteis e aplicação das mesmas com fins práticos. Detesta análise de pormenores superficiais, vive buscando a síntese das coisas. Atua sem a necessidade dos demais. Capacidade de mandar e dirigir. Atitudes de mando e de direção.

> Escrita — Firme, ordenada, sóbria, concentrada, profunda, em relevo, massiva, precisa, constante, apoiada, angulosa.

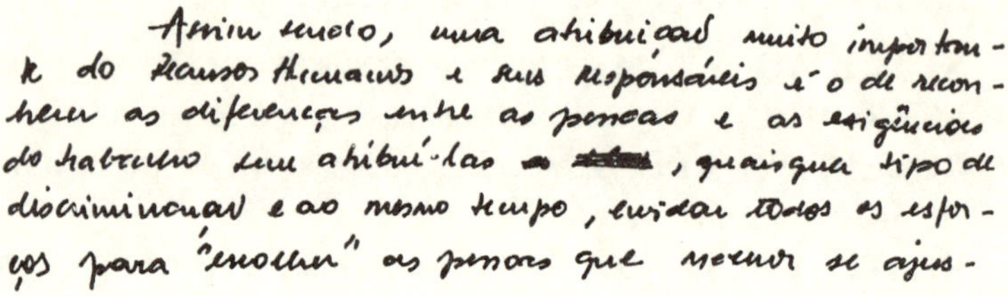

Figura 108 — Gerente de Recursos Humanos, 38 anos. Capacidade e firmeza em sua decisões. Necessidade de simplificar e encontrar soluções adequadas para os problemas do cotidiano.

NERVOSO — Receptividade — Intuir — Passiva

Ritmo desigual e instável, agitado e impreciso. Grande curva de oscilações. Reações vivas e rápidas. Não pode permanecer imóvel, se move de um lado para o outro constantemente, fala mil coisas e, às vezes, pode manter seu cérebro em ativos movimentos, de modo que os que o rodeiam se surpreendem com sua vivacidade de argumentos e observações sutis. Rápido para resolver problemas de momento e improvisar soluções, porém pode cansar-se e ser impreciso nos trabalhos que executa, especialmente os de longa duração. É incapaz de destacar-se em atividades que exijam disciplina metódica. Às vezes é impaciente e precipitado.

Perfil profissional ligado às empresas

Intuição, juízo especulativo e inteligência verbal. Atitudes para tarefas minuciosas e improvisações rápidas. Capacidade de criar oportunidades que os outros não vêem e de soluções práticas para problemas urgentes. Pode manejar objetos finos e delicados. Destaca-se em trabalhos que requeiram automatismo motriz e mental. Reúne uma série de habilidades, mas é instável em quase todas elas. Não é capaz de atuar sozinho, necessita do estímulo dos demais. Gosta de surpreender os que o rodeiam.

> Escrita — Pequena, instável, sinuosa, desigual, rápida, leve, confusa, ordenada, sacudida, retocada, desligada, barras dos *tt* e pingos nos *ii* irregulares.

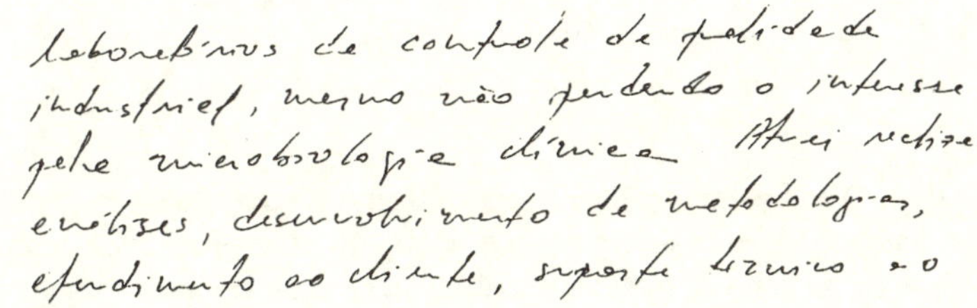

Figura 109 — Biomédica, 29 anos. Escrita rápida, com mudanças ágeis no traçado. Grande vivacidade de sentimentos, necessidade de atuar de maneira rápida e perspicaz. Temperamento nervoso.

LINFÁTICO — Nutrividade — Sensação — Passiva

Ritmo tranqüilo, lento, igual e paciente. Move-se com lentidão e aparente despreocupação. Os movimentos são sempre precisos e bem adaptados, de acordo com os objetos que maneja. Em atividades carece de entusiasmo, porém é metódico e reflexivo. Confia muito no seu automatismo, o que permite realizar tarefas de modo correto e mecânico. Seu trabalho é sempre conseqüente. Busca atividades passivas e de pouco risco. Trata-se de um bom cumpridor de ordens e de excelente executor.

Perfil profissional ligado às empresas

Faculdade de observar e reter na memória. Fácil adaptação aos lugares, objetos e pessoas com quem trabalha. Regularidade e ponderação reflexiva no trabalho. Automatismo motriz e mental ao máximo. Características excelentes para trabalhos de cópia, reprodução, execução, comprovação e medidas. Porém carece de atitudes criadoras. Pode ser ótimo instrumentista.

Escrita — Igual, lenta, monótona, estável, redonda, pastosa, inflada, linhas descendentes e inclinação moderada.

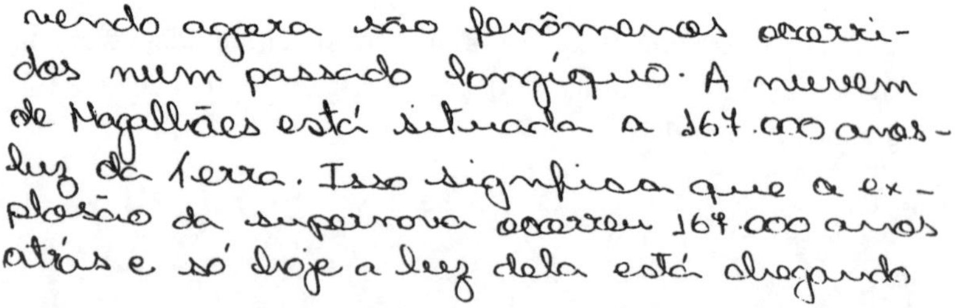

Figura 110 — Administradora de empresa, 30 anos. O traçado é lento, caligráfico e redondo. A autora do grafismo possui necessidade de ver, sentir, tocar e observar as coisas e os fatos classificando e enumerando-os segundo princípios gerais e pessoais. Ordem e limpeza nas áreas em que atua.

SANGÜÍNEO — Reprodutividade — Sentimento — Ativa

Ritmo rápido, entusiasta, otimista eufórico e exuberante (gesto amplo, dinâmico, expansivo). Rápido, preciso e ágil em seus movimentos, empreendedor e confiável. Contínuo no movimento e na ação. Às vezes é pouco tenaz e constante em certos fins. Busca atividades independentes e relações livres de compromissos.

Perfil profissional ligado às empresas

Memória evocadora, criação pura, invenção e imaginação, sentimento artístico (a beleza pelo seu lado expressivo). Rapidez e agilidade na ação e nos movimentos. Rapidez nas decisões. Inventa, mas não utiliza o que cria e é pouco judicioso e observador. As pessoas, coisas e objetos que o rodeiam devem estar em harmonia. É impulsivo em suas atuações e mostra-se sensato, prático e inteligente em sua profissão. Apto para profissões de contato e relações humanas, vendas, publicidade e espetáculos.

Escrita — Grande, dilatada, rápida, inclinada, crescente, ligada, impulsionada, ornada, em relevo, curvilínea, traços supérfluos.

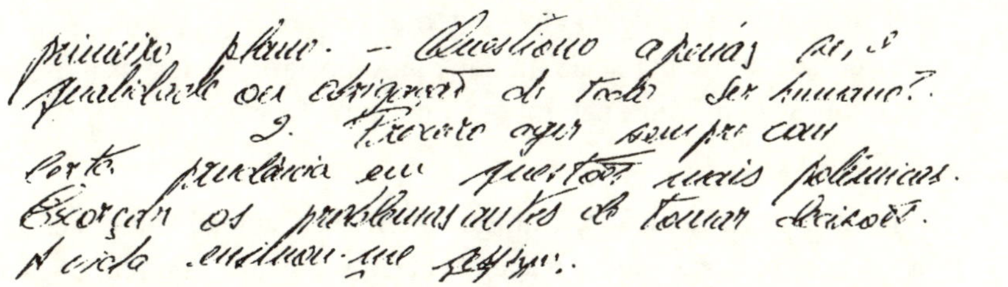

Figura 111 — Vendedor, 34 anos. Escrita inclinada, grande e desproporcional. Vontade de lançar-se rumo a um empreendimento, mesmo que sem uma direção concreta. Atividade e energia. Sangüíneo.

Síntese entre espaço/movimento

O grafólogo alemão Carl Gross e depois Rudolf Heiss foram os grandes precursores desse tipo de visão na grafologia, sendo o primeiro o criador e Heiss um defensor entusiasta desta tese.

Em seu brilhante livro *Grafologia estrutural e dinâmica*, o professor Vels realiza uma grande revisão analítica dos conceitos de ESPAÇO-FORMA-MOVIMENTO de acordo com as diversas zonas em que ocorrem.

A maioria dos grafólogos modernos procura essa simplificação, que teve grande impulso após a Segunda Guerra Mundial, principalmente devido à grande procura de mão-de-obra na Alemanha e à necessidade de realizar análises grafológicas mais rápidas e eficientes.

Imagine uma seleção com cem candidatos, e você tendo que observar um dicionário com seiscentos tipos de letras, medir com régua as vogais, traçar ângulos procurando a inclinação das letras. Com um pouco de sorte, e duas horas por análise, em cerca de duzentas horas, oito horas por dia, em 25 dias úteis, tudo estará resolvido. Neste momento, você abandona tudo e procura técnicas mais modernas, que apresentem resultados mais rápidos e eficientes.

Vejamos cada um desses aspectos:

Forma

Trata-se do detalhe mais consciente e intencional da onda gráfica.
Corresponde — Expressão modal do caráter (Vels)

Traduz os modos de conduta externa.

A pessoa apresenta-se ao mundo como gostaria de ser vista; isso pode ocorrer de maneira natural ou como uma fachada.

A **forma** representa:

Estilo, individualidade, cultura, estética, capacidade de criação, grau de convencionalismo, relação "eu" e a sociedade, mundo, originalidade.

A **ordem** nos mostra:

Capacidade de organização, adaptação ao mundo que o cerca, "o texto é representativo do social", como conduzimos nossa vida.

Espaço

Todo espaço, ocupado ou não, tem importância capital no estudo da onda gráfica. As margens, o cabeçalho, os espaços interlineares, entre palavras, letras e entre as porções exteriores e interiores das letras. A análise dos espaços em branco em uma escrita é de fundamental importância para o laudo final.

No estudo do espaço observamos:

- margens esquerda, direita, superior, inferior;
- espaços entre as linhas;
- espaços entre as palavras;
- conjugando o espaço entre linhas e palavras;
- espaços dentro das letras.

Neste ponto, é de ficar abismado quando escutamos dizer que as margens direitas devem ser desconsideradas para uma análise grafológica.

Segundo Vels, o "branco" é uma microrrepresentação do espaço vital em que o indivíduo se move. Este detalhe está de acordo com nossas pesquisas de "espaço vital" baseadas nas teorias de Kurt Lewin.

O espaço representa: o grau de objetividade, ponderação, juízos e conduta pessoal, domínio ou afastamento do ambiente, autocontrole nos modos de agir, ser, pensar, grau de impulsividade, relação "EU" e "TU".

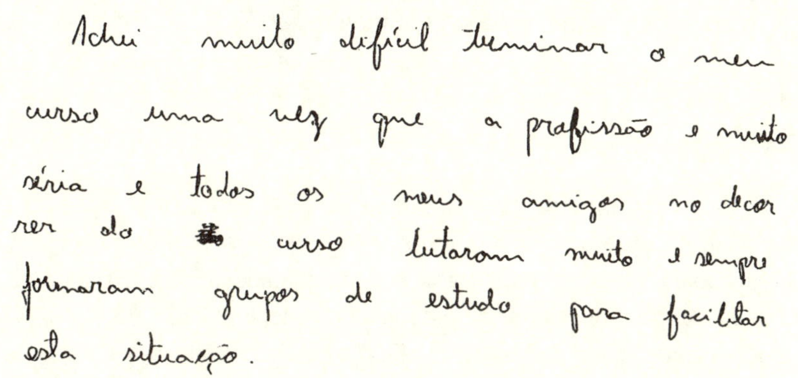

Achei muito difícil terminar o meu curso uma vez que a profissão e muito séria e todos os meus amigos no decorrer do curso lutaram muito e sempre formaram grupos de estudo para facilitar esta situação.

Figura 112 — Médico, 27 anos. Escrita lenta, pequena, espaçada. O afastamento entre as palavras e as linhas revela vontade de entrar em contato consigo mesmo. Os sinais de ansiedade são visíveis nas chaminés. Apesar do grande conhecimento profissional, este jovem revelou problemas de adaptação, isolando-se das pessoas.

Movimento

Compreende a rapidez, o tamanho, a direção, a pressão e a continuidade da onda gráfica.

Neste ponto colocamos em discussão a frase: "Todas as desventuras do homem provêm do fato de não ficar trancado em seu quarto".

O movimento indica: nível de vitalidade, dinamismo, continuidade dos sentimentos e idéias, hábitos de conduta, direção de interesses, tensões.

Cabe ao grafólogo analisar o comportamento da onda gráfica com base nas relações entre estes três itens.

Ao realizar uma análise grafológica, visando à contratação, o grafólogo pode inicialmente observar a escrita segundo esses aspectos e, de maneira rápida, ter um panorama do candidato. Com isto podemos fazer facilmente uma triagem das cartas, economizando tempo, material e pessoal.

Saímos um pouco dos conceitos grafológicos:

"Você confunde ação com movimento."
Picasso

Movimento

Quando o movimento é dominante no grafismo, temos:
Dificuldade de controle em seus diversos graus, impulsividade, domínio das emoções e instintos, espontaneidade, atividade quando o traço é firme, capacidade de adaptação, independência, e, às vezes, imaginação, ação, "as leis são as leis".

Forma

Quando a forma se destaca sobre o movimento, temos:
Controle da realidade sobre os prazeres, controle de seus impulsos, aceitação de regras, conformismo, conservadorismo, valores sociais em equilíbrio, domínio da atuação no meio em que vive, apego às formas das leis.

Equilíbrio entre **FORMA/MOVIMENTO**

Eficiência e eficácia, adaptável, criatividade, equilíbrio entre a capacidade de motivação e a de realização, autenticidade de valores, mais apego ao espírito das leis do que sua forma propriamente dita.

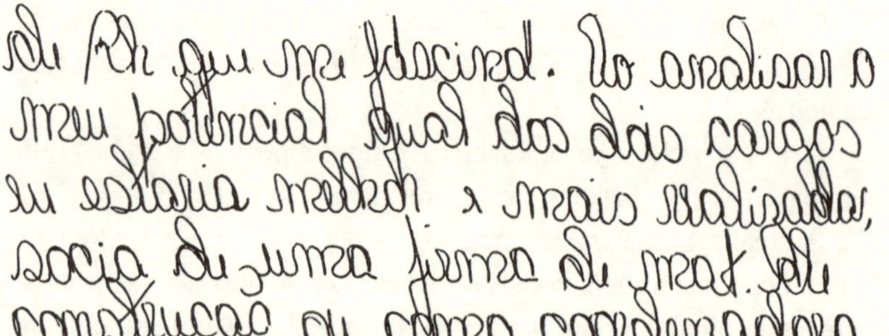

Figura 113 — Psicóloga, 29 anos. Escrita grande com predomínio da zona média. O grande sentido de realidade é mostrado pela zona média.

Segundo Renna Nezzos, presidente da Bristish Academy of Graphology: "Movimento é 'espécie', e não sinal, e a grafologia moderna está cada vez mais afastando-se dos pequenos sinais e mais e mais movendo-se para as 'espécies', que podem nos dar importantes informações a respeito do escritor. Naturalmente, os pequenos sinais não devem ser descartados ou ignorados".

Para finalizar, temos que dizer que realizar análise por meio de pequenos sinais, no mínimo, é temeroso e, ao que consta, esse tipo de análise foi condenado por Jamin no início do século.

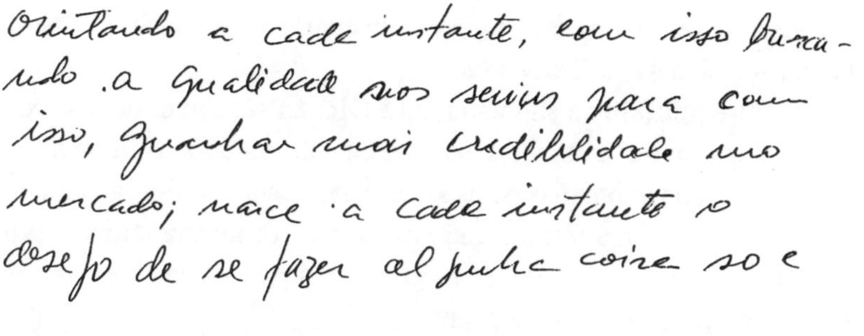

Figura 114 — Gerente financeiro, 34 anos. Escrita em que existe o predomínio do movimento, porém trata-se de um gesto impreciso; as letras são inacabadas. Sinais de instabilidade e emotividade.

Grafoanálise

Augusto Vels

Podemos simplificar os diversos aspectos gráficos e seus subaspectos que são utilizados em três grandes aspectos: **ESPAÇO, FORMA e MOVIMENTO**.

Assim, por exemplo, para a observação destes três fatores que podem romper o equilíbrio entre **CULPABILIDADE, ANGÚSTIA-ANSIEDADE, AGRESSIVIDADE**, basta observar os três aspectos gráficos relatados anteriormente.

Para compreender a noção de **ESPAÇO** devemos saber que a palavra é uma representação mental de um objeto, seja ele concreto ou abstrato. A página em sua totalidade indica o modo como a pessoa concilia seu mundo interior com as circunstâncias e exigências ao seu redor.

Por **FORMA** entende-se como a pessoa distribui e ordena as letras, as palavras e as linhas. Disto concluímos o nível de ordem, a organização e adaptação de idéias, precisão de juízos, objetividade e ajuste à realidade.

A maneira como se coloca a massa gráfica (cabeçalho, texto, fecho, margens, pontos, separação entre palavras e letras etc.) revela o respeito pelas normas e pelos demais e a adaptação mais ou menos rígida ou espontânea em relação aos que a rodeiam.

A Forma da onda gráfica em relação ao seu **MOVIMENTO** nos revela a maneira de se comportar da pessoa, melhor dizendo, a relação do EU com o Objeto, se ela é convencional, espontânea, aberta, cautelosa, sincera, inflexível etc.

O desequilíbrio ou anomalias na **FORMA** são sinais de que existem frustrações e anomalias na conduta do sujeito. Geralmente a maior parte das anomalias no aspecto Forma estão na ligação entre as palavras e revelam a relação entre ou EU e o TU; mostra também problemas de relacionamento entre o EU e o sexo contrário, ou até mesmo transtorno na esfera sexual.

O **MOVIMENTO** é indicador do grau de tensão, energia, brandura, vivacidade, impulsividade, controle, agitação e continuação de nossos impulsos, desejos, motivações e caprichos. O Movimento na escrita expressa o modo como desenvolvemos nossas ações e a reação que temos para conseguirmos nossos objetivos.

O desequilíbrio no Movimento afeta as três grandes esferas da personalidade: a soma, a psique e o intelecto.

Basta observar os três aspectos para se ter uma visão panorâmica do grau de energia, equilíbrio e adaptação de cada pessoa.

A GRAFOANÁLISE tem a vantagem de oferecer por intermédio de 24 vetores um retrato de nossa personalidade, tendências e motivações. Sem dúvidas, por meio da estatística a grafoanálise coloca a Grafologia no nível de ciência e a separa definitivamente das ditas artes adivinhatórias.

12

TESTE PALOGRÁFICO

Diversos pesquisadores tentaram, por meio de aparelhos — ergópteros, ambidextrógrafos e tremógrafos —, quantificar, valorizar e explicar a complexidade da atividade de trabalho da criança, do adolescente e do adulto.

Dentre os principais pesquisadores estão Oseretsky, Mira e Kretschmer, entre outros. Em que pesem o refinamento e a alta qualidade dos testes, os resultados muitas vezes não foram compatíveis com os objetivos desejados.

O preço, o tempo de aplicação, a avaliação dos resultados, a complexidade do material utilizado e o treinamento do aplicador sempre foram fatores que limitaram o sucesso do testes, mesmo daqueles que atingiram resultados concretos.

O pesquisador e grafólogo espanhol Salvador Scala, por meio de pesquisas, criou um teste simples e de fácil execução.

O Teste Palográfico teve suas origens nos anos 30 e, a partir de então, foi constantemente aperfeiçoado. Trata-se de um instrumento de importância capital para o recrutador, principalmente para aquele que trabalha com grande número de candidatos e mão-de-obra operacional. Os fundamentos do teste baseiam-se na fisiologia, nos estudos dos movimentos (Cinetopsicologia) e nos diversos estudos grafológicos.

DADOS TÉCNICOS

1. Idade de aplicação

- Desde os oito anos de idade.

2. Tempo de execução

- Total de sete minutos e trinta segundos, divididos em dois tempos:
- Primeiro: de 2,5 min, divididos em tempos de 30 segundos.
- Segundo: de 5,0 min, divididos em tempos de 60 segundos.

O primeiro tempo não é válido e visa apenas relaxar o candidato (sem que ele saiba), afastando-o do estresse de realizar um teste psicotécnico.

O aplicador deve levar em conta, no tempo total para a execução da prova, as explicações, as perguntas e as dúvidas dos candidatos. Este tempo pode variar de acordo com várias circunstâncias.

3. Material da prova

- Duas folhas de papel sem pauta.
- Dois lápis pretos número dois (um de reserva). A caneta esferográfica também pode ser utilizada.
- Um cronômetro ou relógio (para marcar o tempo).

Observações:

Não se pode utilizar qualquer tipo de borracha e as condições de aplicação devem ser as melhores possíveis (como, por exemplo, a luz da sala, cadeiras confortáveis etc.).

A sala não deve ter cartazes ou materiais que chamem a atenção do candidato. É conveniente um quadro-negro para que se possa explicar o teste.

Quanto ao papel, uma folha de papel sulfite (22 × 32,5 cm) é o ideal. Os traços iniciais podem ser colocados no início da folha e nada mais.

A assinatura e o nome do candidato devem ser colocados no final do teste.

4. Dados obtidos

- Tempo de reação.
- Ritmo de trabalho.
- Nível de oscilação rítmica.
- Qualidade de trabalho.
- Comportamento afetivo.
- Produtividade.
- Tipologia e caracterologia.
- Fadiga.
- Estresse, alcoolismo etc.
- Outros detalhes afeitos às leis e interpretações grafológicas.

APLICAÇÃO DO TESTE

1. Aplicação

Com todos os candidatos na sala e em condições de realizarem a prova, e após quebrado o "gelo" inicial, o psicólogo dirá:

- Vocês vão riscar nessa folha traços iguais ao modelo acima (a folha deve vir riscada na parte superior esquerda com três traços de sete milímetros).
- Risquem da melhor forma possível e o mais rápido que puderem.
- Lembrem-se que importa tanto a quantidade quanto a qualidade dos traços.
- Procurem conservar a mesma distância e o tamanho dos traços.
- A cada um dos CINCO tempos eu direi a palavra SINAL e vocês executam um traço assim "X" ou "_____" (mostrar no quadro-negro) e continuam a realizar os traços normalmente até eu dizer: PAREM!
- Não existem correções para erros; caso ocorram, continuem normalmente.
- ALGUMA DÚVIDA?

Observações:

- O vocabulário pode variar de acordo com o executor do teste. Longe de se constituir um modelo, é apenas um exemplo para ser observado. O nível intelectual do candidato deve ser levado em conta.
- Depois do primeiro tempo, as mesmas observações deverão ser repetidas antes do segundo tempo.
- Se alguém solicitar instruções durante a execução da prova, o executor deverá dizer-lhe para aguardar o fim da prova.
- O candidato que estiver realizando a prova de maneira errada não deve ser interrompido.
- O nível cultural dos candidatos pode ser muito heterogêneo e, neste caso, o quadro-negro deve ser utilizado em sua plenitude.
- O candidato canhoto realiza a prova da mesma maneira.
- Se a folha não for suficiente, o candidato deve ser orientado para utilizar o verso.

2. Contagem dos traços

Terminada a prova, deve-se proceder a contagem dos traços. O ideal é que os próprios candidatos realizem tal tarefa. Pode-se dizer que eles irão realizar uma prova de atenção e, após a contagem, devem colocar os valores obtidos acima dos traços "X" ou dos "_____".

Essa contagem facilita o trabalho do examinador (pense em uma sala com cinquenta candidatos).

A definição do número de pessoas que realizam o teste é determinada pelo próprio avaliador, devendo ser observados dados como o local, carteiras, nível dos avaliados etc.

Deve-se pedir para que não façam grandes riscos no papel durante a correção, pois isso pode modificar ou alterar o resultado. Se possível, dê a cada candidato uma caneta vermelha. No final, agradeça e recolha os papéis.

PRODUTIVIDADE

A produtividade significa eficácia, rapidez de pensamento e, em última análise, inteligência. Ela é obtida por meio da quantidade de traços executados.

A velocidade traduz, além de inteligência, vivacidade, rapidez para resolver problemas, compreensão do que ocorre ao seu redor; a pessoa se move observando e executando as tarefas.

NÍVEL DE OSCILAÇÃO

O Nível de Oscilação Rítmica (NOR) indica as oscilações de ritmo do indivíduo.

Fórmula de cálculo

Vejamos um exemplo:

Tempo	1	2	3	4	5	Total 5 min
Valores	110	112	122	131	138	613
Diferença		2	10	9	7	28

Fórmula: $NOR = (D \times 100)/T$

D = diferença entre os traços   T = total dos traços

Em nosso exemplo o resultado seria:

$NOR = (28 \times 100)/613 - NOR = 4,56$

NOR:

Valores	Observação	Conceito		X
0 a 3 — Superior	Obsessividade, meticulosidade	Superior	4p	
4 a 7 — Médio Superior	Trabalho rítmico e constante	Médio Superior	3p	
8 a 10 — Médio		Médio	2p	
11 a 14 — Médio inferior	Desempenho oscilante, trabalho	Médio Inferior	1p	
mais de 15 — Inferior	Arrítmico e imprevisível	Inferior	0p	

Pode-se observar, então, a variação de trabalho de determinada pessoa, se sua produtividade pode crescer ou decrescer, oscilar para cima e para baixo, se a variação é pequena ou grande; enfim, como o trabalho afeta o indivíduo em seu ritmo.

Essas avaliações são inerentes aos valores, mas o psicólogo pode concluir outros dados ao observar o teste de acordo com as teorias grafológicas.

O ritmo pode ser acelerado, crescente, decrescente, instável ou arrítmico.

Exemplos:

Ritmo crescente — Uniforme com o tempo

Tempo	*1*	*2*	*3*	*4*	*5*	*total*
Valores	110	112	114	116	118	570
		2	2	2	2	8

Ritmo oscilante

Tempo	*1*	*2*	*3*	*4*	*5*	*total*
Valores	110	100	108	116	98	570
		10	8	8	18	44

Alguns pesquisadores nomeiam os tempos da seguinte maneira:
1º tempo — acordar
2º tempo — antes do almoço
3º tempo — após o almoço
4º tempo — final da jornada de trabalho
5º tempo — restante do dia (noite)

QUALIDADE DOS TRAÇOS

A qualidade dos traços muitas vezes pode ser de avaliação puramente pessoal, mas devem ser observados os seguintes dados, valorizando cada um com nota zero ou um.

1. Direção das linhas (se desiguais)
2. Ritmo
3. Distância entre os traços
4. Tamanho e forma dos traços
5. Regularidade das linhas

Valores e avaliação

Itens observados	Conceito 0 – 1	Avaliação	X
Direção das linhas		5 pontos — Excelente qualidade 5p	
Ritmo		4 pontos — Muito boa qualidade 4p	
Distância entre os traços		3 pontos — Razoável qualidade 3p	
Tamanho e forma dos traços		Abaixo de 2 — Baixa qualidade 2p	
Regularidade das linhas		1p	

As qualidades se referem à organização, ao método e ao desempenho no trabalho e devem sempre ser conjugadas com os números de traços.

Avaliação Profissional

Características	Tipos de traços
1. Iniciativa	– Firmes, diretos, verticais, à direita, retos.
2. Perseverança	– Claros, espaços regulares, ligeiramente ascendentes.
3. Organização	– Linhas retas, margens proporcionais.
4. Flexibilidade	– Linhas sinuosas, inclinação +/- desigual.
5. Autocontrole	– Traços iguais, pressão constante.
6. Inteligência	– Regulares, claros, à direita, uniformes, margens proporcionais.

PRESSÃO

Para o grafólogo e psicólogo suíço Max Pulver ela é índice de produtividade criadora. "Pressão é a intensidade de energia psíquica."

A pressão indica a potência da libido, a capacidade de realização e resistência de quem escreve.

E, ainda, nos mostra a firmeza de atitudes pessoais, vitalidade e segurança.

Traços retos, firmes e seguros (+ de 100 por minuto)

Não existe vacilação no ato de realizar os traços; estes são dinâmicos e possuem linhas retas e traços limpos. A pressão é maior quanto maior o dinamismo físico e mental. Assim, é maior a resistência e a capacidade de auto-afirmação da pessoa.

Caso a velocidade seja lenta, mostra que a pessoa se adapta às rotinas, aos trabalhos convencionais, à lentidão e a um certo espírito conservador.

Frouxos

A pressão é leve, a direção é ondulante, os traços parecem não ter vida. Indicam insegurança, incapacidade de reagir e certa falta de firmeza moral. A capacidade de enfrentar obstáculos é quase nula. Muitas pessoas que ficam doentes possuem traços que se mostram fracos e sem pressão. *Déficit* do tônus vital. Instabilidade e débil disposição para a ação.

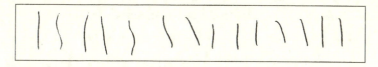

Traços curvos e brandos

Adaptação sem resistência, falta de estímulo para superar qualquer tipo de problema.

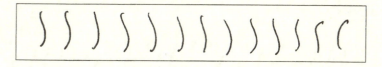

Traços torcidos ou sinuosos

Caráter débil, falta de tônus vital. Sentimento de insegurança. Em certos casos pode indicar incapacidade moral.

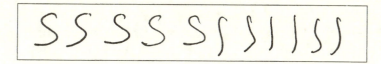

Traços retorcidos e retos

Mostram, em geral, irregularidades de energia e alternância de conduta.

Traços grossos (menos de 100 por minuto)

Falta de sensibilidade e de habilidade para compreender as coisas do espírito; isto ocorre, na maioria das vezes, pelo fato de o indivíduo estar mais interessado em coisas materiais.

Traços grossos, firmes e organizados (em massa)

Indicam tensões acumuladas, incapacidade de controlar suas energias.

Traços frouxos e em pontas aceradas

Atitudes de descontentamento. Incapacidade para enfrentar as coisas da vida.

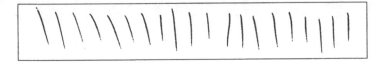

Traços profundos

Quando as marcas no papel são facilmente observadas. Segundo

Pulver, a profundidade é a terceira dimensão gráfica. Profundidade de tendências, autenticidade de valores e atitudes, índice de atividade criadora. Força realizadora, dinamismo psíquico e físico. Firmeza e segurança em suas decisões.

Traços desiguais

O traçado apresenta diversas irregularidades na pressão.

Temperamento excitável, facilmente mudado. Passa-se do gesto brusco para o de ternura. Emotividade e impressionabilidade. Instabilidade de humor e incapacidade de realizar tarefas com o mesmo ritmo durante longo tempo.

Quanto ao calibre, os traços podem ser classificados em:

Traços robustos

Possuem calibre maior do que 3/4 mm. Dinamismo psicofísico. Capacidade produtiva e realizadora de primeira ordem. Segurança, firmeza em si mesmo. Energia para impor-se e opor-se. Inteligência usada em tarefas que exijam imaginação. Às vezes pode ser indicativo de atitudes de déspotas. Energia mal regulada. Violência e brusquidão. Satisfação pelo lado material da vida. Despotismo.

Traços nutridos

Possuem calibre entre 2 e 3/4 mm. Dinamismo psicofísico normal. Capacidade de repor as energias perdidas. Bom nível de rendimento e produtividade.

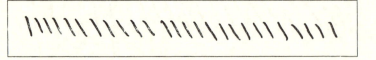

Traços finos

Existem sinais de profundidade, porém o calibre dos traços é menor do que 1/2 mm. Forte nível de espiritualidade ou interesse pelas coisas espirituais.

A pressão pode revelar um tipo especial de traço chamado *acerado*, ou seja, aquele em que o final das letras é como ponta de agulha ou punhal.

Trata-se de um símbolo que reflete a falta de domínio de si próprio; a pessoa não consegue conter suas energias. Revela agressividade e espírito combativo. Comum em pessoas cujas atividades exijam pronta resposta, como a de políticos, policiais e oradores. Mostra ânsia de dominar, cólera e irritabilidade.

Acerados   *Massivos*

O contrário dos traços *acerados*, os *massivos* têm finais em ponta quadrada. Revelam acúmulo de tensões e explosões emocionais descontroladas. Trata-se de símbolos de agressividade e combatividade, de reações e atitudes impulsivas e desproporcionais.

VELOCIDADE

A velocidade se traduz pela quantidade de traços que se executa na prova e demonstra o tempo de reação e a rapidez com que a pessoa resolve seus problemas e suas tarefas. Normalmente, quem realiza grande número de traços tende a ter inteligência superior e sua atividade no trabalho acusa alto rendimento profissional.

- Traços ordenados — menos de 120 por minuto.

Atividade mental tranqüila e prudente. Observação atenta, formalidade nos contatos com o meio externo. Boa faculdade de observação.

- Traços desordenados — menos de 120 por minuto. Confusão mental.

Detalhes que indicam retardo dos traços:

Cuidado excessivo, retoques, pastosidade, borrões, curvas e tremores, arpões e anzóis, estreitos, forte pressão. Outros detalhes que causam retardo, mas que possuem origem psicopatológica: angústia, perda de memória, alcoolismo, astenia, melancolia etc.

Tipos de movimento

- **Movimento pausado: 300/400 traços**

Domínio das funções sensoperceptivas sobre a inteligência. Inteligência observadora e reflexiva que, além de reconhecer os dados, precisa intervir para adaptá-los às necessidades próprias e à de outros. Tempo de reação entre médio e pausado. Nos sentimentos busca-se o equilíbrio entre os interesses afetivos e os materiais. Natureza serena. Boa capacidade para classificar e ordenar.

- **Movimento moderado: 400/600 traços**

Inteligência acima do nível médio, capacidade de imaginação do tipo realista e apoiada em fatos concretos. Boa memória e juízo sensato. Capacidade de resolver os problemas que estão à sua frente.

- **Movimento rápido: 600/950 traços**

Capacidade de aumentar o ritmo de trabalho e executar tarefas com habilidade. Vivacidade e pronta decisão nas questões que lhe são apresentadas.

ORDEM

A ordem revela a capacidade de organização, de o indivíduo se adaptar às normas e deveres sociais. Mostra-nos a capacidade de aceitar ordens vigentes, classificar as coisas de forma hierárquica, segundo valores predeterminados.

DISTRIBUIÇÃO

Corresponde à ordem das idéias. É a forma como os palos são colocados e distribuídos ao longo do texto. A distância entre eles e as linhas deve ser observada.

Um teste bem distribuído obedece aos seguintes parâmetros:

Carece de excessos, palos de uma linha não se misturam com os de outras, espaçamentos regulares, não existe confusão entre os palos.

1. Clara

Existe boa separação entre os palos e as linhas.

Noção exata do que é meu e do que é seu. Predomínio da atividade consciente, clareza de espírito. A razão dirige a imaginação. Ordem nas áreas de trabalho. Simpatia, fidelidade e amor à verdade. Sentido negativo. Inteligência medíocre e convencional acostumada a seguir hábitos e rotinas preestabelecidas.

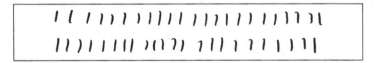

2. Confusa

Não existe ordem entre os palos, as linhas e os espaços.

Pessoa que mescla a vida instintiva, emotiva e intelectual. Sentido negativo — Excesso de imaginação, ingênuo, crédulo e sugestionável. Função discriminativa defeituosa, exaltação e certa utopia por excessiva espontaneidade.

3. Concentrada

O intervalo entre os palos e as linhas é pequeno.

Concentração e bom aproveitamento do tempo. Costume de dirigir a atenção para o centro vital da questão. Prudência, previsão e economia. Seriedade, reserva e discrição. Necessidade de economia levada até a avareza; tendência a guardar, economizar e acumular coisas. Difícil acesso a sentimentos generosos. Visão limitada e estreita dos fatos e das coisas.

4. Espaçado

Os intervalos entre os palos e as linhas são maiores que o normal.

Necessidade de viver ao ar livre. Amplitude do campo de consciência. Amplitude de idéias e sentimentos. Necessidade de expansão. Bondade natural e generosidade, simpatia e contato com os demais. Certo gosto pela vida folgada e ambientes amplos. Falta de juízo e reflexão. Propensão impulsiva, ingênua, confiável e sugestionável. Ausência do sentido de economia.

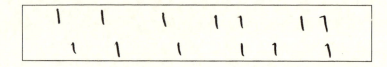

5. Ordenada

Boa simetria entre as margens e os traços.
Capacidade de organizar bem suas atividades e o trabalho. Equilíbrio moral e social.

6. Desordenados

Quando existe falta de simetria entre palos, linhas e margens.
Falta de objetividade. Desordem moral. Inconstância e emotividade.

PROPORÇÃO

Mostra-nos o equilíbrio e a ponderação de juízos de que o escritor é capaz.
Nesse subaspecto valorizamos a simetria entre os palos.

1. Proporcional

O tamanho dos palos é equilibrado.
Equilíbrio de tendências. Capacidade de integrar valores sociais, morais, espirituais e físicos em justa proporção. Falta de imaginação. Regularidade. *Persona*, de Jung.

2. Desproporcional

Falta de simetria nos palos.
A imaginação impera sobre a razão. Capacidade para mudar, transformar. Depende da zona em que ocorre. Sentido negativo. Tendência a exagerar. Desproporção entre razão e realidade.

3. Mista

Quando mescla os dois tipos anteriores.
Capacidade de dar sentimentos e expressão às coisas. Sentimento e criação. Sentido negativo: razão e imaginação em desequilíbrio. Ambições desmedidas. Em casos extremos, debilidade mental.

TAMANHO

A dimensão indica o nível de expansão da personalidade da pessoa, seus impulsos e necessidades, o sentimento de si mesmo e como se depara em relação aos outros.

A extensão (horizontal) do grafismo indica a vitalidade e a atitude diante do mundo (intro/extroversão).

O alargamento (vertical) mostra as necessidades de acordo com a zona para a qual se dirige. Vejamos os principais aspectos:

1. Traços grandes: > 7 mm

Plenitude vital e amplitude de visão. Nobreza e generosidade, orgulho e dignidade. Consciência da própria força. Segurança e valor moral. Sentido negativo — Exaltação e vaidade, tendências a projetos e sonhos impossíveis de se realizarem. Exibicionismo e fantasia sem nenhuma necessidade.

2. Traços pequenos: < 5mm

Sentimento de economia e utilidade das coisas. Introversão. Atitude prudente. Sutileza aliada à capacidade dedutiva e intuitiva para focalizar detalhes. No sentido profissional, tendências à especialização. Abnegação. Sentido negativo: Incapacidade de compreender, assimilar e produzir coisas com amplitude. Liberdade restrita, temor, dúvidas e tendências ao desalento e ao pessimismo.

Entre os traços grandes e pequenos temos os médios, que representam um equilíbrio entre os dois.

3. Traços grandes, pequenos, alternados

Insegurança a respeito do próprio valor. Tentativa de impor a vontade mediante condições que lhe são adversas, como por exemplo: estresse, doença, velhice etc.

4. Traços crescentes

Sentido geral:
Predomínio do pensamento mágico sobre o pensamento lógico. Gosto por complicar, fantasiar e exagerar nas coisas mais comuns da vida. Expansividade, sentimento alegre e juvenil. Sentido positivo: Falta de tato, exagero das coisas e dos fatos que lhe passam pela frente. Atitudes desproporcionais.

5. Traços decrescentes

Cultura e evolução espiritual. Cortesia e delicadeza para com os que o rodeiam. Capacidade de ajustar seu trabalho ao tempo. Adaptação de acordo com as normas e o ambiente, visando preservar a harmonia entre ambos. Sentido negativo: timidez e debilidade moral, habilidade em desconversar e mudar para assuntos que lhe interessam. Falta de habilidade para tratar seus problemas de acordo com o tempo previsto.

DIREÇÃO

A direção reflete, antes de tudo, as variações de humor e da vontade de quem escreve.

1. Retilínea

São aquelas que acompanham o sentido horizontal do papel, isto é, sua trajetória é reta.

É sinal de firmeza, ordem e controle das tarefas, calma e serenidade, equilíbrio de caráter e harmonia das funções psíquicas e orgânicas. Natureza pacífica e serena, sem excitações e depressões. Integridade social e afetiva. Convencionalismo e rotina. A pessoa possui natureza pouco emotiva e apática.

2. Ascendente

As linhas são ascendentes, isto é, vão subindo à medida que a onda gráfica avança pelo papel.

Revela grande ambição de quem escreve, bom humor e otimismo. Grande energia. Ardor e atividade constante, imaginação e fantasia. Ambição de superioridade e poder, necessidade de domínio espiritual e intelectual sobre os demais. Espírito empreendedor e entusiasta. Extroversão. Excitação. Sentido negativo: delírios de ordem moral, mania de grandeza, os pensamentos são incompatíveis com as reais possibilidades.

3. Descendente

À medida que a massa gráfica avança, os traços tendem a cair.

Decréscimo da capacidade de trabalho e falta de energia para enfrentar problemas de ordem moral, física e afetiva. Fácil de se impressionar e certa debilidade de vontade. Casos de doenças e de esgotamento físico.

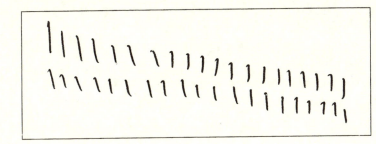

4. Côncavas

São aquelas que formam uma espécie de barriga para baixo. No início do trabalho a pessoa sofre um desânimo, mas depois retoma o ânimo e volta a trabalhar no mesmo ritmo.

5. Convexas

No início começam subindo e depois descem; é própria do "fogo de palha". O trabalho começa com grande entusiasmo e depois tende a decair. Pode indicar impressionabilidade e facilidade de ser sugestionada.

6. Serpentina

A direção das linhas é ondulada.

Revela grande sensibilidade e emotividade. O humor e os propósitos são altamente flexíveis. Finura, tato e diplomacia. Flexibilidade de sentimentos.

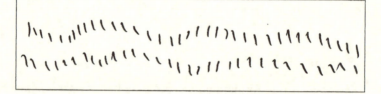

7. Espaços entre as linhas

Normais

Pensamento claro. Comportamento e escrúpulos moderados. Ajustamento normal à realidade.

Exagerados

Dificuldade de relacionamento. Vontade de isolar-se dos demais. Às vezes as atitudes são de extremo respeito e formalidade. Complexo de inferioridade. Tempo de pensamento para falar e tomar decisões é muito grande.

Estreitos

Falta de limites pessoais. Invasão de privacidade ou ambientes alheios sem a devida permissão. A pessoa não sabe lidar com os seus próprios limites. Falta de escrúpulos.

Vulgaridade. Quando ocorre a invasão interlinear, isto indica que a pessoa não respeita o limite dos outros.

Os grandes espaços entre as linhas indicam capacidade de planejamento estratégico, a longo prazo (secundário), e curtos, visão imediata (primário).

DENSIDADE

A densidade (ou nível de irradiação) é medida por centímetros quadrados. Divide-se em: em cada tempo retiramos em 1cm² a quantidade de traços e dividimos por cinco.

> • Nível de irradiação amplo — Ciclotimia
> • Nível de irradiação estreito — Esquizotimia

Nível amplo — 2, 4 traços por cm²

Naturalidade, ânimo, exaltação, atitude vital extrovertida. Criatividade. Tendências exibicionistas. Extravagante, ansiedade. Falta de recato, ausência de timidez.

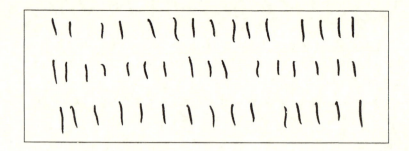

Nível estreito — 7, 8, 9 traços por cm^2

Atitude introvertida, concentração de esforços, inibição, economia e escrúpulos exagerados.

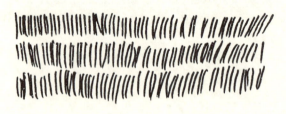

Desigualdades de densidade

Emotividade, incapacidade de lidar com o tempo. Conflitos internos; falta de ritmo.

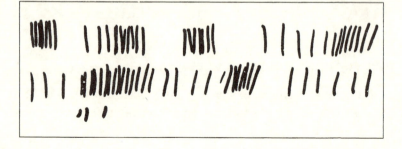

Traços agrupados

Equilíbrio entre o que sente e o que pensa. Bom ajustamento ao meio.

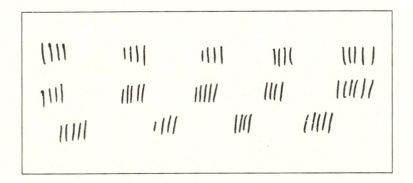

Chaminés

São vazios que ocorrem no sentido vertical do teste.

Podem indicar angústia, ansiedade e neurose. Trata-se de um mau sinal quando aparece no teste. Devemos observar com grande cuidado quando entramos no terreno da patologia; antes de qualquer conclusão devemos aplicar outros tipos de teste.

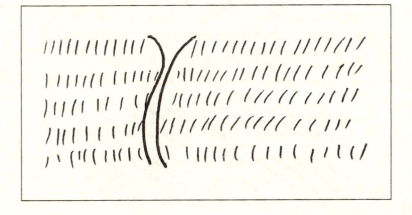

	Ciclotímicos	*Esquizotímicos*
Ritmo pessoal	Lento	Rápido
Ritmo de trabalho	Irregular	Regular
Fadiga	Progressiva	Subitamente
Observação	Ampla	Estreita
Patologia	PMD	Esquizofrenia
Tensão intrapsíquica	Oscilante	Durável
Situações novas	Mutável	Perseverante
Tarefas	Fáceis	Difíceis

INCLINAÇÃO

A inclinação reflete a necessidade e o desejo que a pessoa tem de entrar em contato com os demais. Como a pessoa se relaciona com o seu semelhante e deseja ser tratada, dominada ou repudiada. Revela a espontaneidade afetiva e o grau de vinculação com os objetos e pessoas.

1. Traços inclinados

Muito inclinados (entre 35 e 45 graus à direita).

Dramatização dos fatos, necessidade de contato, irritabilidade, vontade de chamar a atenção, exibicionismo, extroversão, ou seja, o sair de si mesmo para o mundo.

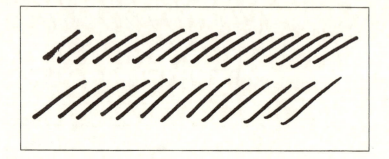

2. Inclinação moderada (em torno de 75 graus)

Mostra que a pessoa não gosta de ser influenciada. Boa afetividade, amabilidade, ternura e cordialidade. Equilíbrio entre a sensibilidade e a razão, o sentimento e a lógica (Augusto Vels). Adaptação aos gostos e costumes sociais por interesse próprio. Convencionalismo e adaptação à rotina de trabalho.

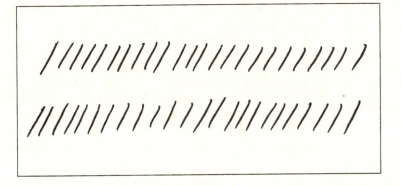

3. Vertical ou reto (cerca de 90 graus)

Atitudes aristocráticas, firmeza de intenções e estabilidade. Reflexão, clareza de espírito, controle de desejos, sentimentos e necessidade de reserva. Reflete auto-suficiência para com a vida e o mundo. Falso orgulho, frieza, dureza de atitudes e inflexibilidade. Desconfiança e intransigência.

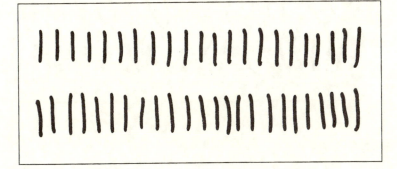

4. Traços invertidos (à esquerda)

Introversão para com os outros e com a vida. A pessoa é temerosa nos contatos, nas demonstrações de afetividade e de ternura. Isso não significa que o indivíduo não as possua; ele apenas não as demonstra. Renúncia em prol de terceiros (altruísmo).

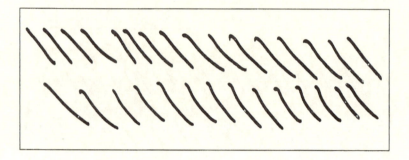

5. Traços oscilantes (ou variável ou desigual)

O gesto gráfico caminha para todos os lados.

Indica variação de ânimo e atitudes. Facilidade em adaptar-se a qualquer situação com arte e diplomacia. Capacidade de compreensão de terceiros e do mundo. Insegurança, indecisão e temperamento variável. Incerteza em suas tarefas e trabalhos.

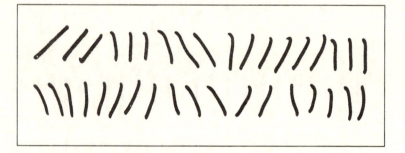

OUTROS DADOS

Curvatura dos traços

Traços côncavos

Respeito e consideração pelos demais. Gentileza, capacidade de adaptação.

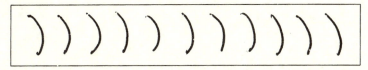

Traços convexos

Intolerância e desconfiança. Em termos de postura, mostra um afastamento dos demais, uma espécie de recolhimento para si mesmo.

Traços flexíveis

Indicam flexibilidade. Adaptação.

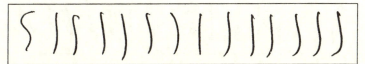

Traços sacudidos

Tremor, sobressalto, emotividade, nervosismo, falta de resistência. Possíveis problemas patológicos.

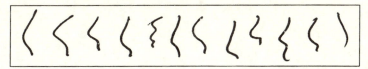

Torção

Caráter débil. Falta de energia. Vacilação e dúvidas.

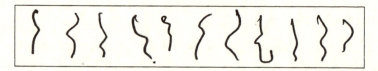

Tremor

Os traços são tremidos e apresentam uma série de pequenos ângulos. Selenidade e intoxicações.

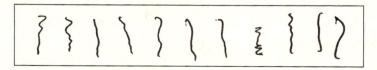

Arpões, anzóis etc.

O arpão sempre funciona como um freio, uma contenção dos instintos. Indica: agressividade, energia física etc.

REALIZAÇÃO DO LAUDO

Para realizarmos o laudo, basta preenchermos a folha de levantamento.

TESTE PALOGRÁFICO

Folha de Levantamento

A Folha de Levantamento visa facilitar a execução do laudo palográfico.

Aplique o teste de acordo com o Manual. Lembre-se de que você não precisa utilizar folhas especiais. Uma folha ofício com os traços de 7 mm é suficiente. Depois de preenchê-la, você pode facilmente executar o laudo.

Nome do candidato: _____ Idade: _____
Escolaridade: _____ Cargo: _____ Sexo: _____
EMPRESA: _____
Aplicador: _____ CRP: _____-_____

1. TEMPOS (5 × 60 s.)

| 1 | 2 | 3 | 4 | 5 |

diferenças _____ _____ _____ _____

D = _____ (soma das diferenças)

2. QUANTIDADE DE TRAÇOS – Soma dos 5 tempos = _____ palos

3. NÍVEL DE OSCILAÇÃO RÍTMICA – NOR = $\dfrac{d \times 100}{T}$ = _____
(T = total traços – D = soma das diferenças)

4. PRODUTIVIDADE

Quantidade de traços	Conceito	Avaliação da produtividade		X
+ de 800	Taquipsíquico	Superior	4p	
Entre 500 e 799	Normopsíquico I	Médio Superior	3p	
Entre 250 e 499	Normopsíquico II	Médio	2p	
Entre 100 e 249	Bradpsíquico	Médio Inferior	1p	
– de 100	Lento	Inferior	0p	

5. RITMO – NOR

Valores	Observações	Conceito		X
0 a 3 – Superior	Obsessividade, meticulosidade	Superior	4p	
4 a 7 – Médio Superior	Trabalho rítmico e constante	Médio Superior	3p	
8 a 10 – Médio		Médio	2p	
11 a 14 – Médio inferior	Desempenho oscilante, trabalho	Médio Inferior	1p	
mais de 15 – Inferior	Arritímico e imprevisível	Inferior	0p	

6. QUALIDADE DOS TRAÇOS – Desempenho

Itens observados	Conceito 0–1	Avaliação		X
Direção das linhas		5 pontos – Excelente qualidade	5p	
Ritmo		4 pontos – Muito boa qualidade	4p	
Distância entre os traços		3 pontos – Razoável qualidade	3p	
Tamanho e forma dos traços		Abaixo de 2 – Baixa qualidade	2p	
Regularidade das linhas			1p	

7. AVALIAÇÃO PROFISSIONAL

Características	Tipos de traços	X
Iniciativa	Firmes, diretos, verticais, à direita, retos	
Perseverança	Claros, espaços regulares, ligeiramente ascendentes	
Organização	Linhas retas, margens proporcionais	
Flexibilidade	Linhas sinuosas, inclinação +/– desigual	
Autocontrole	Traços iguais, pressão constante	
Inteligência prática	Regulares, claros, à direita, uniformes, margens proporcionais	

8. GRAU DE EFICÁCIA – soma dos pontos de 4, 5, 6 = _____

Soma dos pontos	Conceito	Avaliação	X
Entre 11 e 13	Superior	Excelente eficácia – alto potencial	
Entre 9 e 10	Médio Superior	Muito boa eficácia	
Entre 7 e 8	Médio	Razoável eficácia	
Entre 5 e 6	Médio Inferior	Baixa eficácia	
Menor 4	Inferior	Sofrível	

9. GRÁFICO DE EFICÁCIA

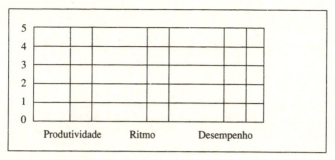

Levantamento grafológico

10. PRESSÃO

Traços são retos, firmes e seguros	Dinamismo físico e mental – Resistência e auto-afirmação.
Frouxos	Déficit do tônus vital – Instabilidade. Falta de firmeza moral.
Traços curvos e brandos	Adaptação sem resistência. Adaptação sem resistência.
Traços torcidos ou sinuosos	Sentimento de insegurança. Incapacidade moral.
Traços retorcidos e retos	Irregularidade de energia e alternância de conduta.
Traços grossos (menos de 100 por min)	Falta de sensibilidade – Materialismo.
Traços grossos, firmes e organizados	Tensões acumuladas, incapacidade de controlar suas energias.
Traços frouxos e em pontas aceradas	Atitudes de descontentamento – Incapacidade para enfrentar a vida.
Traços profundos	Firmeza-segurança-força realizadora, dinamismo psíquico e físico.
Traços desiguais	Temperamento excitável. Emotividade e impressionabilidade.
Traços robustos	Violência e brusquidão. Energia para impor-se e opor-se.
Traços nutridos	Bom nível de rendimento. Dinamismo psicofísico normal.
Traços finos	Forte nível de espiritualidade.
Acerados	Agressividade. Falta de domínio de si.
Massivos	Explosões emocionais.

11. VELOCIDADE – Tipos de movimento

Movimento pausado – 300 – 400 traços	Inteligência observadora e reflexiva
Movimento moderado – 400 – 600 traços	Boa memória e juízos sensatos
Movimento rápido – 600 – 950 traços	Vivacidade e pronta decisão

12. ORDEM

Clara	Predomínio da atividade consciente.
Confusa	Excesso de imaginação, ingênuo, crédulo e sugestionável.
Concentrada	Concentração e bom aproveitamento do tempo.
Espaçada	Amplitude do campo de consciência.
Ordenada	Capacidade de organizar bem suas atividades e trabalho.
Desordenada	Falta de objetividade. Desordem moral. Emotividade.
Proporcional	Equilíbrio de tendências. Capacidade de integrar valores.
Desproporcional	Imaginação impera sobre a razão. Capacidade para mudar.
Mista	Capacidade de dar sentimentos e expressão às coisas.

13. TAMANHO

Traços grandes > 7 mm	Consciência da própria força. Segurança e valor moral. Nobreza.
Traços pequenos < 5 mm	Introversão – Prudência – Abnegação – Capacidade dedutiva – Economia.
Grandes – pequenos altern.	Insegurança a respeito do próprio valor.
Traços crescentes	Caráter alegre e espontâneo. Falta de tato. Atitudes desproporcionais.
Traços decrescentes	Cultura e evolução espiritual. Cortesia e delicadeza. Timidez.

14. DIREÇÃO

Retilínea	Firmeza, ordem, controle das tarefas, calma e serenidade, equilíbrio de caráter.
Ascendente	Ambição – Humor – Otimismo. Superioridade – Excitação – Imaginação.
Descendente	Falta de energia, doenças e esgotamento físico. Debilidade de vontade.
Côncava	No início do trabalho, desânimo, depois volta a trabalhar no mesmo ritmo.
Linhas convexas	"Fogo de palha." Impressionabilidade e facilidade de ser sugestionado.
Serpentina	Sensibilidade e emotividade. Humor e propósitos flexíveis. Finura, tato.

15. INCLINAÇÃO

Traços inclinados	Dramatização dos fatos, irritabilidade – Exibicionismo, Extroversão.
Inclinação moderada (75)	Boa afetividade, amabilidade, ternura e cordialidade. Convencionalismo.
Vertical ou reta	Firmeza de intenções e estabilidade. Reflexão, clareza de espírito – Frieza.
Traços invertidos	Introversão. Atitudes reservadas e vigilantes. Capacidade de abstração.
Traços oscilantes	Variação de ânimo e atitudes. Insegurança, indecisão e temperamento variável.

16. DENSIDADE

Nível Amplo – 2, 4 traços	Naturalidade, ânimo, exaltação, atitude vital extrovertida. Criatividade.
Nível Estreito – 7, 8, 9 traços	Introversão, concentração de esforços, inibição, economia e escrúpulos.
Desigualdades de densidade	Emotividade, incapacidade de lidar com o tempo. Conflitos; falta de ritmo.
Traços agrupados	Equilíbrio entre o que sente e o que pensa. Bom ajustamento ao meio.
Chaminés	Angústia, ansiedade e neurose.

17. OUTROS

Traços côncavos –)	Respeito e consideração pelos demais. Gentileza, capacidade de adaptação.
Traços convexos – (	Intolerância e desconfiança. Afastamento dos demais. Encolhimento.
Traços flexíveis	Flexibilidade.
Traços sacudidos	Tremor, sobressalto, emotividade, nervosismo, falta de resistência. Patologia?
Torção	Caráter débil. Falta de energia. Vacilação e dúvidas.
Tremor	Selenidade e intoxicações. Medo – insegurança. Doenças.
Arpões, anzóis	Contenção dos instintos. Indica: agressividade, energia física etc.

CONCLUSÃO

☐ O candidato não deve ser contratado.

☐ Pode ser contratado com restrições.

☐ Pode ser contratado.

☐ O candidato deve ser contratado.

☐ O candidato deve ser submetido a outros testes antes de ser contratado.

Obs. finais: _____
_____
_____
_____
_____
_____

13

OUTROS TESTES

por Gabriela M. Acosta de Camargo
Administradora de Empresas

Durante todo o livro escrevemos que a grafologia não deve ser o único instrumento a ser utilizado nos processos de recrutamento e seleção de pessoal em uma empresa. Trata-se de uma premissa básica que, se não for cumprida, poderá invalidar todo o processo de seleção.

Existem centenas de testes. Relacionamos os principais testes gráficos, pois eles revelam íntima correspondência com a grafologia. O **traço**, na grafologia, pode ser estudado da mesma maneira nesses testes.

Alguns recrutadores, que condenam qualquer tipo de teste dizendo que estão ultrapassados, não conhecem a dinâmica dos mesmos e perdem instrumentos de grande valia no processo seletivo.

Os principais testes gráficos a serem utilizados são:

- Wartteg
- HTP
- PMK

Muitos psicólogos acham que o HTP (House, Tree, Person – Casa, Árvore, Pessoa), mais conhecido como "Teste da Árvore", é um teste "viciado", ou seja, muito conhecido. Ao contrário, é muito pouco conhecido e deveria ser melhor explorado nos processos de recrutamento e seleção.

Nosso objetivo, neste capítulo, é apenas levar ao conhecimento do leitor a existência desse teste e incentivá-lo quanto à sua utilização.

O TESTE DE WARTEGG

O WZT ou Wartegg-Zeichen-Test (teste de sinais de Wartegg) consiste em completar um desenho. Ehrig Wartegg o apresentou no 15º Congresso de Psicologia de Jena, em 1937. Nessa ocasião, expôs o trabalho do seu teste em linhas gerais, inspirado em um trabalho de F. Sander que, em 1928, havia apresentado no 9º Congresso de Jena uma prova que consistia em integrar um desenho. Eram sinais sem aparente coerência, para que as pessoas submetidas ao teste tentassem coordená-los entre si, com um nexo pictográfico que tivesse um sentido determinado.

Ehrig Wartegg sentiu a necessidade de aperfeiçoar esta única prova com uma série delas, com o objetivo de conseguir maior número de resultados ou captar o estilo pessoal do examinado. Uns desenhos chineses lhe proporcionaram a idéia de apresentar uma série de quadros com um elemento inicial simples, ao qual deu um valor de arquétipo. Notou a coincidência desses motivos elementares, tanto por seu sentido como por seu conteúdo simbólico e expressivo, com as antigas escrituras pictográficas babilônicas, chinesas e semíticas.

As características de forma, disposição, simplicidade etc. colocam o sujeito que faz a prova em situação de facilidade e agrado ao executar o teste e incitam a expressão de modalidades ou grupos de modalidades que compõem as características da sua personalidade.

HTP (HOUSE, TREE, PERSON)

A técnica de HTP proposta por Buck deriva do fato de que o sujeito deve desenhar, a mão livre, uma **Casa**, uma **Árvore** e uma **Pessoa** (House, Tree, Person). Buck descreve seu método como sendo uma aproximação que compreende duas fases:

"A primeira, não-verbal, é produtiva, relativamente estruturada, e requer uma forma de expressão um tanto primitiva, por meio do desenho. A segunda, verbal, é de percepção e um pouco mais estruturada.

Primeiramente, pede-se ao sujeito que desenhe os três objetos, tendo inteira liberdade na maneira de executar a tarefa. Quando o desenho estiver terminado, o sujeito deverá descrever e interpretar os

QUADRO COMPARATIVO DOS TESTES

TESTES FATORES	WARTEGG	HTP	PALOGRÁFICO	PMK	TESTE DAS CORES	GRAFOLOGIA
Material necessário	folha impressa para aplicação do teste e lápis	folhas em branco e lápis	folha em branco para aplicação do teste e lápis	folhas em branco e lápis	jogo de 8 cartões com as cores	folhas em branco e caneta
Local para realização do teste	sala com carteiras e cadeiras (grupo)	sala com carteiras e cadeiras (grupo)	sala com carteiras e cadeiras (grupo)	sala com mesa e cadeiras e tábua (individual)	sala com mesa e cadeiras (individual)	sala com carteiras e cadeiras (grupo)
Instruções	fáceis	fáceis	fáceis	não muito fáceis	fáceis	fáceis
Tempo de aplicação	de 20 a 30 min	de 15 a 30 min	10 min	30 min	10 min	de 10 a 20 min
Tempo para confecção do laudo	de 30 a 60 min	de 30 a 60 min	20 min	2 a 3 h	30 min	30 min
Confiabilidade	boa	muito boa	muito boa	boa – muito boa	boa	excelente

objetos desenhados, com os seus respectivos arredores, associando tudo o que lhes diga respeito."

Segundo Buck, "Os itens específicos: Casa, Árvore e Pessoa foram escolhidos porque:

1. são itens familiares até para crianças relativamente pequenas;
2. achou-se que seriam mais facilmente aceitos para desenhar do que outros itens sugeridos; e
3. parecem estimular verbalizações mais livres e francas".

PMK (PSICODIAGNÓSTICO MIOCINÉTICO DE MIRA)

Trata-se de uma prova mental criada durante o ano de 1939, como resultado de um trabalho de investigação na Clínica Psiquiátrica Universitária de Londres (Maudsley Hospital).

Esta prova foi registrada pelo Centro de Psicologia Aplicada de Paris, existindo na atualidade três edições autorizadas de seu manual de instruções, técnica de valoração e resultados comprovados.

A aproximação do estudo da personalidade que emprega essencialmente o comportamento expressivo motor não é novidade, mas os estudos anteriores não foram bem conduzidos para as atitudes mentais específicas, como no trabalho da detecção da mentira. Mira dá como hipótese básica de seu trabalho: "Toda atitude mental (...) é acompanhada de uma atitude muscular, devido à unidade do ser humano". Sua meta ao idealizar o método era "fornecer uma medida objetiva das tendências conotativas dominantes da personalidade como são expressas nas atitudes básicas de reação do indivíduo".

Mira estandardizou seu método por meio de 145 sujeitos com o diagnóstico clínico conhecido, incluindo normais, epilépticos, pacientes deprimidos, esquizofrênicos, pacientes exaltados, psicopatas, síndromes orgânicas cerebrais etc.

Desde a sua apresentação em 1939, esta prova teve um crescente desenvolvimento, sendo atualmente aplicada em empresas, laboratórios e institutos de psicologia em cerca de trinta países. Pode ser utilizada para diagnósticos clínicos, mensuração dos diversos traços ou fatores típicos da personalidade normal e também com fins pedagógicos, jurídicos, profissionais (na seleção, orientação e readaptação) ou sociais (estudos étnicos, culturais etc.).

Este teste pode ser utilizado nos processos seletivos de todos os níveis, porque, como outros já citados anteriormente, não requer do candidato grau de instrução específico. Como os outros testes, pode ser aplicado somente por psicólogos.

BIBLIOGRAFIA RESUMIDA

AJURIAGUERRA, J. *La escritura del niño*. v. I e II. Barcelona, Editorial Laia, 1984.
BRESARD, S. *A grafologia*. Lisboa, Europa-América, 1976.
CALLERY, S. *Handwriting secrets revealed*. Londres, Ward Lock, 1989.
CAMARGO, P. S. *A escrita revela sua personalidade*. Rio de Janeiro, CEPA, 1997.
_____. *Assinatura e personalidade*. Rio de Janeiro, PSG, 1998.
_____. *O que é grafologia*. São Paulo, Brasiliense, 1993.
CARTON, P. *Diagnostic et conduit des tempéraments*. Paris, Le François, 1962.
_____. *Le diagnostic de la mentalité par l'écriture*. Paris, Le François, 1942.
CASEWIT, C. W. *Grafologia práctica*. Barcelona, Martinez Roca, 1983.
COBBAERT, A. M. *Os segredos da grafologia*. Lisboa, Presença, 1980.
COLOMAR, O. *Grafologia*. Barcelona, Plaza & Janes, 1985.
CORRÊA DO LAGO, P. *Documentos e autógrafos brasileiros*. Rio de Janeiro, Salamandra, 1997.
CREPIEUX-JAMIN, J. *ABC de la graphologie*. Paris, PUF.
_____. *Grafologia*. (Escrita e caráter). Rio de Janeiro, Minerva, 1943.
_____. *Les elements de l'écritures des canailles*. Paris, Flammarion, 1976.
_____. *Traité pratique de graphologie*. Paris, Flammarion, 1948.
CRÉPY, R. *L'interprétation des signes de l'écriture*. v. I a VI. Paris, Delachaux et Niestlé.
DE BOSE, C. *La graphologie allemand. Ses tendences, ses lignes de force*. Paris, Masson, 1990.

DESEYNE, J. *O conhecimento do carácter pela escrita.* Lisboa, Europa-América, 1988.

DESURVIRE, M. *Feuillets de graphologie.* v. I a VI. Paris, Masson, 1990, 1992.

_____. *Graphologie et recrutement.* Paris, Masson, 1992.

DUMONT, D. *La graphologie.* Paris, Retz Nathan, 1993.

_____. *Les bases techniques de la graphologie.* Paris, Delachaux et Niestlé, 1994.

FAIDEAU, P. *Dictionnaire pratique de graphologie.* Paris, M. A. Éditions, 1989.

_____. *Dictionnaire pratique de graphologie.* Paris, Solar, 1991.

GARANA, J. P. *Escritura y vida.* Buenos Aires, Kier, 1985.

GILBERT, P. e CHARDON, C. *Analiser l'écriture.* Paris, ESF Éditeur, 1989.

GILLE-MAISANI e LEFEBURE, F. *Graphologie et test Szondi.* v. 1 e 2. Paris, Masson, 1990.

GILLE-MAISANI. *Psicologia de la escritura.* Barcelona, Herder, 1991.

_____. *Temperamentos biológicos e grupos sangüíneos.* Barcelona, Herder, 1995.

_____. *Types de Jung et tempéraments psychobiologiques.* Paris, Maloine, 1978.

GRAFOTECNIA: *Assessoria técnica e bancária SC Ltda.* São Paulo, Editora Resenha Tributária, 1972.

GULLAN-WHUR, M. *Manual practico de grafologia.* Madri, Edaf, 1986.

_____. *What your handwriting reveals.* Londres, Aquarian Press, 1984.

HERTZ, H. *La grafologia.* Barcelona, Oikos Tau, 1972.

HILL, B. *Grafologia.* Rio de Janeiro, Ediouro, 1981.

HONROTH, CURT A. *Grafologia emocional.* Teste objetivo. Buenos Aires, Troquel, 1962.

HUGHES, ALBERT E. *Manual de grafologia.* Madri, Edaf, 1986.

LEFEBURE, F. e Van den Broek. *Le trait en Graphologie. Indice constitutionnel.* Paris, Masson, 1992.

MARCUSE, I. *Grafologia.* Rio de Janeiro, Bloch, 1966.

MAUGER, G. *Manual de grafologia.* Buenos Aires, Albatroz, 1988.

MÚLLER-ENSKAT. *Graphologische diagnostik.* Bern, Verlag Hans Huber, 1993.

NEUBOURG, C. *Connaissance de la graphologie.* Paris, Albin Michel, 1973.

NEZOS, R. *Graphology.* v. I e II. Londres, Scriptor Books, 1992.

OLGADO, M. A. *Grafologia aplicada.* Caracas, Barnaven, 1980.

OLIVAUX, R. *L'analyse graphologique.* Paris, Masson, 1990.

PEGEOUT, J. e Lombard A. et Noblens. *Manuel de graphologie.* Paris, Masson, 1990.

PELLAT, S. *Le lois de l'écriture.* Paris, Libraire Vuibert.

PRÉNAT, M. Th. *Graphométrie. Aproche de la personnnalité profonde.* Paris, Masson, 1992.

PULVER, M. *Le symbolisme de lécriture*. Paris, Stock, 1992.
SANTOLI, O. *How to read handwriting*. Londres, Octopus, 1986.
SAUDEK, R. *Experiments with handwriting*. Califórnia. Books for Professionals, 1978.
_____. *The psychology of handwriting*. Califórnia, Books for Professionals, 1978.
SCHERMANN, R. *Os segredos da grafologia*. Rio de Janeiro, Record, 1976.
SERPA LOEVY, O. *Grafologia*. São Paulo, Sarvier, 1987.
SIMÓN, J. J. *El gran libro de la grafologia*. Barcelona, Martinez Roca, 1992.
SINGER, E. *Conhece-te pela letra*. Rio de Janeiro, Ediouro, 1981.
TEILLARD, A. *El alma y la escritura*. Madri, Paraninfo, 1974.
VÁRIOS — *Quaderni di scrittura*. v. 1 a 7. Urbino, Libreria Moretti, 1992.
VELS, A. *Diccionario de grafologia*. Barcelona, Herder, 1983.
_____. *Escrita e personalidade*. São Paulo, Pensamento, 1991.
_____. *Escritura y personalidad*, Barcelona, Herder, 1991.
_____. *Grafologia estructural y dinámica*. Barcelona, Salvadó, 1993.
_____. *La selecion de personal*. Barcelona, Herder, 1982.
_____. *Manual de grafoanalisis*. Barcelona, Salvadó, 1991.
WEST, P. *Grafologia*. Rio de Janeiro, Ediouro, 1981.
WIESER, R. *Écriture: rythme, personalité*. Nancy, Presses Universitaires de Nancy, 1992.
WITKOWSKI, F. *Psycopathologie et écriture*. Paris, Masson, 1993.
XANDRÓ, M. *Grafologia para todos*. São Paulo, Ágora, 1998.
_____. *Grafologia superior*. Barcelona, Herder, 1986.
_____. *Grafologia elemental*. Barcelona, Herder, 1989.
ZAZZO, R. *Manual para el examen psicologico del niño*. v. I e II. Madri, Fundamentos, 1984.

Paulo Sergio de Camargo é um dos mais bem preparados e conceituados grafólogos brasileiros. Fez pós-graduação em Gerência e Desenvolvimento de Recursos Humanos na UniFae Centro Universitário, em Curitiba, e atuou como instrutor de grafologia no Centro de Psicologia Aplicada (Cepa), no Rio de Janeiro, entre 1994 e 2002. É constantemente convidado a fazer palestras no Chile, na Argentina e no México, e nos últimos anos tem-se dedicado ao estudo da linguagem corporal.

Publicou, pela Editora Ágora, *Grafologia expressiva* e *Sua escrita, sua personalidade*. Pela Summus Editorial, lançou *Linguagem corporal – Técnicas para aprimorar relacionamentos pessoais e profissionais* e *Não minta pra mim! Psicologia da mentira e linguagem corporal*.

Para saber mais, visite: www.paulosergiocamargo.com.br.

www.gruposummus.com.br

IMPRESSO NA
sumago gráfica editorial ltda
rua itauna, 789 vila maria
02111-031 são paulo sp
tel e fax 11 **2955 5636**
sumago@sumago.com.br